Peer Wüschner
Grenzerfahrung Pubertät

Peer Wüschner

# Grenzerfahrung Pubertät

# Neues Überlebenstraining für Eltern

Eichborn

Danke

Uli für den Impuls
—
Eva für die Musik
—
Silbermond für die Begleitung durch die Nacht
—
Juli für die perfekte Welle
—
Désirée für ihre Liebe, Inspiration, Geduld, Motivation und Kritik
—
Simone K. für die zweifache Geburtshilfe
—
Marit B. für Wort und Tat

3   4   5   10   09

© Eichborn AG, Frankfurt am Main, September 2005
Umschlaggestaltung: Christiane Hahn unter Verwendung eines Fotos von gettyimages
Redaktion: Marit Borcherding
Layout: Tania Poppe
Gesamtherstellung: Fuldaer Verlagsanstalt, Fulda
ISBN 978-3-8218-5614-8
MACH'S DIR SELBST (Originaltitel: BLOODTYPE R)
Musik & Text: Andreas Michael Carlsson, Paul X. Stanley
dt. Text: Stefanie Kloss, Andreas Nowak, Johannes Stolle, Thomas Stolle
© by Andreas Carlsson Publishing AB/WB Music Corp./Stanley World Limited
© Sony/ATV Tunes LLC/Immaculate Music/Warner/Chappel für Deutschland, Schweiz, GUS und osteuropäische Länder (ohne Baltikum), Türkei und Länder des ehem. Jugoslawien:
Neue Welt Musikverlag GmbH & Co. KG/Sony/ATV Music Publishing (Germany GmbH)

Alle Rechte vorbehalten, insbesondere das Recht der mechanischen, elektronischen oder fotografischen Vervielfältigung, der Einspeicherung und Verarbeitung in elektronischen Systemen, des Nachdrucks in Zeitschriften oder Zeitungen, des öffentlichen Vortrags, der Verfilmung oder Dramatisierung, der Übertragung durch Rundfunk, Fernsehen oder Video, auch einzelner Text- und Bildteile sowie der Übersetzung in andere Sprachen. Der gewerbliche Weiterverkauf oder gewerbliche Verleih von Büchern, CDs, CD-ROMs, DVDs oder Videos oder anderen Produkten der Eichborn AG bedürfen in jedem Fall der schriftlichen Genehmigung.

Eichborn Verlag, Kaiserstraße 66, D-60329 Frankfurt am Main
Mehr Informationen zu Büchern und Hörbüchern aus dem Eichborn Verlag
finden Sie unter www.eichborn.de

# Inhalt

**Die Wundertüte: Pubertät macht Sinn**
Das entscheidende Abenteuer: Leben und Lernen in der Pubertät  9

**Gerührt oder geschüttelt? Was Sie schon immer über das Gehirn Jugendlicher wissen wollten**
Forscher entdecken stürmisches Wachstum im pubertierenden Hirn  14

**Achtung, Bautrupps unterwegs!**
Von wegen Stillstand! Ganz schön was los da oben …  17

**Überschwang macht vernünftig – fragt sich nur, wann …**
Über Sturm und Drang und die Entwicklung der Vernunft  22

**Wie entsteht die erwachsene Persönlichkeit?**
Über Erfahrungen, Umbau und Lernen in der jugendlichen Schaltzentrale  25

**Sind Eltern die besseren Stirnlappen?**
Eltern als Ersatzhirn, Entwicklungs- und Geburtshelfer  35

**Erfahrungen zur rechten Zeit – Bodybuilding fürs Hirn**
Wie Erfahrungen Organe bilden und die Frage nach dem richtigen Zeitpunkt  48

**Was heißt, lehr den Mülleimer aus? Ich myelinier noch!**
Über Gefühlsausbrüche und Kurzschlüsse im Hirn  68

**Ei woos twölf, wänn Ei lörnd Inklisch**
Sprachen lernen vor und nach der Pubertät  75

# Inhalt

**Neurotransmitter – die wilden Reiterhorden im Gehirn**
Aufruhr, Glück und Beruhigung und der Reiz der Drogen   81

**Gute Nacht, die Schule beginnt**
Der verwirrte Schlaf der Jugendlichen   94

**Nur was unter die Haut geht, hilft Probleme lösen**
14 Fragen an den Neurobiologen Professor Dr. Gerald Huether   104

**Wunderwaffe Punktebogen**
Das Instrument mit Zauberkraft für Entwicklungshelfer   110

**Erziehung? Muss das sein?**
Ein Kurs in Elternselbsterkenntnis   123

**Drama Pubertät**
Die zweite Geburt   130

**Der Steuermann ist über Bord gegangen**
Die abenteuerliche Reise von Brauseschopf und Dramaqueen   133

**Erfolgsschwingen und Traummuskeln**
Zwei Übungen   137

**Kräfte, Bilder, Grenzen**
Über Wunschbilder und Formkräfte   142

**Vor-Bilder-Buch-Familie**
Her mit den lebendigen Vorbildern!   149

**Das Prinzip Opposition**
Du bist mir so wichtig, deswegen bin ich gegen alles,
was du willst   160

**Dynamisches Cliquen**
Pubertärer Leistungssport: Gruppendrama in tausend Akten   164

**Märchen, Mythen, Abenteuer**
Verändertes Bewusstsein und neue Wege für den Alltag   172

**Synapsenreiter auf dem Weg ins Glück**
Ein Abenteuer mit Aufgaben für Herz, Kopf und Hände   181

**Der magische Hosen-Bund und das mythische Versprechen**
Zauber der Verwandlung und symbolische Bedeutung von Kleidung, Auftritt und Sprache   190

**Wunderwaffe Pubertätsritual**
Feier und Vision des Wandels   195

**Vier Tage fürs Leben**
Ein Pubertätsritual in der Praxis   199

**Wenn das Ende zum Anfang wird**   205

**Anmerkungen**   207

**Anhang**   208
Stoff zum Lesen, Hören und Sehen
Anlaufstellen, Tipps und besondere Adressen

**Punktebogen**   214

## Mach's Dir selbst

Du willst Ferrari fahr'n, doch Du fährst Straßenbahn,
träumst von 'nem Haus am Strand mit Blick aufs Meer
Das Leben ist nicht fair – oder?
Täglich von acht bis drei, siehst Du nur Talkshowbrei
Dein Leben ist so geil wie Tretbootfahr'n,
intern hab' ich 'nen bess'ren Plan:

Ha! Machs Dir selbst, überleg' nich'!
Hey, mach's Dir selbst, besser geht's nich'!
Du musst viel und noch mehr, es kommt nichts von ungefähr
Jetzt liegt es in Deiner Hand:
Mach's Dir selbst!

Der Blick vom Tellerrand ist Dir schon zu riskant
Wenn alle and'ren springen, dann springst auch Du
Da gehört nicht viel dazu
Weißt Du, wie's Leben schmeckt,
wenn man's für sich entdeckt?
Wenn man zum ersten Mal fühlt, was es heißt,
wenn man selbst was reißt?

Ha! Mach's Dir selbst, überleg nicht!
Hey, mach's Dir selbst, besser geht's nicht!
Du musst viel und noch mehr, es kommt nichts von ungefähr
Jetzt liegt es in Deiner Hand:
Mach's Dir selbst!

Du wirst sehn, Du unterscheidest Dich von Dir im Handumdrehn ...

Mach's Dir selbst!
Mach's Dir selbst!
...
Mach es selbst!

Silbermond, *Verschwende Deine Zeit*

# Die Wundertüte: Pubertät macht Sinn

## Das entscheidende Abenteuer: Leben und Lernen in der Pubertät

Die Wenigsten werden, wenn sie an die Pubertät denken, von einer wundervollen Zeit schwärmen, die sie gerne noch einmal erleben würden. Selbst mein Optimismus reicht nicht ganz aus zu glauben, dass ich Sie dazu bringen könnte ... Aber ich will Sie mit diesem Buch zu einem neuen, befreienden Umgang mit der Pubertät verführen, der aus einer meist als unzugänglich und unerfreulich empfundenen Phase eine aufregende, stimulierende, berührende und verheißungsvolle Reise macht. Ich werde Ihnen zeigen, dass die Jugend eine Zeit einmaliger und entscheidender Gelegenheiten und Chancen ist. Sie ist ein großartiges, einzigartiges Abenteuer und eine der intensivsten Phasen des menschlichen Lebens und Lernens. Und ich werde Ihnen zeigen, worauf es ankommt und was Sie dazu beitragen können, damit Ihre Kinder und Sie das auch so erleben.

Was fällt Ihnen ein, wenn Sie sich an die eigene Pubertät erinnern? Denken Sie gerne daran zurück? Den meisten kommen wohl als Erstes besonders peinliche Situationen in den Sinn, über die sie heute vielleicht schmunzeln können, die sie damals aber als schlimm empfunden haben. Oder Sie denken an mädchenhafte Schwärmereien, dieses ›schon Möchten, aber noch nicht Können‹. Wollen tut man in der Pubertät ja alles Mögliche, aber mit dem Sichtrauen und Können klappt es halt noch nicht so ganz. Vor allem Jungs sind mit der Klappe meist viel weiter als der dazugehörige Rest der Person. Irgendwie ein Zwischenzustand, diese Pubertät.

Fragt man Pubertierende, so ist der Blick fest nach vorn gerichtet auf die Zeit nach der Pubertät, denn dort liegt das ersehnte Land: »Wenn ich endlich achtzehn bin! Dann darf ich den Führerschein machen, wählen, na ja, das auch, aber vor allem machen, was ich will. Dann bin ich endlich erwachsen, und dann geht es richtig los!« Und für Mädchen sind die älteren Jungs, Entschuldigung: Männer, mit siebzehn, achtzehn Jahren sowieso interessanter, weil die viel reifer und welterfahrener sind als die gleichaltrigen Exemplare, die noch so kindlich und albern daher kommen.

Keiner findet sich besonders attraktiv mit blühenden Pickeln, zu langen Armen und Beinen und mit Knochen, die das hochgeschossene Etwas nicht richtig tragen können, weil sie noch nicht ausgewachsen sind. Manchen wird einfallen, mit welchen Ängsten sie sich herumgeplagt und wie sie unter dem Spott und der Missachtung ihrer Umgebung gelitten haben. Nicht wenige erleben die Pubertät als eine Zeit der Einsamkeit, von niemandem verstanden als dem Plüschteddy, den man aus der Kindheit herüberretten konnte und der so manche bittere Träne aufsaugen musste.

Alles vielmehr ein Grund zu sagen, wie gut, dass es vorbei ist, und keine Reklame für eine phantastische Zeit, nach der man sich unbedingt zurücksehnt. Eher ein persönliches Erdbeben, bei dem man froh ist, es halbwegs unbeschadet überstanden zu haben. Manche werden auch den Kopf schütteln, wenn sie überlegen, welchen Gefahren sie sich, unbedacht und hirnlos, wie sie waren, ausgesetzt haben, ohne an die möglichen mittel- und langfristigen Folgen zu denken. Lassen Sie uns noch heute ein Dankgebet an die tausend Schutzengel senden, die Sie damals vor Schlimmerem bewahrt haben ...

Und wie geht es den Eltern damit? Wie erleben die ihre pubertierenden Kinder? Begeisterungsausbrüche ernte ich mit dieser Frage eher selten. Für viele, wenn nicht die meisten Eltern, ist die Pubertät eine Zeit der laufenden Ernüchterungen, in der sie sich mit Verhaltensweisen herumärgern müssen, von denen sie gehofft hatten, sie bei ihren eigenen Kindern nie erleben zu müssen.

Der süße Schmelz der Kindheit ist dahin. Auf einmal wohnt ein Fremder in der Wohnung, der viel Energie darauf zu verwenden scheint, einem rücksichtslos, launisch, faul, gleichgültig und unverschämt den Tag zu vermiesen. Jemand anderen hätten Sie vielleicht schon längst hinausgeworfen, aber irgendwie ist dieses anstrengende, undankbare und nervende Wesen ja mit Ihnen verwandt – steht jedenfalls im Kinderausweis ...

Haben Sie denn alles falsch gemacht? Sie wollten doch anders vorgehen als Ihre Eltern. Sie hatten sich geschworen, bei Ihnen wird Ihr

Kind es besser haben, und jetzt das ... Nur weil ein halbgares Wesen in Ihrem Haus wohnt, das keine Grenzen kennt, kommen Sie selber noch mal in die Pubertät. Und daran soll etwas Schönes sein?

Ich verspreche Ihnen, wenn Sie dieses Buch gelesen haben, werden Sie die Pubertät und Ihre persönlichen pubertierenden Exemplare mit anderen Augen sehen. Sie können danach aufhören, sich zu fragen, ob Sie daran schuld sind, dass sich Ihr Kind auf einmal so anders verhält, und was Sie alles falsch gemacht haben. Denn ich bin mir sicher, Sie haben bis hierher bereits Ihr Bestes versucht. Sie werden nicht nur erkennen, dass Ihr Kind in seinem ›pubertären Irresein an sich selbst‹ ganz normal ist, sondern auch, welche unglaublichen Möglichkeiten, welche Schätze die Pubertät bereit hält. Lehnen Sie sich entspannt zurück, genießen Sie den besonderen Zauber der Pubertät, und freuen Sie sich an und mit ihm. Feiern und gestalten Sie die Pubertät mit Ihrem Nachwuchs, statt sie nur zu erleiden.

Lassen Sie uns also gemeinsam über Ihre veränderte Rolle nachdenken und darüber, wie Sie und Ihr Kind am besten durch diese Sturm- und-Drang-Periode kommen. Denn entgegen dem äußeren Eindruck ist die Pubertät keine asoziale, unzugängliche Phase hormonellen Umbaus mit erhöhtem Schlafbedürfnis, bei der die Gehirnfunktionen und manche anderen menschlichen und sozialen Grundfähigkeiten gegen Null heruntergefahren wurden. Im Gegenteil! In der Pubertät ist unheimlich was los! Und das eröffnet ungeahnte Möglichkeiten.

Um Ihnen das zeigen zu können, widme ich mich zunächst dem Kopf der Jugendlichen und dem, was dort drinnen geschieht. Was ist los im Gehirn eines Pubertierenden? Eine berechtigte Frage. Nur hatte lange niemand genauer hingeschaut, also ging man davon aus, dort sei möglicherweise nichts als eine momentane Funkstörung zu entdecken. Doch dieses Bild hat sich in den letzten Jahren durch neue Erkenntnisse radikal gewandelt. Können die neueren Ergebnisse der Gehirnforschung helfen, die Einzigartigkeit der Pubertät, das Verhalten Jugendlicher und die besonderen Schwierigkeiten – sprich Anforderungen – im Umgang mit ihnen besser zu verstehen? Ja, das können sie. Immerhin ist das Gehirn ja unser zentrales Steuerungsorgan und damit auch verantwortlich für Gefühlsausbrüche oder bedachtes Handeln, für Vernunft oder Impulsivität. Sogar die verstärkte Bereitschaft Jugendlicher, Risiken einzugehen, oder ihr größeres Schlafbedürfnis lassen sich mit der Funktionsweise des Gehirns in Zusammenhang bringen. Und noch mehr. Obwohl die Forschungen erst am Anfang stehen, kristallisieren sich schon aus den wenigen Ergebnissen viele wichtige Lektionen für den Umgang mit Heranwachsenden heraus. Sie werden es Ihnen leichter machen, gezielt und unterstützend auf den Nachwuchs einzuwirken. Deshalb möchte ich sie Ihnen keinesfalls vorenthalten. Sie zeigen an vielen konkreten Beispielen, wie jugendliches Lernen und persönliches Wachstum im Gehirn ablaufen. Dadurch werden Sie manche Eigenart der Pubertät, die Ihnen vorher unverständlich erschien, in einem neuen Licht sehen.

Sie werden erkennen, für wie viele unverzichtbare Lernschritte und wichtige Erfahrungen in allen Bereichen der Persönlichkeitsentwicklung die Pubertät offensichtlich ein entscheidender Zeitraum ist. Das Verstehen ermöglicht Ihnen aber auch, Entwicklungen und Lernprozesse gezielt anzuregen und zu fördern. Wenn man weiß, wie und wann bestimmte Lektionen im Lebensplan dran sind, tut man sich leichter zu sehen, wo, wann und wie man unterstützend eingreifen kann. Weil diese Ergebnisse so weitreichend wie interessant und wichtig für den Umgang mit Jugendlichen sind, habe ich ihnen den ausführlichen ersten Teil des Buches gewidmet.

Im zweiten Teil des Buches lade ich Sie ein, sich das Phänomen Pubertät von innen anzuschauen – als Betroffene, die unmittelbar damit zu tun haben und mit der veränderten Situation klarkommen müssen. Da geht es um die Rolle, die Sie für die Jugendlichen spielen, aber auch um Ihre eigenen Bedürfnisse als Erwachsene und um den Umgang mit Grenzen. Welche Bedeutung, welche Funktion haben Grenzen überhaupt? Wann sind welche Grenzen wichtig? Das ist eine der zentralen Fragen in der Pubertät.

Ich möchte Ihnen aber auch die Jugendlichen so nahe bringen, dass Sie bildlich gesprochen das Gefühl haben werden, in deren Haut zu schlüpfen und sich das Geschehen durch deren Augen anschauen zu können. Denn je besser Sie das Denken, Handeln und Fühlen Pubertierender verstehen können, umso handlungsfähiger werden Sie. Dieses Verständnis hilft Ihnen, bei der Begegnung mit Ihren halbstarken Mädels und Jungs in Ruhe und aus einem vertieften Verständnis heraus zu agieren, einfach weil Sie mehr über deren innere Verfassung wissen.

Sie brauchen mir dennoch nichts einfach zu glauben. Ich fordere Sie sogar ausdrücklich auf: Glauben Sie mir nicht, sondern probieren Sie aus. Prüfen Sie das, was ich sage, gründlich auf seine Tauglichkeit. Besonders für die Pädagogik gilt: Richtig ist, was funktioniert. Auch die Erziehung ist Moden unterworfen, schon alleine deswegen, weil Sie selbst bestimmen, welche Ziele Sie für wichtig und richtig halten. Der Alltagsbeweis zeigt, ob Sie damit richtig liegen oder nicht, ob Denken und Methode passen.

Ich möchte Ihnen mit diesem Buch alles, was mir möglich ist, an die Hand geben, damit Sie für sich und die Jugendlichen die Pubertät zu einer tollen und erfolgreichen Erfahrung machen können, zu einem strahlenden Start ins Leben. Doch eines sollten Sie bei all dem nie vergessen: Erziehung ist ein permanenter, lebendiger Lernprozess für alle Seiten. Wer denkt, er wüsste, wie es geht, hat eigentlich schon verloren. Waches Interesse und ein Stückchen Neugier auf das Wesen, das sich da seinen Weg ins Leben sucht und bahnt, sind der Schlüssel zum Erfolg, da die Jugendlichen in ihrer Komplexität trotz aller Gemeinsamkeiten so einzigartig sind wie die Sterne unter dem Himmel.

# Gerührt oder geschüttelt? Was Sie schon immer über das Gehirn Jugendlicher wissen wollten

## Forscher entdecken stürmisches Wachstum im pubertierenden Hirn

Eines steht nach neuesten Forschungen endgültig fest: Jugendliche haben ein Gehirn. Wo es sich befindet? Zwischen dem linken und dem rechten Ohr, wie bei anderen Menschen auch. Gerüchte, die besagen, dass diese Hirnform in der Pubertät lediglich genügsam und weltvergessen in einer vor sich hin blubbernden Hormonsuppe durch die Welt geschaukelt wird und deswegen den Eltern und Lehrern weitgehend die anstrengende Arbeit des Denkens überlässt, haben sich nicht bestätigt. Es hat sich auch nicht bewahrheitet, dass zentrale Gehirnfunktionen bei Jugendlichen bis zum Erreichen des achtzehnten Geburtstags einfach abgeschaltet werden, selbst wenn man das bei manchen glauben möchte. Denn vor allem jüngste Ergebnisse der Hirnforschung samt ihren aufrüttelnden Erkenntnissen belegen jetzt nachdrücklich das Gegenteil: Im Gehirn junger Menschen geht ganz offensichtlich der Punk ab.

»Wir wussten aus … Forschungsarbeiten, die vor fünfzehn bis zwanzig Jahren gemacht wurden, dass einige Veränderungen [im Gehirn] sich klar bis ins Erwachsenenalter fortsetzen. Wie auch immer, ich denke, viele Leute glaubten fälschlicherweise, dass die meisten Veränderungen in den ersten Lebensjahren stattfinden, und dann, wenn ein Kind das dritte Lebensjahr erreicht hat, sich nur noch relativ wenig tut«, sagt Charles Nelson, Direktor des Centers for Neurobehavioral Development der University of Minnesota, wo er sich in seiner Arbeit mit der Entwicklung von Kindern befasst. »Wir wissen jetzt, das ist absolut inkorrekt. Jeder, der einen Teenager gesehen hat, weiß, dass sich in diesen Jahren eine Menge verändert. Und es wäre närrisch zu denken, das Gehirn habe mit drei aufgehört, sich zu entwickeln, aber mit fünfzehn sei dann irgendetwas anderes los.« (1)

Eines stimmt: Das Verhalten Jugendlicher unterscheidet sich teilweise drastisch von dem jüngerer Kinder und älterer Erwachsener. Durch die Eigenart ihres Verhaltens wird mitunter der Eindruck hervorgerufen, zwischen ihren Ohren passiere nicht viel mehr als Nahrungszufuhr und Sprachabsonderung. Diese Sicht ist gelegentlich nur allzu verständlich.

Was treibt sie beispielsweise dazu, mit einem kleinen Brett auf vier Rädern und mit Anlauf auf das metallene Treppengeländer vor einem großen Versicherungsgebäude zu springen, und dann, möglichst noch ohne Arm- und Beinschutz, über mehr als zehn Meter an Steinstufen und scharfkantigen Mauern entlang auf ihm herunterzurutschen? Warum denken sie nicht darüber nach, dass sie sich dabei Beine, Arme oder etwas noch Wertvolleres brechen oder quetschen könnten? Warum haben auf einmal selbst die Vernünftigsten unter ihnen Probleme, vorauszuplanen und die Folgen ihrer Handlungen zu bedenken, und tun Dinge, die ihnen vorher nicht im Traum eingefallen wären? Kurz: Warum setzen sie ihr Hirn nicht ein, wenn sie eins haben? Kann uns die Forschung darauf Antworten geben?

Es wurden in den letzten Jahren einige Anstrengungen unternommen, um diesen Phänomenen jugendlicher Unvernunft und zeitweise eingeschränkter Zurechnungsfähigkeit auf die Spur zu kommen. Dabei sind verblüffende Entdeckungen gemacht worden, die das Bild des jugendlichen Hirns für immer verändert und die Mär vom Ende der wesentlichen organischen Entwicklungen im Gehirn mit dem Alter von drei Jahren ins Reich der Märchen verbannt haben.

Dass solche Untersuchungen nicht schon früher gemacht wurden, lag zum einen schlicht am vorher kaum vorhandenen Interesse am jugendlichen Hirn. Man hielt dieses Forschungsgebiet aus wissenschaftlicher Sicht für langweilig, denn man war ja anhand der bis dahin vorliegenden Erkenntnisse der festen Überzeugung, die Entwicklung des Gehirns und seine funktionelle Ausdifferenzierung – wer macht was im Hirn – seien in der Pubertät längst abgeschlossen. Ergänzend könnte man auch scherzhaft fragen: Hatten die Forscher, von denen viele wohl selber Kinder in diesem Alter zu Hause hatten, vielleicht auch einfach Angst, was sie dort vorfinden würden …?

Zum anderen gab es die technischen Möglichkeiten der Untersuchung, über die Forscher heute verfügen können, vor wenigen Jahren noch nicht. Die Wissenschaftler waren darauf angewiesen, indirekt Rückschlüsse aus den Auswirkungen von Veränderungen bestimmter

Gehirnregionen zu ziehen, wie sie beispielsweise durch elektrische Reize, Unfälle oder Eingriffe ausgelöst werden. Oder Erkenntnisse im Nachhinein durch Autopsien zu gewinnen und aus diesen dann auf das Gehirn selbst, seine Funktionen und die Zuordnung zu bestimmten Aufgabenbereichen zu schließen.

Wachstum und Veränderung der Gehirne von Heranwachsenden über einen längeren Zeitraum »am lebenden Objekt« zu beobachten, ohne dass diese dadurch Schaden nehmen könnten, wie dies beim Röntgen der Fall ist, ist erst durch MRI und fMRI, **M**agnetic **R**esonance **I**maging und **f**unctional **M**agnetic **R**esonance **I**maging möglich geworden. MRI, die Bildgewinnung durch magnetische Resonanz, zeigt die Veränderungen der Größe und Form und ermöglicht dadurch eine »Kartographierung« des wachsenden und sich entwickelnden Hirns. fMRI, funktionelle Bildgewinnung durch magnetische Resonanz, liefert genaue Bilder der lokalen Aktivitäten im Gehirn – also von dessen Funktion –, wie sie beispielsweise verschiedene Tätigkeiten oder emotionale Eindrücke auslösen. Mittels dieser Techniken ist es erstmals möglich, einen direkten Blick in das lebende Gehirn zu werfen, während es arbeitet.

»Diese neuen Techniken bieten extrem detaillierte Abbildungen des lebenden Gehirns und zeigen, wie es wächst und wie seine Funktion sich durch die Teenagerjahre wandelt, oft auf eine Weise, die niemand vermutete«, sagt der Neurologe Paul Thompson von der University of California in Los Angeles. »Mit Hilfe der MRI-Scans können wir beobachten, wie das Teenagergehirn sich in wunderbaren Mustern verändert, während sie heranwachsen.« (2)

So haben die wissenschaftlichen Arbeiten der letzten Jahre auf diesem Gebiet einiges zu Tage gefördert, mit dem niemand in Fachkreisen gerechnet hatte. Dabei ist nicht nur ein faszinierendes neues Forschungsgebiet entstanden, sondern unbeabsichtigt und so ganz nebenbei wurde vieles, was die Experten bisher vom Hirn und seiner Entwicklung zu wissen glaubten, über den Haufen geworfen.

## Achtung, Bautrupps unterwegs!

**Von wegen Stillstand! Ganz schön was los da oben ...**

Die Forscher entdeckten staunend, dass im Gehirn Jugendlicher gewaltige Wachstumsschübe stattfinden und tiefgreifende Auf- und Umbauprozesse vor sich gehen. Ganz im Sinne des Mottos: Wir bitten die geschätzten Eltern und Lehrer temporäre Unannehmlichkeiten während des Umbaus zu entschuldigen ...

Eines fällt dabei besonders ins Auge, und das macht die Ergebnisse der Untersuchungen für alle Eltern und Pädagogen so interessant wie aufschlussreich: Die aktivsten Bereiche im Gehirn, dort wo die größten Umwälzungen stattfinden, finden ihre Entsprechung in Verhaltensweisen von Jugendlichen, mit denen sie und ihre Umwelt die größten Probleme haben. Ein Beispiel dafür ist das unbedachte Eingehen von Risiken, ohne dass über die möglichen Folgen ausreichend nachgedacht wird, wenn damit aufregende Erlebnisse und neue Erfahrungen für die Jugendlichen verbunden sind.

Doch das ist nur ein Beispiel unter vielen. Sie werden in den folgenden Kapiteln mehr darüber erfahren, wie das, was im Kopf der Jugendlichen geschieht, mit ihrem veränderten Verhalten zusammenhängt. Sie werden dadurch besser sehen und verstehen, warum, wann und wo Sie als Erwachsene gefordert sind, was das für Sie bedeutet, wie Sie sich darauf einstellen und wie Sie besser damit umgehen können.

Natürlich war Forschern anderer Disziplinen – wie Psychologen, Pädagogen, Verhaltensforschern – auch vorher nicht entgangen, dass es im Vergleich zu anderen Lebensphasen viele Besonderheiten und einzigartige Auffälligkeiten der Pubertät gibt. Man wusste bis dato jedoch nichts vom Umbau im Gehirn bei den Teens, und so wurden die Ursachen woanders gesucht.

Beispiele für diese Besonderheiten liefert das Lernverhalten, das sich in einigen Bereichen grundlegend von dem der Kinder und Erwachsenen unterscheidet. Nehmen wir die emotionale und soziale Interaktion, also das Üben von Beziehungen, sich ver- und wieder entlieben, eine der pubertären Hauptbeschäftigungen. Der Unterschied bei Jugendlichen liegt darin, wie gelernt wird, mit welcher spielerischen Leichtigkeit, aber auch mit welcher Intensität dieses Feld menschlicher Erfahrung erkundet wird.

Das spielerische, kindliche und wenig dauerhafte Element hält das Übungsfeld lebendig und in Gang, und der dramatische, nicht mehr nur kindliche Ernst, mit dem gespielt wird, sorgt dafür, dass sich die Erlebnisse tief einprägen und langsam erwachsenen Gefühlen nähern. Dieses ganz und gar nicht vernünftige, aber dramatisch-intensive Ausprobieren von Beziehung, Sexualität und Nähe, ist nicht nur einzigartig und für diese Zeit charakteristisch, sondern auch sehr sinnvoll und besonders wichtig. An diese scheinbaren Widersprüche werden Sie sich im Zusammenhang mit Jugendlichen wohl oder übel gewöhnen müssen. Denn im Ergebnis werden diese Erfahrungen und Gefühlsverwirrungen die Kids als hoffentlich erworbene Beziehungsreife in und durch das ganze Erwachsenenleben begleiten. Sie machen die Jugendlichen erst dazu fähig, erwachsenere und reifere Beziehungen eingehen und führen zu können. Jugendliche, die diese Phase des Ausprobierens übersprungen, verschlafen oder verdrängt haben, sind wie emotionale Analphabeten. Sie haben das emotionale ABC nicht buchstabieren gelernt, als es in der Schule dran war.

Natürlich lernen sowohl Kinder wie auch Jugendliche und Erwachsene vorwiegend durch Erfahrungen. Aber woher kommt dieser besondere Erfahrungs- und Lernschub, der für die Pubertät so typisch ist? Woher kommen dieser Lebenshunger, diese Aufbruchstimmung, das rauschhafte Erleben der Wirklichkeit, dieses Drängen nach Veränderung?

Bisher machte man dafür vorwiegend die Hormone verantwortlich, auch dafür, dass aus zugänglichen Kindern relativ unvermittelt verschlossene, launische und, so scheint es, temporär hirnlose Wesen werden. Mittlerweile weiß schließlich jeder, dass Jugendliche unter einem Hormonbombardement stehen, das nicht nur Brüste und Schamhaar sprießen lässt, sondern sie auch verführt, allerlei verrückte Dinge zu tun. Er wird plötzlich rot und stottert, weil ein Mädchen vor ihm steht, oder sie bekommt kaum ein Wort heraus, wenn der angeschwärmte Junge sie fragt, ob sie heute Schwimmen geht. Man glaubte, mit den Hormonen und ihrem Wirken im Körper die Pubertät im Kern erklärt zu haben. Es sei ein Prozess, der aus heiterem Himmel über die Jugendlichen hereinbricht und für den sie nichts können. Picklige Opfer ihres eigenen Körpers, der mit ihnen so ziemlich macht, was er will.

Für die Eltern hieß das im Wesentlichen, Schadensbegrenzung zu betreiben, durchzuhalten und zu warten, bis der Anfall vorüber ist. Mich und mit mir viele Eltern und Pädagogen hat das immer unbefriedigt gelassen. Ich hatte das Gefühl, und die Erfahrung hat mich darin bestätigt, dass so eine Einstellung den Jugendlichen und den großartigen Möglichkeiten dieser Zeit nicht gerecht wird.

Denn einerseits erlebt man die Jugendlichen immer wieder als unbeschränkt beschränkt. Andererseits lässt sich mitunter und parallel dazu auch ein erstaunlicher und schubartiger Zuwachs unvermittelt auftauchender Fähigkeiten oder Einsichten bei ihnen registrieren, die mit dem Wirken der Hormone allein nicht befriedigend erklärbar scheinen.

Dazu gehört zum Beispiel die mit der Pubertät wachsende Fähigkeit zu abstraktem Denken, aber auch zur Einsicht in komplexere soziale Zusammenhänge und in die vielschichtigen Motivationen menschlichen Handelns, durchaus auch in Bezug auf sich selbst.

Besonders Lehrer machen immer wieder die Erfahrung, dass sich dieses Verständnis ab einem gewissen Alter auch gezielt hervorrufen und trainieren lässt. Wieso ist in der Pubertät auf einmal etwas möglich, was zuvor jenseits der Reichweite und des Fassungsvermögens der Kinder lag?

Ein Beispiel: Wenn Sie sich mit Vierzehnjährigen über Moral unterhalten, die ja nun viele Facetten hat, sehr komplex ist und selbst Erwachsene vor größere Probleme stellen kann, werden Sie nicht mehr nur Unverständnis ernten. Das heißt natürlich nicht, dass er (oder sie) Ihre Auffassungen im Ergebnis teilen muss. Aber Sie haben auf einmal ein Gegenüber, das zunehmend verstehen kann, wovon Sie reden, wenn Sie die richtigen Worte wählen. Das gilt unabhängig vom bisherigen Bildungsweg oder dem Bildungsstand – ja, sogar dann, wenn er oder sie noch nie eine Schule von innen gesehen haben sollte. Es scheint sich also um einen allgemeinen menschlichen Fähigkeitszuwachs zu handeln und nicht um etwas lediglich Antrainiertes.

Die Welt der Jugendlichen hat sich gewandelt. Sie ist nicht mehr nur schwarz-weiß, gut oder schlecht, hell oder dunkel. Es gibt auf einmal Zwischentöne, es gibt auf einmal ein »sowohl als auch«. Jugendliche sind zunehmend in der Lage, ein Thema, eine Frage oder ein Problem in der Tiefe zu betrachten und darüber nachzudenken. Auch, und das erstaunt besonders, wenn es sie selbst und das eigene Verhalten betrifft.

Mit anderen Worten, Hormone erklären vielleicht, wieso Jugendliche auf einmal sexuelle Wesen werden, den körperlichen Umbau und die Verwirrung, die damit einhergeht, aber nicht die tiefgreifenden Veränderungen im Denken, die aus Kindern Erwachsene werden lassen. Was steckt dann dahinter? Wodurch wird so ein gewaltiger Schritt möglich?

Die neuesten Erkenntnisse der Hirnforschung ermöglichen nun ein tieferes Verständnis dieses Phänomens. Sie eröffnen eine neue und befreiende Sicht auf die besonderen Chancen und fruchtbaren Umbrüche in der Pubertät jenseits aller pädagogischen Moden und ideologischen Überzeugungen. Vor allem aber bieten sich Ihnen, den Eltern, dadurch aufregende und bewegende Möglichkeiten der Einwirkung und Unterstützung, auch dort, wo Sie sich bisher hilflos, sprachlos und ausgeschlossen glaubten.

Die Gehirnforscher sprechen heute von einem dynamischen Bild des jugendlichen Gehirns, das sich im systemischen Umbruch befindet und in dem sich grundlegende gehirnorganische und funktionale Veränderungen vollziehen. Es findet ein tiefgreifender Umbau im Gehirn statt, und die Art und Weise, wie verschiedene Funktionsbereiche miteinander verschaltet und verbunden sind, verändert sich während der Pubertät dramatisch. Das Gehirn von Jugendlichen ist entgegen früheren Annahmen nach heutigen Erkenntnissen eine einzige Baustelle. Bezeichnenderweise gerade auch in den Bereichen, die es möglich machen, nicht nur impulsiv, sondern überlegt zu handeln.

»Der größte Sprung in unserer Erkenntnis über die letzten paar Jahre besteht darin, dass mitten in der Pubertät, [noch über] das Alter von fünfzehn oder achtzehn Jahren [hinaus], Veränderungen im Frontalbereich des Gehirns passieren, von denen wir noch vor zehn oder fünfzehn Jahren nicht sehr viel wussten ...«, sagt Charles Nelson. »Jeder, der einen Teenager erlebt hat, der den Bereich zwischen, sagen wir, zwölf und achtzehn durchschritten hat, weiß von den gewaltigen Veränderungen und dem enormen Wachstum in diesem Zeitraum. Wir denken, dass diese Veränderungen bewirkt werden durch einige der Veränderungen, die sich im [prä]frontalen Kortex [dem Gehirnbereich direkt hinter der Stirn] vollziehen.« (1)

Die Ergebnisse der Untersuchungen verraten uns viel darüber, wie Jugendliche ticken. Sie machen manches Verhalten plausibel, verständlich und damit auch eher beeinflussbar, das Ihnen bisher vielleicht vorwiegend beschränkt, widersinnig oder renitent vorkam. Es ist eigentlich nicht verwunderlich und doch erstaunlich und spannend, wie deutlich die jugendlichen Eskapaden und Lernprozesse mit den teils stürmischen Umbauprozessen im Gehirn korrespondieren.

# Überschwang macht vernünftig – fragt sich nur, wann ...

## Über Sturm und Drang und die Entwicklung der Vernunft

Schaut man sich einen Teenager an, der in die Höhe geschossen, mit offenem Mund, schlaksigen Bewegungen und mehr oder weniger geistreichen Bemerkungen die Welt und uns mit seiner Anwesenheit beglückt, denkt man nicht unbedingt und automatisch an Gehirn, noch weniger an Wachstum in diesem Bereich.

Für entsprechendes Aufsehen sorgten daher die Ergebnisse der Untersuchungen, die Dr. Jay Giedd vom NIH, dem National Institute of Mental Health in Bethesda in Maryland, mit Kollegen der McGill University in Montreal durchführte. Dabei wurden 145 normale Kinder in Abständen von jeweils zwei Jahren, während sie heranwuchsen, einem MRI-Scan unterzogen. Jay Giedd hat diese weltweit erste Langzeitstudie zur Gehirnentwicklung normaler Kinder über einen Zeitraum von mehr als zehn Jahren durchgeführt.

Zunächst fiel den Wissenschaftlern auf, dass bei Teenagern die graue Substanz, der ›denkende Teil‹ des Gehirns, in bestimmten Bereichen noch bis vor die Pubertät deutlich an Masse zunimmt – bei Mädchen etwa bis zum elften und bei Jungs bis zum zwölften Lebensjahr. Man hatte zuvor angenommen, dass die grundlegende Phase der Ausbildung der Hirnarchitektur und dieses stürmische Wachstum mit dem Alter von fünf bis sechs Jahren abgeschlossen seien.

Das trifft für fünfundneunzig Prozent des Gehirns auch zu. Doch Giedd fand heraus, dass sich das Wachstum einer ganzen Reihe entscheidender Bereiche des Gehirns weit über die Kindheit hinaus bis in die Pubertät fortsetzt.

Neben dem präfrontalen Kortex, auf dessen Funktion und Bedeutung ich gleich noch ausführlicher eingehen werde, fanden Giedd und seine Kollegen dieses Wachstum auch in den Scheitellappen, die mit der

Fähigkeit zu Logik und räumlichem Vorstellungsvermögen zusammenhängen, und in den Schläfenlappen, wo das Sprachenzentrum angesiedelt ist.

Die Fachwelt, und nicht nur sie, reagierte überrascht und war elektrisiert. Sie geht davon aus, dass ein solches Verdicken der grauen Hirnsubstanz darauf zurückzuführen ist, dass sich die Verzweigungen zwischen den Gehirnzellen besonders stark vermehren. Das Gehirn gilt in solchen Phasen des Wachstums, die als Überschwang bezeichnet werden, als besonders aufnahmefähig, und neue Fähigkeiten, insbesondere solche, die dem Überleben dienen, können besonders leicht erlernt werden.

Das bis in die Pubertät hinein andauernde komplexe Wachstum, das im präfrontalen Kortex stattfindet, ist ein besonderes Bonbon, das Sie sich genüsslich auf der Zunge zergehen lassen sollten. Dieser Gehirnbereich direkt hinter der Stirn, auch vorderer Stirnlappen oder Frontallappen genannt, spielt eine zentrale Rolle für das, was wir Erwachsensein nennen. Er ist das zentrale Steuerungsorgan, das dafür zuständig ist, dass wir vorausplanen und nicht jedem Impuls einfach nachgeben, sondern abwägen und auswählen können. Allgemein gesprochen könnte man auch sagen, der präfrontale Kortex ermöglicht vernunftbestimmtes Handeln. Wachstum und Umbau in der Steuerungszentrale? Das wirft doch ein ganz neues Licht auf die Pubertät.

»Der Frontallappen wird oft der Vorstandschef oder die Exekutive des Gehirns genannt«, erzählt Jay Giedd. »Er ist verwickelt in Dinge wie Planen, Entwickeln von Strategie und Organisation sowie Auslösen, Beenden, Beginn und Verschiebung von Aufmerksamkeit. Es ist der Teil des Gehirns, der den Menschen am meisten vom Tier unterscheidet, wenn Sie so wollen. Das ist der Teil des Gehirns, der sich am meisten in der menschlichen Evolution verändert hat, und ein Teil des Gehirns, der uns erlaubt, Philosophie zu betreiben und über das Denken nachzudenken und über unseren Platz im Universum ...« (3)

Nach dem Höhepunkt dieses Wachstums, der, wie schon gesagt, bei Mädchen ungefähr mit elf, bei Jungen mit zwölf Jahren erreicht ist und der die graue Gehirnmasse weit über das Volumen eines Erwachsenen hat anwachsen lassen, wird sie zügig wieder abgebaut. Jugendliche zwischen dreizehn und achtzehn Jahren verlieren etwa ein Prozent an grauer Hirnsubstanz pro Jahr. Die Forscher vergleichen das wortbildlich mit dem Obstbaumschnitt (dem Pruning), also der gezielten Ausdünnung von Ästen an einem Obstbaum. Dadurch werden dessen Kräfte gebündelt, wird der Ertrag an Früchten erhöht und somit seine Funktion für den Menschen optimiert. Eben diese Aufgabe erfüllt das Pruning nach dem stürmischen Wachstum durch den Abbau und die Ausdünnung der grauen Hirnsubstanz: deren Funktion und Nutzen für das System Mensch bestmöglich einzurichten. Das ist stets eine besonders sensible und prägende Phase in der Ausbildung des Gehirns, die weitreichende Auswirkungen hat.

»Gerade die Zeit um die Pubertät herum und bis hinauf in die erwachsenen Jahre ist eine besonders kritische Zeit für das, was in der Gehirnausformung geschieht«, erläutert Jay Giedd. »Ganz ähnlich wie bei Michelangelos David beginnst Du mit einem riesigen Block Granit am Gipfel der Pubertät. Dann wird das Kunstwerk durch Entfernen von Teilen des Granits erschaffen, und das ist auch der Weg, wie das Gehirn sich selbst herausformt. Größer ist nicht notwendigerweise besser, sonst würde der Gipfel in der Hirnfunktion mit elf oder zwölf Jahren auftauchen. ... Die Fortschritte kommen tatsächlich vom Wegnehmen und Ausdünnen bestimmter Verbindungen selbst.« (3)

Der vordere Stirnlappen, und das macht ihn in Bezug auf Jugendliche und ihr Verhalten so interessant, ist einer der letzten Gehirnbereiche, der aus der stürmischen Wachstumsphase in einen gefestigten und ausgebildeten Zustand übergeht. Diese Entwicklung ist wahrscheinlich erst zwischen dem zwanzigsten und dreißigsten Lebensjahr als ganz abgeschlossen zu betrachten.

Der Teil des Gehirns, der für die Abwägung von Impulsen, für vorausplanendes und vernünftiges Verhalten zuständig ist, ist also offensichtlich auch mit achtzehn Jahren noch nicht fertig ausgebildet. Wen wundert es da noch, dass so viele achtzehnjährige Erstwähler in Sachsen im Jahr 2004, aus einem Impuls heraus und zum Entsetzen der etablierten Parteien, rechte Populisten und deren hohle Phrasen gewählt haben?

# Wie entsteht die erwachsene Persönlichkeit?

## Über Erfahrungen, Umbau und Lernen in der jugendlichen Schaltzentrale

Niemand ist bisher in der Lage, mit Bestimmtheit zu sagen, wodurch dieser Umbau im Gehirn während der Pubertät ausgelöst wird. Es ist die alte Frage nach der Henne und dem Ei.

Die Erfahrungen und äußeren Anforderungen der Pubertät sind nicht nur durch die Schule und das aufkeimende Liebesleben deutlich andere als bei kleineren Kindern. Sind sie der auslösende Faktor für den Umbau? Oder werden erst durch das Wachstum im Gehirn andere Erfahrungen, Lernschritte und Erkenntnisse möglich? Sicher ist: Das eine ohne das andere gäbe es nicht.

Denn es ist einleuchtend, dass es einen Zusammenhang zwischen den Umbrüchen geben muss, die durch die Pubertät körperlich, seelisch und geistig ausgelöst werden, und den entsprechenden Regionen und Steuerungszentren im Gehirn. Insbesondere muss es eine Verbindung mit jenen Regionen geben, die für die Verarbeitung der vielfältigen neuen Erfahrungen und Reize zuständig sind. Sie erledigen die qualitative Auswahl – das heißt, welchen Reizen gebe ich nach und welchen nicht, und in welcher Form tue ich es –, und lösen die Umsetzung in gezieltes Handeln aus.

Dies geschieht vor allem im vorderen Stirnlappen, einem der Hauptbereiche, in dem die Jugendlichen einen so stürmischen Auf- und Umbau erleben. Er spielt die vielleicht wichtigste und entscheidende Rolle, damit wir vorausplanen, Impulsen widerstehen und ganz allgemein richtig und vernünftig handeln können.

Vorausplanung? Impulsen widerstehen? Das sind nicht unbedingt Eigenschaften, die man mit Jugendlichen in Verbindung bringt. Vernunft, Planung und Impulskontrolle sind schließlich nicht gerade die Stärken der Jugend. Dass ausgerechnet jene Teile des Gehirns, die für diese Fähigkeiten verantwortlich sind, diesen Zuwachs und tiefgreifenden Umbau erleben, erstaunt daher etwas.

Aber das erscheint nur auf den ersten Blick widersprüchlich. Dass diese Bereiche sich bei den Jugendlichen stürmisch verändern, heißt ja eben nicht, dass sie bereits fertig ausgebildet sind, und nicht, dass die vernünftigen Fähigkeiten bereits abrufbar vorhanden sein müssten. Ganz im Gegenteil, sie bilden sich in dieser Zeit dynamisch heraus und werden ihre endgültige Form, Funktion und Struktur über die Dauer der Pubertät erst noch finden müssen.

»Ich denke, dass ein Teil des Gehirns, der beim strategischen Denken, beim Planen und Organisieren hilft, noch nicht ausgereift ist. Nicht, dass die Jugendlichen dumm oder unfähig wären«, sagt Jay Giedd. Doch: »Es ist irgendwie unfair, von ihnen ein erwachsenes Niveau bei organisatorischen Fähigkeiten oder dem Treffen von Entscheidungen zu erwarten, bevor das Gehirn fertig ausgebildet ist.« (3)

Ich weiß, dass Teenager manchmal unausstehlich sein können und so wirken, als würden sie sich für nichts um sie herum interessieren – außer ihnen selbst natürlich. Aber vielleicht hängen ihre Verschlossenheit und Widerborstigkeit und ihr oft cooles, scheinbar desinteressiertes und passives Gehabe ja gerade damit zusammen, dass in ihnen und um sie herum so viel passiert, dass sie kaum mit dem Verarbeiten nachkommen?

Denken Sie doch nur daran, wie tief Sie selbst durch bestimmte Erlebnisse in der Pubertät berührt und auch geformt wurden, so tief, dass sie bis zum heutigen Tag noch vielfältig in Ihnen nachwirken. Sie werden sich bestimmt an solche Meilensteine erinnern, wenn Sie sich erlauben, zurückzuschauen. Die meisten haben es nur vergessen, weil sie froh waren, endlich achtzehn geworden zu sein … Sie haben in diesen Jahren die Grundzüge ihrer Persönlichkeit herausgearbeitet, die Sie zu dem macht, was Sie heute sind, und den persönlichen Grundstein dafür gelegt, wo Sie heute stehen.

Viele erleben die Pubertät sogar als die Geburt ihrer Persönlichkeit, die sich ganz deutlich von dem unterscheidet, wie sie als Kinder von anderen gesehen wurden und sich selbst erlebt haben. Nur, dass sie nicht jemand anders werden, sondern endlich sie selbst. Diese Bedeutung hat die Pubertät für jede Generation, immer wieder neu, immer wieder aufregend, immer wieder tiefbewegend und weit ins Leben als Erwachsener hinausstrahlend.

Das macht die Beobachtung so aufschlussreich, dass auf das stürmische Wachstum im Gehirn, das seinen Höhepunkt mit der Pubertät erreicht, ein ebenso dynamischer Prozess der Auswahl, Ausdifferenzierung und Strukturierung folgt. Offensichtlich wird dadurch das Gehirn auf das Notwendige, das auch wirklich gebraucht wird, zurückgestutzt. Letztlich sorgt so das Gehirn selbst und aktiv dafür, dass die späteren Erwachsenen ihre Kräfte bündeln, konzentrieren und auf das richten können, was sie für wesentlich und wichtig halten.

Dieses ›Zurückstutzen‹ kann man auch als den eigentlichen Lernvorgang sehen. Zunächst ist ja nur eine ungeordnete Vielzahl neuer Möglichkeiten entstanden. Die wollen jetzt bewertet, bestimmt, strukturiert und zu einer funktionierenden Einheit verbunden werden. Nach dem ungezügelten Volumenwachstum sorgt das Pruning für diese qualitative Auswahl. Der Organismus schaut, welche Verbindungen nützlich, ausbaufähig und funktionell wichtig sind. Letztlich entscheiden konkrete Erfahrungen darüber, welche aktiviert werden. Diejenigen, die als nicht brauchbar oder überflüssig eingestuft werden, werden entfernt oder zurückgeschnitten.

Mit anderen Worten: Die Jugendlichen lernen durch jede Erfahrung. Sie wählen durch jede eigene Entscheidung aus der Vielzahl der neuen Möglichkeiten, die in ihnen angelegt sind, aus, und das Gehirn setzt das parallel organisch um. Diese Auswahl und diese Entscheidungen finden auf allen Ebenen der Persönlichkeit statt. Sie sind oft das Ergebnis vieler kleiner Erfahrungen, die sich zu einer großen Entscheidung summieren, die nicht mal sonderlich bewusst ausfallen muss. Aber entschieden und ausdifferenziert wird mit großer Intensität und mit weitreichenden Auswirkungen, wie sie bei jeder grundlegenden Entwicklung zu erwarten sind.

»Ich denke, das überschwängliche Wachstum während der vorpubertären Jahre gibt dem Gehirn ein enormes Potential«, erläutert Giedd. »Die Kapazität, die in vielen verschiedenen Bereichen ausgebildet werden kann, baut sich während dieser Zeit auf. Welches die Einflüsse von Eltern oder Lehrern, Gesellschaft, Nahrung, bakteriellen und viralen Infektionen – aller dieser Faktoren – auf diese Aufbauphase sind, fangen wir erst an zu versuchen zu verstehen. Aber die Phase des Rückschnitts ist vielleicht sogar interessanter, denn unsere führende Hypothese dafür ist das ›Nutz es oder verlier es‹-Prinzip. Jene Zellen und Verbindungen, die genutzt werden, überleben und gedeihen. Die Zellen und Verbindungen, die nicht genutzt werden, verkümmern und sterben ab. Wenn also ein Teen Musik macht oder Sport oder sich geistig beschäftigt, dann sind das die Zellen und Verbindungen, die sich verfestigen und aushärten. Wenn sie auf der Couch liegen oder Videogames spielen oder MTV schauen, sind das die Zellen und Verbindungen, die überleben werden.« (3)

Es liegt auf der Hand, dass die Gehirne Jugendlicher wie alle Systeme im Umbruch gegenüber Einflüssen und Störungen von außen einerseits offener, andererseits aber auch ungeschützter sind als die ausgebildeten Gehirne Erwachsener, die den Sturm und Drang hinter sich gelassen und möglicherweise ein immer noch dynamisches, aber stabileres und durch Vernunft und Impulssteuerung geschützteres Gleichgewicht gefunden haben.

Jugendliche sind mithin leichter zu manipulieren, und Drogen zum Beispiel können auf ihre Gehirne leichter einen tiefgreifenden Einfluss ausüben, weil diese noch wesentlich formbarer, instabiler und unfertiger – auch im Sinne eigener Wertmaßstäbe – sind als die Erwachsener. Generell gilt, dass alles, dem sie sich aussetzen oder ausgesetzt werden, viel unmittelbarer von ihnen aufgenommen wird und sich auch unmittelbarer und ungefilterter auswirkt – durch das Gehirn »in Ausbildung« und die noch nicht ausgereifte Impulskontrolle – als bei Erwachsenen.

»Es ist auch eine teilweise grausame Ironie der Natur, denke ich, dass gerade zu der Zeit, wenn das Gehirn am verletzlichsten ist, es auch am wahrscheinlichsten ist, dass die Teens mit Drogen oder Alkohol experimentieren«, überlegt Giedd. »Manchmal, wenn ich mit Teens arbeite, zeige ich ihnen tatsächlich diese Hirnentwicklungskurven, wie sie den Gipfel in der Pubertät erreichen und dann zurückgeschnitten werden, und versuche mit ihnen vernünftig darüber nachzudenken, dass, wenn sie an jenem Abend Drogen oder Alkohol zu sich nehmen, es sich auf ihr Gehirn nicht nur in jener Nacht oder sogar an jenem Wochenende auswirken mag, sondern für die nächsten achtzig Jahre ihres Lebens.« (3)

Auf das Thema Drogen gehe ich in einem späteren Kapitel noch ausführlicher ein. Doch es müssen nicht immer Drogen sein, die massiv auf die Jugendlichen einwirken. Auch die Werbung weiß um die Plastizität jugendlicher Hirne und deren Manipulierbarkeit und nutzt das seit langem weidlich aus, nicht unbedingt im Sinne einer optimalen Entwicklung der Jugendlichen. Das sind ja auch weder ihre Aufgabe noch ihr Ziel. Sie soll den Markt bearbeiten und potentielle Konsumenten zur Entscheidung für ein bestimmtes Produkt bewegen.

Die besondere Formbarkeit und Bildbarkeit der Heranwachsenden durch äußere Einflüsse, Eindrücke und Erlebnisse lediglich als eine Quelle der Gefahr darzustellen, ist jedoch ein grobes und unverzeihliches Versäumnis in meinen Augen. Es wäre ein verhängnisvoller Fehler und ein grundlegendes Missverständnis, es nur bei diesen negativen Beispielen zu belassen.

Diese jugendliche Plastizität darf nicht nur als schlimm und dramatisch wahrgenommen werden! Sie sollte Ihnen vielmehr großen Mut machen. Sie können sich durch sie sogar besonders zuversichtlich stimmen lassen, gerade wenn es mit dem Nachwuchs schwierig wird, weil sich durch sie immer wieder ganz besondere und einzigartige Chancen bieten. Das können manchmal wahre Wunder an Wachstum, Erkenntnissen, Sinneswandel und Entwicklung sein.

Sie sollten sich als Eltern und Pädagogen ganz klar machen, dass die besondere Offenheit in der Pubertät auch bedeutet, dass das jugendliche Gehirn für positive, aufbauende, sinn- und kraftgebende Erfahrungen und Erlebnisse ebenso und vielleicht in noch größerem Maße aufnahmefähig ist und diese sich besonders tief und nachhaltig einprägen werden. Ich glaube, dass sie einen größeren Einfluss ausüben können, weil sie der jugendlichen Suche nach Sinn und der tiefen Sehnsucht nach kraftvoller Harmonie und Einheit des Lebendigen entsprechen. Meine Erfahrungen unterstützen mich darin.

Auch diese Empfänglichkeit im positiven Sinn wird mit dem Abklingen der Pubertät abnehmen. Sie ist außergewöhnlich und von ebenso entscheidender wie weitreichender Bedeutung auf dem Weg zum Erwachsenen. Das Gehirn behält zwar, und das beeindruckt die Hirnforscher immer wieder, ein Leben lang ein gewisses Maß an Plastizität und Formbarkeit bei und bleibt dadurch lern- und entwicklungsfähig. Die Pubertät nimmt jedoch eine herausragende Sonderstellung ein.

Eine Erkenntnis, die Sie sich zum Wohl der Kinder, zur Unterstützung von Reife und Wachstum, bewusst machen und die Sie nutzen sollten. Die Pubertät ist demnach keine Zeit des Mangels, sondern vor allem der Möglichkeiten, der Erfahrungen, des Wachstums und der Reifung. Persönliches und soziales Umfeld üben in dieser Zeit einen weitaus größeren und weitreichenderen Einfluss aus, als dies bisher von den meisten für möglich gehalten wurde. Nehmen wir alles zusammen, sind Jugendliche weit mehr als unfertige Erwachsene mit deutlichen Defiziten. Sie sind Werdewesen mit einem unglaublichen Potenzial an Möglichkeiten, eben weil in ihnen noch so viel unfertig und in Bewegung ist.

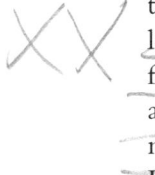

Die Pubertät ist weit mehr als eine Phase, durch die man irgendwie hindurch muss. So eine Sicht geht am Kern des Geschehens vorbei und wird ihm nicht gerecht. Sie ist eine einzigartige, einmalige und besondere Zeit im Leben jedes Menschen, in der die Schienen ausgebaut und die Weichen für die kommenden Jahrzehnte gestellt werden. Sie hält offensichtlich entscheidende, zentrale und weit in die Zukunft wirkende Lebenslektionen bereit und macht die Jugendlichen, entgegen dem äußeren Anschein, für das Lernen und das persönliche wie soziale Wachstum besonders geeignet.

Die verblüffenden Verhaltensänderungen, die Jugendliche an den Tag legen können, diese Plastizität von Überzeugungen, Verhalten und sozialer Interaktion sind äußerst erstaunlich, aber sie sind zeitlich eingrenzbar und daher begrenzt. Nach meiner Erfahrung bietet die Zeit zwischen dem zehnten und dem achtzehnten Lebensjahr die größten Chancen, aber auch die großen Risiken für die Ausbildung der Persönlichkeit und ihren Weg in die Welt. Das ist in etwa der Zeitraum der Pubertät. Selbst schwerste Verhaltensstörungen können in dieser Phase noch mit einiger Aussicht auf Erfolg behoben werden, wenn die Motivation und die Rahmenbedingungen stimmen.

Bei einem Achtzehnjährigen sieht das schon anders aus. Natürlich ist auch bei ihm die Entwicklung noch nicht ganz abgeschlossen, aber auf ein relativ festgefügtes System einzuwirken ist schwieriger, anstrengender und langwieriger, als mit einem stürmischen, werdenden System zu arbeiten, das sich im Wechselspiel von äußeren Eindrücken, inneren Bedürfnissen, neuronalen und hormonellen Prozessen, Gefühlen und Gedanken, Erlebnissen und Gesprächen erst endgültig auszuformen beginnt.

Für die Erwachsenen heißt das, dass ihre Unterstützung in der Pubertät besonders wichtig und wirksam sein kann, dass hier jeder Moment zählt, aber auch, dass fehlende Unterstützung und Vernachlässigung sich besonders nachteilig, weil tiefgreifend auswirken werden.

Vielleicht brauchen Jugendliche lediglich ein Lernumfeld, das auf ihre besonderen Lernbedürfnisse, ihre besonderen Themen, Chancen und Möglichkeiten hin angepasst wird? Das ihnen hilft, den Ansturm der Welt, den Sturm der Reize dynamisch, nachhaltig und erfolgreich zu verarbeiten? Probieren Sie es aus. Sie werden sehen, es geht mehr, als die meisten für möglich halten würden.

Ein einfaches Beispiel ist die Gestaltung des Schulalltags: Anstatt die Jugendlichen einseitig auf der abstrakten Ebene anzusprechen, also z. B. theoretisch mit ihnen über das beste Gesellschaftsmodell oder die Lösung eines mathematischen Problems zu sprechen, wäre es wesentlich nachhaltiger, diese Fragen in einem konkreten Bezug zu bearbeiten. Statt also im Mathematikunterricht die Berechnung von mathematischen Körpern ausschließlich theoretisch an der Tafel zu demonstrieren, könnte man dies beispielsweise besser am Bau eines Pavillons auf dem Pausenhof oder etwas Ähnlichem praktizieren. Ein idealer Weg, die Fähigkeit zur Abstraktion, die Grundlage der höheren Mathematik ist, auszubilden. Es ist allemal anschaulicher, eine Sonnenuhr zu bauen, als die erlebnishungrigen, durch elementare Umwälzungen gehenden Jugendlichen mit toten mathematischen Formeln zu quälen, deren Schönheit den meisten, wenn überhaupt, erst sehr viel später aufgehen kann. Nämlich dann, wenn ihr Hirn ausgereift ist.

»Uns würde die Schule möglicherweise Spaß machen, wenn die Themen auf dem Lehrplan interessanter wären«, schreibt Melanie Streckfuss, vierzehn Jahre alt, in einem Leserbrief an den *stern*. »Aber was interessiert mich die Steinzeit, wenn in der Türkei haufenweise Menschen durch Erdbeben sterben oder immer noch überall Krieg ist?« (4)

Das gilt natürlich auch für Fächer wie Sozialkunde. Viel besser, als theoretisch über soziale Verantwortung zu reden, ist die konkrete Auseinandersetzung mit ihr, z. B. in einem Partnerschaftsprojekt mit einer Schule in Burundi. So wird Verantwortung zum Erlebnis.

Ein weiteres Beispiel für den Deutschunterricht: Warum nicht mit den Schülern ein Drehbuch verfassen zu einem Thema, das sie sich selbst erarbeiten? Das macht Spaß, trainiert den Umgang mit Sprache außerordentlich, ist anspruchsvoll, aber nicht zu schwierig und erfordert keinerlei Erfahrungen, denn das Können wächst mit dem Tun. Das nötige Know-how liegt kurz und knackig in Buchform vor (Syd Field: *Drehbuchschreiben für Fernsehen und Film. Ein Handbuch für Ausbildung und Praxis*, Econ Taschenbuch 2001).

Dazu kommt: Alle mögen solche Projektarbeit und haben etwas davon. Nicht nur die Lehrer und Schüler haben mehr Spaß, weil sie interessanter und lebendiger ist als dröger Unterricht und vielfältigen Stoff zum Erleben, Lehren und Lernen bietet. Auch die engagierte Schulleitung wird es freuen, besonders wenn etwas dabei herauskommt, was sich nachher vorzeigen lässt – in Form eines kleinen Filmes, Fotos, eines bebilderten Projektberichtes oder ähnlichen Dokumentationsmaterials. Dokumentation ist nicht unwichtig und sehr wirksam in Zeiten, in denen die Schulen miteinander zunehmend in Wettbewerb stehen. Die Eltern werden letztendlich platzen vor Stolz. Und es wird die Arbeit und den beruflichen Weg der engagierten Lehrkraft mehr als befördern, weil es bleibt und mehr über pädagogische Motivation und Fähigkeiten aussagen kann, als es jedes Zeugnis vermag. Frei nach dem Motto: Lasst Taten sprechen!

Bei allen diesen Beispielen geht es um einen zentralen Punkt: Die Jugendlichen sind in erster Linie im Erleben, sie lernen vor allem über konkrete Erfahrungen. Je mehr sie auf diesem Weg lernen können, desto besser. Denn erst die Verknüpfungen mit konkreten, fassbaren Erfahrungen bilden Fähigkeiten wie Abstraktion und Verantwortung und viele andere wertvolle und nützliche menschliche Eigenschaften in der Persönlichkeit und im Gehirn richtig und vollständig aus. Vereinfacht gesagt: Verknüpfungen im Tun schaffen Verknüpfungen im Hirn. Erfahrungen schulen und bilden das Denken. Und dafür ist Unterricht doch eigentlich da, oder?

Weitere Beispiele und Anregungen gefällig? Bitte sehr: Auch ein gut vorbereiteter Besuch in einer Drogenklinik erreicht mehr als hundert Vorträge zu diesem Thema. Eine Patenschaft mit Tieren im Tierheim oder im Zoo, die mit regelmäßigen Besuchen und Aufgaben verbunden ist, wird mehr bewegen, als 333 Ermahnungen, dass wir alle für die Schöpfung und andere Lebewesen verantwortlich sind. Eine Familienpatenschaft, z. B. über eine Organisation wie PLAN International e.V. (siehe Anhang), mit einem Kind, dem ohne diese Hilfe der Schulbesuch unmöglich wäre, bildet mehr als alle politischen Gespräche über die Ungleichheit der Welt. Wenn Sie dazu gelegentlich mit Ihren Kindern oder Schülern einen Flohmarkt veranstalten, um Gelder für die gute Sache zu sammeln, tragen Sie mehr zum Begreifen der Komplexität der Welt, von Verantwortung und vor allem eigener Handlungsmöglichkeiten bei als die Sonntagsreden tausender Berufspolitiker.

Das gilt auch für zu Hause. Es bringt nichts, den Jugendlichen Vorträge z. B. über Moral und richtiges Handeln zu halten. Solche Predigten gehen zum einen Ohr rein und zum anderen wieder raus. Aber nicht, wie wir gesehen haben, weil kein Hirn dazwischen wäre, das den Luftzug aufhalten würde … Etwas völlig anderes ist es, wenn Sie glaubwürdig, menschlich und nicht zwanghaft vorleben, wovon Sie reden. Das ist wirksam! Es ermöglicht konkrete Erfahrung und lebendige Auseinandersetzung und erreicht dadurch die Jugendlichen direkt.

Eine weitere praktische Möglichkeit, die ich Ihnen nachdrücklich ans Herz legen möchte, ist die Einrichtung eines Punktebogens, der die Höhe des Taschengeldes mit der Bewältigung von Aufgaben verknüpft, die der Entwicklung Ihrer Kinder und dem Wohl des gemeinsamen Haushalts dienen. Sie finden ihn ausführlich auf Seite 110 ff. als Wunderwaffe Punktebogen vorgestellt. Dadurch werden nicht zuletzt abstrakte Zahlen mit konkreter Bedeutung und Erfahrung verbunden.

Damit ist die Frage nach einem geeigneten Lernumfeld und der richtigen fördernden und fordernden Unterstützung für die Pubertät noch nicht erschöpft. Wir werden im weiteren Laufe dieses Buches wiederholt, wenn auch unter verschiedenen Gesichtspunkten, auf die Frage zurückkommen, wie Unterstützung in der Pubertät und ein mögliches jugendgerechtes Training im Einzelnen noch aussehen können.

Zum Abschluss dieses Kapitels möchte ich Ihnen noch ein Beispiel für eine Projektarbeit im Mathematikunterricht einer Schweizer Schule vorstellen, über das ich kürzlich las und das vor allem die Lehrer unter Ihnen zu eigenen Taten inspirieren soll.

*Mathematik auf dem See*
»Immer wieder stellt sich in der Schule die Frage nach dem Bezug der Lebenspraxis. Wie und wo kann das Gelernte sinnvoll und konkret angewendet werden? Im Besonderen betrifft dies den Mathematikunter-

richt. Eine gute Gelegenheit für eine direkte Anwendung der mathematischen Grundlagen ergibt sich bei der so genannten Trigonometrie (Berechnung von Winkeln und Längen in Dreiecken). So wird an vielen Rudolf Steiner Schulen in der zehnten Klasse ein Vermessungspraktikum durchgeführt. Die zehnte Klasse der Rudolf Steiner Schule Kreuzlingen konnte dank des Kontaktes mit Felix Merz, Sektorleiter Kraftwerke Mitte der SBB (Schweizer Bundes Bahn, d. A.), den hinteren Teil des Lago Ritóm vermessen. Dieser See dient als Wasserspeicher zur Erzeugung elektrischer Energie für die Gotthardbahn.

Um die Vemessungsarbeiten durchführen zu können, wurden uns zwei betriebseigene Häuser vom Kraftwerk zur Verfügung gestellt. Es mussten um den See herum 24 Uferpunkte mit Jalonstäben ausgesteckt werden. Diese wurden mit so genannten Theodoliten vermessen. An mehr als 1500 Punkten ermittelten die Schülerinnen und Schüler – von Schlauchbooten aus – mittels Echolot die Tiefe des Sees. Täglich mussten die Messergebnisse überprüft werden. Die Sache selbst zeigte den Schülerinnen und Schülern, ob sie gut gearbeitet hatten. Der schließlich vorliegende Plan mit dem neu vermessenen Ufer und den ermittelten Höhenkurven zeigte sich als stimmig und konnte zusammen mit einem ausführlichen Bericht an die SBB abgeliefert werden. Unser Dank gilt Felix Merz. Er unterstützte das Projekt nicht nur mit Wohlwollen, sondern sorgte auch für einen finanziellen Beitrag zugunsten der Schule. ...«
(5)

## Sind Eltern die besseren Stirnlappen?

### Eltern als Ersatzhirn, Entwicklungs- und Geburtshelfer

»Tut nicht so, als würdet ihr unsere Musik mögen. Und wenn sie euch wirklich gefällt, sagt es bitte keinem.« (6)

Viele Eltern sehen sich heute lieber als Partner ihrer Kinder denn als autoritäre Respektspersonen, die Grenzen setzen und deren Einhaltung auch einfordern. Das ist eine sehr schöne Grundhaltung, die von Respekt und Liebe für das Werdewesen und seine Einzigartigkeit zeugt. Was soll auch gut daran sein, den Jugendlichen die eigene Sicht des Lebens aufzuzwingen? Wie sollen sie Verantwortung und Eigenständigkeit lernen, wenn die Eltern ihnen die Entscheidungen abnehmen? Ist es da nicht besser, den Heranwachsenden verständnisvoller Partner und Freund zu sein?

Ganz klar, es ist besser. Aber: Autoritätsperson oder Partner sind nicht die Alternativen, die einander gegenüberstehen. Es sind zwei Möglichkeiten, von denen keine allein den Bedürfnissen der Jugendlichen, ihrem Gehirn in Ausbildung und den Entwicklungsgesetzen der Pubertät gerecht wird. Es geht in erster Linie nicht darum zu überlegen, was wir – die Erwachsenen – für die Jugendlichen für wünschenswert halten, weil es unserer Weltsicht entspricht. Natürlich ist das Nachdenken darüber wichtig, weil die Antworten darauf die persönliche erzieherische Haltung bestimmen.

Doch für die Jugendlichen ist es wichtiger, ihnen in dieser Zeit großer Herausforderungen auf eine Weise zur Seite zu stehen, die sie tatsächlich dabei unterstützt, sich zu orientieren und ihre Anlagen bestmöglich zu entwickeln – auch im Hinblick auf die sich ständig wandelnden Bedingungen in Gesellschaft und Umfeld, auf die sich jede Generation neu einzustellen hat.

Sie brauchen unter anderem die Hilfe der Erwachsenen, um Gefahren erkennen und Risiken oder Gefühle richtig einschätzen zu können – denn damit haben sie einige Probleme, wie wir später noch sehen werden ... Ebenso, wie sie in den seltensten Fällen die Folgen dessen, was sie fühlen, wollen, denken oder tun, realistisch und verantwortlich abschätzen können. Wie das kommt? Die Kommandozentrale im Gehirn funktioniert nur mit Notstrom, und die modernen und leistungsfähigen Geräte werden erst nächste Woche geliefert. Außerdem haben die Techniker mal wieder Probleme mit der neuen Software und kriegen sie einfach nicht zum Laufen. Dauernd Systemabstürze! Und dabei soll man arbeiten!

Zunächst ist es deshalb wichtig, dass Sie sich regelmäßig Zeit für Ihre Jugendlichen nehmen, in der Sie einfach und verlässlich für sie da sind. Auch dabei, diese Zeit zu finden, festzulegen und mit Inhalt zu füllen, kann Ihnen die Wunderwaffe Punktebogen von Seite 110 ff. helfen. Das gilt besonders, wenn Sie beruflich oder mit sonstiger Arbeit sehr eingespannt sind.

Doch es müssen nicht immer Pläne und Aktivitäten sein, mit denen Sie diese Zeit ausfüllen. Das Wesen vom anderen Stern braucht gelegentlich vor allem Ihre ungeteilte Aufmerksamkeit, ein offenes Ohr oder schlicht das tröstliche Gefühl von Geborgensein. Nennen Sie es Zusammensein oder Zusammen-Abhängen, wie Sie möchten. Entscheidend ist, dass die Jugendlichen regelmäßig die spürbare, liebevolle und verlässliche Gegenwart erwachsener Bezugspersonen, davon am meisten die der Eltern, brauchen. Mit spürbarer Gegenwart meine ich, dass Sie wirklich körperlich, geistig und seelisch präsent sind und vor allem bereit, zuzuhören. Wer nicht zuhören kann und sich die Zeit dafür nicht wirklich nimmt, der erfährt auch nichts.

Jugendliche brauchen die Bereitschaft zum Gespräch, das gemeinsame Schweigen, das Sich-aussprechen-Können und -Dürfen (und nicht müssen) und das Lachen wie die Luft zum Atmen. So fühlen sie sich auf dem einsamen Planeten in seiner pubertären Umlaufbahn nicht völlig verloren und allein gelassen und können den Herausforderungen, die ihr Leben täglich für sie bereit hält, besser gerüstet und gestärkt entgegentreten.

»... besonders für junge Leute ist es wichtig, dass es Zeit gibt, um einfach zusammen herumzulungern«, fasst Ellen Galinsky, Präsidentin des Institutes für Arbeit und Familie in New York die Ergebnisse einer

Untersuchung zusammen, bei der 1000 Kinder und Jugendliche verschiedenen Alters zu den Familienbeziehungen und dem Arbeitsleben ihrer Eltern befragt wurden. »Es muss nicht immer alles geplant sein; es braucht nicht immer einen Fahrplan. Es geht nicht immer darum, von einer Aktivität zur anderen zu hetzen. Aber darum, Zeit zu haben, um zusammen zu sein ... Für Eltern von Teenagern, die möglicherweise denken: ›OK, jetzt habe ich für dieses Kind etwas in Gang gesetzt und es stößt mich zurück‹, ist die Botschaft von den jungen Leuten, von den Teens: ›Bleibt eingeklinkt.‹ Sogar wenn sie uns wegstoßen, wollen sie mit uns sein ...« (7)

Diese Bereitschaft, Jugendlichen aufrichtig Zeit zu schenken und ihnen zuzuhören, ist natürlich auch für Lehrer wichtig, weil die Jugendlichen einen großen Teil des Tages bei und mit ihnen verbringen, ebenso wie für die anderen erwachsenen Bezugs- oder Vertrauenspersonen, wie die Großeltern oder Nachbarn, zu denen die Jugendlichen möglicherweise eine besondere Beziehung haben.

»Es ist ein Gebot der Zeit, sich darauf einzustellen, dass Kinder heute viel mehr Lebens- als Lernprobleme haben. Zukunftsangst ist alltäglich. Wir leben in einer Zeit, in der es erstmals mehr Fragen als Antworten gibt«, bringt es Ludwig Eckinger, Vorsitzender des Verbandes Bildung und Erziehung, auf den Punkt. »Das Allerwichtigste für den Lehrerberuf ist aber nach wie vor, dass sie Kinder gern mögen. Ich plädiere für eine gewisse gerechte Strenge und warne vor Schikanen oder Zynismen. Es kann Schüler unglaublich treffen, wenn ich sie in ihrer Würde verletze. Ein Lehrer darf von seinen Schülern nichts verlangen, was er nicht auch von sich selbst verlangt. Eigentlich ist das Nächstenliebe. Und die ist sozusagen berufsethisch erforderlich.« (4)

Doch Teenager sind keine kleinen Kinder mehr. Die Beziehung zu den Erwachsenen, ihr Erleben, ihre Bedürfnisse und ihr Selbstbild haben sich zunächst ohne ihr Zutun und quasi über Nacht mit dem Eintritt in die Pubertät gewandelt. Es ist die große Aufgabe der Jugendlichen selbst, sich dieser Herausforderung während der nächsten Jahre Schritt für Schritt zu stellen und an ihr zu wachsen.

Doch auch die Eltern und anderen erwachsenen Bezugspersonen sind durch die veränderte Situation gefordert, wenn sie unterstützend und nicht behindernd wirken wollen. Das heißt für sie vor allem, dem Drängen nach Veränderungen Raum einzuräumen und anzuerkennen, dass dieser Prozess aus den Kindern Jugendliche macht, die auf dem Weg zum Erwachsenen sind.

So gesehen hat Jesper Juul, Leiter des Kempler Institute of Scandinavia, Pädagoge und Familientherapeut, Recht, wenn er fordert: »Lassen Sie das Erziehen. Wie merkwürdig das auch klingen mag, so ist doch der verbreitetste Übergriff gegenüber der Integrität des Teenagerkindes: Erziehung – liebevolle, gut gemeinte, insistierende Erziehung.« (6)

Deswegen besteht der nächste Schritt, um sich auf die veränderte Situation einzustellen, darin, die persönliche und nicht mehr nur kindliche Beziehung zwischen Eltern und Jugendlichen zu verändern – nämlich dahingehend, dass sie dem Wesen und den veränderten Bedürfnissen der Pubertät gerecht wird.

Auch dabei unterstützt Sie die Wunderwaffe Punktebogen von Seite 111 ff. auf eine herrlich entspannende und entspannte Weise. Sie ermöglicht, dem Wunsch nach Veränderung konstruktive Wege zu bahnen, sie ermutigt zu Eigenständigkeit und Verantwortlichkeit, und sie unterstützt und leitet an, wo es nötig ist. Die Wunderwaffe Punktebogen hat zusätzlich zu ihrem Trainingscharakter auch alle Eigenschaften einer Notfall-Boot-Diskette, mit der sich das System nach einem der vielen Abstürze in der jugendlichen Schaltzentrale wieder hochfahren lässt. Sie hilft Ihnen, den Eltern, auf der Grundlage von Klarheit und Transparenz konsequent zu sein und auf der Basis gemeinsamer Vereinbarungen Grenzen zu setzen, einzufordern und dann vor allem auch durchzuhalten, ohne willkürlich zu sein.

Die Wunderwaffe Punktebogen ist daher ein Werkzeug, das sowohl den Kids wie auch Ihnen außerordentlich nutzen und helfen kann. Sie erlaubt Ihnen, sich auf das Wesentliche und das Machbare zu konzentrieren.

Sie schaffen durch seine Einführung in den Familienalltag eine souveräne und solide Grundlage für gemeinsame Vereinbarungen, Entscheidungen und Handlungen. Statt sich im Sumpf von Schuldgefühlen, Erwartungen und Moral zu verlieren, sich wechselseitig zu manipulieren und manipulieren zu lassen und am Ende möglicherweise handlungsunfähig zu werden, schonen Sie Ihre Kräfte, haben mehr Spaß und einfach mehr gemeinsame Erfolgserlebnisse.

Die Wunderwaffe Punktebogen unterstützt also beide Seiten gleichermaßen, die Kids wie die Eltern, wo sie Unterstützung brauchen. Sie bietet beiden lebendigen Raum für Veränderungen und Entwicklungen und ist für alle Seiten ein gerechtes, transparentes und jederzeit nachvollziehbares System.

Vor allem aber ermöglicht ihr Einsatz den Kids zu sein, was sie sind: Nicht-mehr-Kinder und Noch-nicht-Erwachsene. Sie nimmt sie darin ernst und respektiert sie. Und verschafft ihnen unmittelbare Anerkennung für die vielen kleinen täglichen Schritte zum Erwachsenen, die normalerweise von den Eltern nicht oder kaum wahrgenommen werden, weil sie im Alltag untergehen.

Diese vielen kleinen Veränderungen nicht zu würdigen oder vielleicht sogar zu ignorieren und die pubertierenden Werdewesen weiter so zu behandeln, als wären sie immer noch die süßen Kleinen von letztem Jahr, ist jedoch nicht das, was sie wollen und brauchen.

»Bitte nicht in der Öffentlichkeit an unseren Kleidern rummachen, den Pullover glattziehen oder an unserem T-Shirt rumzupfen«, erinnert Zack Elias die besorgten Eltern an die veränderten Rollen. Er fügt hinzu: »Gebt uns vor unseren Freunden kein Geld. Gebt es uns, wenn wir alleine sind. Und fragt uns nicht, ob wir welches brauchen. Wir melden uns schon, wenn wir mehr wollen.« (16)

Nett von ihm, dass er uns Bescheid sagen will, nicht wahr? Wie entgegenkommend ...

Sie haben es gemerkt, oder? Den zweiten Teil der Aufforderung, das Geld betreffend, sollten Sie nicht unbedingt ganz so ernst nehmen, wie Zack Elias das gerne hätte, den ersten dagegen, die Kleidung betreffend unbedingt ...

»Wenn Kinder in die Pubertät kommen, ist es zu spät, sie zu erziehen«, ergänzt Jesper Juul. » ... Auch die beste Erziehung ist kontrollierend, regulierend und besserwisserisch – das ist so. Gerade diese Qualitäten der Erziehung erlauben es kleineren Kindern, sich geborgen und in guten und kompetenten Händen zu fühlen. Wenn die Kinder älter werden, erleben sie genau die gleichen Qualitäten als unangebrachte Einmischung, als Kritik und Unterschätzung, als Entmündigung – und das sind sie auch.« (6)

Doch die Jugendlichen sind (noch) keine gleichwertigen Partner. Weder ihr Denken, noch ihr Handeln, noch ihr Gefühlsleben sind erwachsen. Sie wollen das erst werden. Teenager, die so behandelt werden, als wären sie bereits erwachsen, werden dadurch zutiefst verunsichert und überfordert. Sie brauchen noch das elterliche Korrektiv, die erfahrene Instanz, die ihnen im äußeren und inneren Durcheinander Halt und Orientierung gibt und manchmal sagt, wo es langgeht.

Mich hat vor nicht allzu langer Zeit ein Erlebnis mit einem Mädchen, das damals vierzehn Jahre alt war, überrascht und um einiges klüger gemacht. Sie war ein wildes Huhn und hätte, wenn es nach ihr ging, am liebsten jede Nacht bis in die frühen Morgenstunden in der Disco, auf Partys und mit Jungs zugebracht. Meiner Frau und mir fiel die meist undankbare Aufgabe zu, ihr immer wieder nahe zu bringen, dass es möglicherweise auch noch andere Dinge im Leben gebe, die wichtig sein könnten. Ihre Eltern waren an dieser Aufgabe bereits gescheitert, deswegen war sie ja bei uns. Auch wenn sie davon, ab und zu nachts auch mal zu schlafen, um am Morgen fit zu sein und in der Schule bessere Leistungen bringen zu können, offensichtlich nicht allzu viel hielt, hielten wir wacker durch und gaben den Kampf nicht auf.

An jenem besagten Abend hatten wir uns nach reichlich Diskussion und Für und Wider mit ihr ausnahmsweise auf Ausgang bis dreiundzwanzig Uhr geeinigt, eine Zeit, die sie dankbar auch verlässlich einzuhalten versprach. Außerdem gab sie uns mit ihrem treuesten blauen Augenaufschlag ihr höchstes Versprechen, bei keinem anderen Jungen im Auto mitzufahren als bei dem, den auch wir kannten und für halbwegs vernünftig hielten.

Allerdings: Wer um dreiundzwanzig Uhr noch nicht da war, war unser kleiner Sonnenschein. Da das nicht das erste Mal war, dass sie zeitliche Verabredungen etwas kreativ auslegte, und die Jungs entgegen unseren Wünschen auch nicht alle mit Heiligenschein versehen waren, waren wir a) genervt und b) beunruhigt und machten uns c) Sorgen.

In Gedanken fuhr ich schon sämtliche Stationen ab, wo sie sein könnte, falls sie nicht da sein sollte, wo sie gesagt hatte, dass sie es wäre. Denn das wäre auch nicht das erste Mal gewesen … und anrufen konnte ich sie nicht, weil ihr Handy – welche Überraschung! – ausgestellt war. Bestimmt war der Akku wieder leer, und sie konnte selbst nicht anrufen, um Bescheid zu sagen, dass es aus irgendeinem nachvollziehbaren Grund später werden würde. Ich hörte sie schon: Alle anderen hätten auch kein Handy gehabt, weil sie es vergessen hätten oder mit dem Auto darüber gefahren seien, und der ähnlichen dämlichen Ausreden mehr.

Während ich also leise vor mich hin kochte und Pläne schmiedete und meine Frau wie eine Löwin im Käfig auf und ab lief und der jungen Schönheit in Gedanken die Hammelbeine langzog, hörten wir ein Auto in den Hof fahren. Das musste sie sein! Bevor ich meine Frau stoppen konnte – denn ich hatte mir zurechtgelegt, der Situation mit überlegener Gelassenheit zu begegnen –, war sie schon hinausgestürmt, lief zum Auto und riss die Tür vom Wagen auf: »Wo warst Du???!!!«

Unsere Beauty fügte ein paar Worte aneinander, die sich verdächtig nach verlorenem Geldbeutel und Handy, über das ein LKW gefahren war, anhörten. Worauf meine Frau ihr laut und unverblümt wütend vermittelte, was Verantwortung heißt, wieso man Verabredungen trifft, nämlich, um sie einzuhalten, wozu Vertrauen gut ist und warum sie ihren Kredit erst mal verbraucht hätte und noch so einiges mehr.

Sie hatte sich schließlich genügend Luft verschafft und erwartete jetzt irgendwelche Zeichen der Erkenntnis aus dem jugendlichen Munde zu vernehmen, die bewiesen, dass jemand in dem hübschen Kopf anwesend war und in der Lage zu begreifen, dass diese Art mit sich und uns umzugehen nicht in Ordnung gewesen war. Da das erfahrungsgemäß dauern konnte, drehte sie sich um und wollte hineingehen, um Teewasser heiß zu machen. Wir gingen beide von einem längeren Gespräch aus.

Da hörte sie ein zartes Stimmchen hinter sich. »Du hast Dir Sorgen gemacht, nicht wahr?« Meine Frau wandte sich um. »Natürlich habe ich mir Sorgen gemacht, es hätte ja was weiß ich was passiert sein können!«, antwortete sie, was zu unserem Erstaunen ein breites und zufriedenes und glückliches Lächeln auf Beautys Gesicht zauberte und unseren Ärger augenblicklich in Luft auflöste. Offensichtlich genoss Beauty unsere Sorge, unsere »Kümmerung«, und dass uns nicht gleichgültig war, was sie tat und wo und mit wem sie unterwegs war, außerordentlich.

»Das Wort Disziplin bedeutet tatsächlich [im Wortsinn] lehren, und ich denke, wir sind dabei stehengeblieben, bei Disziplin an Strafe oder Züchtigung zu denken ...«, überlegt Ellen Galinsky, »[doch] wir bringen ihnen [durch die Forderung nach Disziplin] tatsächlich bei, mit Konflikten umzugehen. Deswegen wollen sie also, dass wir einbezogen sind. Wenn die Eltern sagen: ›Ruf all die Zeit [zu Hause] an‹, hassen sie es. Aber sie mögen es auch, weil es für sie bedeutet, dass ›Du Dich darum kümmerst, was mit mir geschieht‹.« (7)

Wie sehr die Jugendlichen sich einerseits nach Unabhängigkeit sehnen, andererseits aber noch auf ihre Eltern und deren Unterstützung angewiesen sind, und welche Herausforderung es darstellt, dazwischen den rechten Weg zu finden, bewegt auch Charles Nelson.

»Jeder, der einen Teenager hat, weiß, dass sie den Kontakt zu seinen oder ihren Eltern verzweifelt brauchen. Sie brauchen es, in ihre Familien hineingezogen zu werden. Wir würden unseren Kindern ein Unrecht antun, wenn wir dächten: ›Nun, ihr Gehirn ist voll ausgeformt, deswegen sollten wir sie jetzt sich selbst und ihrer eigenen Entwicklung überlassen.‹« Doch es ist ihm auch klar, dass: »Alle Eltern und Lehrer von Teenagern wissen, wie kritisch es ist, sie zu führen, zu beeinflussen und zu formen. Doch so sehr sie sich [dagegen] wehren, ... Tatsache ist, dass sie es noch brauchen. Sie brauchen es, weil ihr Gehirn sich noch entwickelt und sie diese Erlebnisse benötigen. Ein Schlüsselerlebnis beispielsweise, das sie durch die Erwachsenen erhalten, ist, wie man planvoller wird, was Voraussicht heißt, wie man vorausschaut und realisiert: ›Was ich jetzt tue, mag eine Auswirkung auf das haben, was mir fünf Jahre später widerfährt.‹« (1)

Die Pubertät ist ein Balanceakt, ein ständiges Abwägen des Zuviel oder Zuwenig. Der eine braucht Ermutigung, um sich überhaupt zu trauen, vorsichtig die eigenen Möglichkeiten und Grenzen zu erkunden. Die andere verfügt über einen ausgeprägten Erkundungsgeist und starke Impulsivität und braucht daher ein starkes erwachsenes Korrektiv, sprich Grenzen, bis die eigene Impulskontrolle halbwegs verlässlich funktioniert.

Indem Sie einmal ermutigend auf Möglichkeiten, ein andermal bremsend auf Grenzen verweisen, nehmen Sie die Jugendlichen ernst als das, was sie sind: Persönlichkeiten, die erwachsen und selbstständig werden wollen, es aber noch nicht sind.

Intelligent gesetzte Grenzen fördern und fordern deshalb das, was sie zu Erwachsenen werden lässt:

- Verantwortlichkeit
- Konsequenz
- Zu seinem Wort stehen
- Tun, was man sagt
- Abmachungen und Verabredungen einhalten

- Erst denken und dann handeln
- Folgedenken
- Entscheidungsfreude
- Persönlich für das, was man möchte, eintreten
- Einen eigenen Beitrag zum Gemeinschaftsleben leisten ...

Diese Liste ist nicht vollständig. Ich schlage vor, Sie vervollständigen selbst die Aufzählung und passen sie begleitend an die sich verändernden Bedürfnisse und die Entwicklung Ihrer Jugendlichen an. Die Wunderwaffe Punktebogen ist dafür ein gutes Werkzeug und erlaubt es, diese Form der Unterstützung ohne großen Aufwand in Ihren gemeinsamen Alltag zu integrieren. Das erfordert nur fünf Minuten bis maximal eine viertel Stunde pro Tag und bringt wesentlich mehr als die Frage: Und, wie war's in der Schule?

Gibt es vielleicht noch einen tieferen Sinn dafür, dass mit der Entwicklung zentraler Bereiche im Gehirn Jugendlicher nicht auch gleich deren Fähigkeit zunimmt, Handlungsimpulse zu hemmen und zu steuern?

Das Gehirn soll doch schließlich, wie wir schon gesehen haben, dafür sorgen, dass wir nicht jedem Impuls nachgeben und nicht jedem Beispiel blind nacheifern, ohne zu überlegen. Viele Eltern werden mir zustimmen, dass dieses zu lernen einer der wichtigsten Entwicklungsschritte in der Pubertät ist.

Eine Aufgabe, für die aus Sicht der Gehirnforscher vor allem der präfrontale Kortex, der Bereich des Gehirns, der unmittelbar hinter der Stirn liegt, zuständig ist. Vielleicht schlagen wir uns genau deshalb mit der flachen Hand an die Stirn, wenn uns ein Licht aufgeht ... Offensichtlich findet dort aber zunächst trotz des vorpubertären stürmischen Wachstums eher ein Kontrollverlust statt.

Eben diese verminderte Impulshemmung macht jedoch auf erstaunliche Weise positiven Sinn: Es sind die Risikofreude, das stürmische Handeln und das herabgesetzte Sicherheitsstreben, die früher die Jugend befähigten, den Stamm zu verlassen und auszuziehen, um im wahrsten Sinne des Wortes Neuland zu betreten. Das war wichtig, damit die Erhaltung der Art sowie deren Lebensbedingungen nicht nur gesichert, sondern weiterentwickelt und verbessert werden konnten.

Auch heute dienen diese vorübergehenden Eigenschaften (oder Zustände?) diesem Zweck, wenn auch in unseren Wohlstandsländern nicht mehr vorrangig, um neue Nahrungsquellen ausfindig zu machen. Jedoch in ebenso hohem Maße, um Neues in Bewegung zu bringen, für mehr Menschlichkeit auf die Barrikaden zu gehen, lebensfeindliche Barrieren zu überwinden oder eine länderteilende Mauer einzureißen ...

Damit sich möglichst jede Generation optimal auf die sich ständig verändernden Lebensbedingungen und Anforderungen einstellen kann, finden das entscheidende Training und die endgültige Ausbildung der entscheidenden Bereiche im Gehirn erst während der Pubertät statt, in direkter Auseinandersetzung mit dem prallen Leben und nicht schon vorher. Das Leben bietet also keinen Trockenschwimmkurs an, sondern hält es aus evolutionärer Sicht für vielversprechender, die Kinder direkt ins Wasser zu werfen, um ihnen das Schwimmen beizubringen.

Organisch bedeutet dies, dass im Gehirn zunächst in großem Umfang und relativ wahllos neue Schaltkreise herausgebildet werden. Erst im Laufe der Pubertätsentwicklung werden sie untereinander verbunden und dann auch funktionell ausdifferenziert – sprich funktionstüchtig und voll einsatzbereit gemacht. Nur in dieser zeitlichen Reihenfolge aber – nacheinander und aufeinander aufbauend – wird aus dem pubertären Rohzustand heraus die Entwicklung erwachsenerer und reiferer Verhaltens- und Denkweisen möglich.

Damit sich die Jugendlichen in dieser Zeit an etwas orientieren können und dafür, dass dieser Prozess erfolgreich verläuft, brauchen sie Hilfen und Unterstützung durch das Vorbild der Erwachsenen, weil sie vor allem durch Nachahmung, Erfahrung und die Auseinandersetzung mit lebendigen Beispielen lernen.

Die Bedeutung und die Wirkung des persönlichen Beispiels und glaubhafter Vorbilder auf die Jugendlichen kann man gar nicht hoch genug einschätzen. Erfahrungen und Vorbilder der Pubertät begleiten die Heranwachsenden bis weit in ihr erwachsenes Leben hinein. Es sind prägende Jahre. Die Einblicke der Neurologie bestätigen auf eindrucksvolle Weise ältere Erkenntnisse der Psychologie, der Pädagogik und verschiedener therapeutischer Schulen, die das ebenfalls belegen. Offenbar nimmt die Pubertät eine zentrale Sonderstellung ein und ist in ihrer Bedeutung und den Auswirkungen auf das weitere Leben annähernd gleichrangig zu sehen mit dem, was in den ersten drei Lebensjahren geschieht.

Ich bin daher versucht, laut zu rufen, aber da ich erwachsen bin, mein präfrontaler Kortex und meine Impulskontrolle gut entwickelt sind, schreibe ich erst alles auf und frage dann noch bei Ihnen nach: Darf ich mein Banner hochhalten? Ja? Wunderbar. Hier ist es:

---

Seid den Jugendlichen lebendige, glaubwürdige und aufrichtige **Vorbilder**!

Gebt ihnen **Aufgaben**, an denen sie wachsen und sich entwickeln können!

Schafft **Trainingsfelder** für den präfrontalen Kortex!

Statt die Jugendlichen von außen zu hemmen, gebt ihnen Gelegenheiten, sich mit den Folgen ihres Handelns und Denkens auseinanderzusetzen und an ihnen zu wachsen und zu reifen!

Bietet ihnen **geschützte Räume**, in denen sie sich ausprobieren können!

**Unterstützt sie bei der Auswertung ihrer Erfahrungen!**

---

Sie müssen sich klar machen, dass Erfahrungen nur der eine Teil des Weges zum Erwachsensein sind. Sie alleine führen noch nicht zum Ziel, weil die Gehirnstrukturen, die diese Erfahrungen verarbeiten sollen, bei den Jugendlichen noch nicht fertig ausgereift sind und damit diese Aufgabe noch nicht verlässlich und belastbar erledigen können. Es kommt halt regelmäßig zu Kurzschlüssen, Fehleinschätzungen und Fehlreaktionen bei den Kids, weil ihr Kopf, wie wir auch in den nächsten Kapiteln sehen werden, eine einzige Baustelle ist.

Von den Jugendlichen einzufordern, sie sollten gefälligst verantwortlich handeln, denn schließlich wollten sie ja auch ebenso behandelt werden, erinnert mich an einen meiner Lieblingsdialoge aus einem der

Krimis von Lilian Jackson Brown, den ihr Held, der Journalist Qwilleran, in einem Hinterhof mit einem kleinen neugierigen Mädchen führt und den ich hier sinngemäß wiedergebe.

> Mädchen (neugierig): Hallo, was machst Du da?
> Qwilleran (unmutig): Hast Du nichts zu arbeiten?
> Mädchen (anmutig): Nein, dazu bin ich noch zu klein.
> Qwilleran (ungeduldig): Warum wächst Du dann nicht?

Es führt kein Weg darum herum: Solange bis die Gehirnstrukturen fertig ausgereift sind, müssen die Erwachsenen bereit stehen, um bei der Lösung von Problemen zu helfen. Nicht indem sie diese den Jugendlichen abnehmen, sondern indem sie ihnen helfen, selbst Lösungen zu finden, zu entwickeln oder zu entdecken und indem sie ihnen nicht mehr an Verantwortung aufbürden, als diese tragen und bewältigen können.

Natürlich trainiert die Übernahme von Verantwortung ungemein, und das selbstständige Bewältigen kleiner, allmählich größer werdender Aufgaben trainiert für die ganz große Selbstständigkeit. Aber die Erwachsenen sollten und dürfen nicht erwarten, dass die Übernahme von Verantwortung entgegen aller möglicherweise laut geäußerten guten und löblichen Absichten ohne ein erfahrenes Korrektiv und ihre Unterstützung einfach so funktioniert. Das wäre ein großer Irrtum und eine völlige Überforderung der Jugendlichen mit möglicherweise gravierenden Folgen.

Was passieren kann, wenn Eltern das nicht richtig einschätzen, dazu ist mir aus dem Jahr 2003 ein Fernsehbeitrag im Gedächtnis geblieben, der von Joachim allein zu Haus berichtete. Joachims Eltern waren für eine Woche in Urlaub geflogen und hatten ihrem halbwüchsigen Sohn das schöne Haus zur treuen Sorge überlassen. Der Junge war im Allgemeinen recht vernünftig und versprach, artig zu sein. Seinen vierzehnten Geburtstag wollte er in dieser Woche mit ein paar Freunden, die den Eltern bekannt waren, zu Hause feiern.

Das tat er dann auch. Die Freunde brachten ein paar weitere Freunde mit, die Joachim auch nicht abwies, weil er ihnen gegenüber nicht als Spielverderber dastehen wollte. Natürlich wurde auch Alkohol getrunken, und obwohl Joachim selbst sich damit zurückhielt, geriet das Fest allmählich außer Kontrolle, und er sah sich allein nicht imstande, die wild gewordene Meute zur Besinnung zu bringen.

Als die Eltern aus dem Urlaub wiederkamen, schauten Haus und Pool aus, als sei eine Horde Elefanten hindurch getrampelt. Der entstandene Schaden in dem verwüsteten Anwesen belief sich auf geschätzte 100.000 Euro. Joachim hatte zwar sein Möglichstes getan, die Schäden zumindest provisorisch zu beheben, aber was können die zarten Hände eines Jugendlichen gegen die Folgen solcher Urgewalten schon ausrichten?

# Erfahrungen zur rechten Zeit – Bodybuilding fürs Hirn

## Wie Erfahrungen Organe bilden und die Frage nach dem richtigen Zeitpunkt

In diesem Kapitel gehen wir zunächst gründlich und wissbegierig, wie wir sind, der Frage nach, wie der menschliche Organismus lernt und sich entwickelt. Dazu muss ich zwar etwas weiter ausholen, aber es lohnt sich. Denn dadurch beantwortet sich nicht nur ganz grundlegend die Frage, wie das Gehirn lernt, sondern es wird dabei auch klar, wie und wann Teenager lernen und sich entwickeln. Wir finden hier Antworten auf die Frage, für welche Lernschritte die Pubertät möglicherweise ideal ist und was nötig ist, damit diese auch gemacht werden können. Das sollten Sie wissen und verstehen, wenn Sie bei den Kids wirklich etwas bewegen wollen! Doch fangen wir beim Anfang an und fragen: Wodurch wird aus Menschen, was sie sind?

Folgt man einer weit verbreiteten Überzeugung des letzten Jahrhunderts, sind der Mensch und das, was aus ihm werden kann, zum größten Teil von der gesellschaftlichen und privaten Wirklichkeit, in die er geboren wird, bestimmt. Entscheidend für die Entwicklung sind demnach das Umfeld und die Bedingungen, unter denen mensch heranwächst. Man ging davon aus, dass die Voraussetzungen im Gehirn bei allen Menschen im Wesentlichen die gleichen seien und lediglich die individuellen Umfeldbedingungen den einen zum Virtuosen und einen anderen zum Alkoholiker machen.

Dann, mit der fortschreitenden Entschlüsselung der Gene und der wachsenden Erkenntnis der zentralen Stellung, die sie als Voraussetzung für den Erwerb von Fähigkeiten und für die Ausgestaltung jeglichen Lebens haben, wurde es Mode, die Verantwortung für alles und jedes, was den Menschen und seine Entwicklung betrifft, bei den Genen zu suchen. »Es ist ja eh alles genetisch programmiert.«

Um es gleich vorwegzunehmen: Für sich allein genommen sind

beide Erklärungsmodelle zum Verständnis dessen, was menschliche Entwicklung ausmacht, nicht besonders gut geeignet. Sie sind erst recht nicht durch wissenschaftliche Erkenntnisse zu belegen. Doch bringt man sie zusammen, wird schon eher ein brauchbares und schönes Paar Schuhe daraus.

Denn die Gene legen zunächst nur den Grundstein für unsere physische Existenz. Sie bilden die Grundlage dafür, dass wir eine menschliche Gestalt erhalten und sich die entsprechenden Organe und auch das Gehirn bilden und ausdifferenzieren können. Aber sie machen uns nicht zu einem Architekten oder zu einem Bewohner von New York City mit Ambitionen auf das Bürgermeisteramt. Sie liefern das Rohmaterial für die Bildung der körperlichen Werkzeuge, die es uns erst möglich machen, uns in der Welt zu orientieren und zu bewegen, zu kommunizieren usw., und sie erledigen diese Aufgaben manchmal besser und manchmal schlechter.

Doch sie sind nicht dafür verantwortlich zu machen, wie, wann und warum sich bei einem Menschen aus einer vererbten Anlage erst eine Begabung, dann eine Fähigkeit und schließlich Können entwickeln und bei einem anderen nicht. Für diese Entwicklungen scheinen auslösende, bildende oder prägende Erfahrungen zur richtigen Zeit eine sehr wichtige Rolle zu spielen. Deshalb können genetische Dispositionen zwar auch die Anfälligkeit für bestimmte seelische Erkrankungen wie Schizophrenie begünstigen oder organische Einschränkungen verursachen, aber sie machen nicht aus einem Slumbewohner in Rio de Janeiro den späteren Präsidenten der Weltbank.

Es ist also schlicht Unsinn zu behaupten, dass alles genetisch vorbestimmt ist.

»Es gibt fast keine Eins-zu-Eins-Beziehung zwischen genetischen Instruktionen und bestimmten Eigenschaften, schon gar nicht im Bereich von Begabungsspektren und Persönlichkeitsmerkmalen«, macht denn auch Prof. Dr. Wolf Singer deutlich, Direktor am Max Planck Institut für Hirnforschung in Frankfurt am Main. (8)

Das genetische Programm des Menschen ist zunächst nicht mehr als ein Überlebensprogramm, das sich in der kontinuierlichen und lebendigen Auseinandersetzung mit der Lebensumwelt gebildet hat und sich vom Zeitpunkt der Befruchtung an aufs neue in jedem Embryo und später dem Kleinkind bis hin zum Erwachsenen heraus formt. Ziel und Aufgabe dieses genetischen Programms sind es, das Überleben der Gattung und des einzelnen Menschen durch optimale Anpassung an die jeweiligen Lebensbedingungen zu sichern – nicht mehr und nicht weniger.

Aber das geschieht nicht im Sinne eines starren Programms, das immer zu den gleichen formalen Ergebnissen führt. Das genetische Programm ist eher wie eine Improvisationsanleitung zu verstehen, die eine nahezu unendliche Bandbreite an Variationsmöglichkeiten im Rahmen der Gattung Mensch zulässt. Aus diesem genetischen Überangebot bilden sich die bleibend heraus, die in der individuellen und kollektiven (Über)lebenssituation als am besten geeignet erscheinen. Der Rest auf dem »Markt der Gene« wird nicht ausreichend »nachgefragt« und bildet sich dadurch erst gar nicht oder nur rudimentär aus und verkümmert. Das macht in der Regel auch evolutionspraktisch Sinn, weil dadurch die Aufgabe, das Überleben des Menschen durch optimale und laufende Anpassung an das jeweilige Lebensumfeld zu sichern, bestmöglich gewährleistet wird.

Das ist zumindest das Prinzip. Wie bei jedem Prinzip gibt es unzählige Fehlerquellen, die den »Erfolg« verhindern oder beeinträchtigen können. Zudem ist die Flexibilität des Programms zwar erstaunlich, aber hat trotzdem Grenzen.

Dennoch hat diese im Reich der Lebewesen äußerst bemerkenswerte Anpassungsfähigkeit an verschiedenartigste Umwelten das Modell Mensch so erfolgreich und stark gemacht, dass wir nahezu jeden möglichen Lebensraum besiedeln konnten – von ewigen Eis bis zur Wüste. Die Flexibilität der Gene hat uns zu Überlebenskünstlern gemacht. Dass die Menschen sich selber die Lebensgrundlagen zerstören, kann man jedoch nicht den Genen anlasten. Denn auch das beste genetische Programm wird diese Möglichkeit nicht ausschließen können.

Die Auslese aus der Vielzahl an Möglichkeiten, die durch die Gene geboten werden, deren Ausbildung und Optimierung geschehen in einem ständigen Dialog mit der jeweiligen Lebensumwelt. Schon vom ersten Moment des Lebens, von der ersten Zellteilung an gilt: Leben entsteht im Wechselspiel zwischen den Möglichkeiten, die uns die Gene eröffnen, und den zunächst biochemischen Umwelteinflüssen und -bedingungen im Zellkern, dann in den Zellverbünden bis hin zur Ausbildung von komplexeren Strukturen und Organanlagen.

»Festzuhalten ist ..., dass Gene nie alleine, sondern immer in Umwelt eingebettet sind, dass es Signale aus der Umwelt sind, die das Auslesen der genetischen Information initiieren und die Entwicklung vom Ei zum Organismus maßgeblich koordinieren. ... Es vollzieht sich ein selbst organisierender Prozess, der, getragen von einem kontinuierlichen Dialog zwischen Genom und umgebendem Milieu, zur Bildung zunehmend komplexerer Strukturen führt«, fasst es Prof. Wolf Singer zusammen. (8)

Aufschlussreich wird dieses Zitat, wenn wir die Entwicklung des Embryos mit dem Prozess des menschlichen Lernens in Verbindung setzen. Wir brauchen nur ein paar Worte umzustellen und zu ergänzen und erhalten eine der besten Definitionen dafür, wie Lernen beim Menschen und bei Teenagern (einer Sonderform des Menschen) funktioniert.

Also: Lernen ist ein aktiver, aus dem Menschen heraus erwachsender und sich selbst entfaltender Prozess. Er wird getragen und angetrieben von einem kontinuierlichen und lebendigen Dialog zwischen dem sich entwickelnden Menschen und seinem umgebenden Milieu. Das führt zur Bildung von zunehmend komplexeren Strukturen, Fähigkeiten und Fertigkeiten.

Oder kürzer: *Lernen heißt, einen aktiven und lebendigen Dialog mit der Umwelt zu führen.*

Nur dann findet Bildung statt – und *nur* dann. Und zwar gilt das von der ersten Zellteilung an, über den Embryo, das Baby und den Jugendlichen, über die jungen und älteren Erwachsenen, bis hin zum Seniorenstudiengang, der Gartenarbeit und allerletzten Erkenntnissen auf dem Sterbebett.

Das heißt, Sie brauchen nichts extra zu tun, um Kinder dazu zu bringen zu lernen. Das tun sie von selbst und ständig, weil das der innerste Kern ihrer Natur ist. Lernen ist die dynamische Kraft, durch die ihr Leben überhaupt erst möglich wird und die dahinter steckt, dass sie auf die Welt kommen. Dadurch, dass sie geboren werden, haben sie bewiesen, dass sie lernen wollen, lernen können und vieles bereits gelernt haben. Ohne diese ihre innere Aktivität und Lernbereitschaft gäbe es sie nicht. Lernen ist der Motor ihrer Existenz.

Vor der Geburt erweitert sich der Embryo die Möglichkeiten zum Dialog mit der Umwelt und dadurch zum Lernen erheblich durch die Bildung der Nervenzellen, die Entwicklung des Nervensystems und die

Ausbildung der Sinnesorgane. Zu den biochemischen Einflüssen, die bisher schon auf die Entwicklung einwirken konnten, gesellen sich damit die ersten Sinneseindrücke und damit Faktoren, die nicht mehr nur im Körper des Babys oder der Mutter begründet liegen. Mit der Geburt wirken, einem dramatischen Paukenschlag gleich, all die Sinneserfahrungen auf die weitere Entwicklung ein, die dem Baby außerhalb des Mutterleibes nun unmittelbar zugänglich werden.

Interessant und aufschlussreich sind auch hier die Entsprechungen, die sich von Neugeborenen zu Jugendlichen ziehen lassen.

Wir werden im Vergleich zu anderen Wesen unserer Gattung, den Primaten, etwa zwei Monate zu früh geboren, so dass dem Nervensystem nicht genug Zeit blieb, um noch im Mutterleib voll ausreifen zu können. Lediglich die Grundfunktionen, die für die lebenserhaltenden Prozesse gebraucht werden, sind fertig ausgeformt und zum Zeitpunkt der Geburt voll einsatzbereit. Deshalb beginnt mit der Geburt und im Wechselspiel mit diesen neuen Umwelteinflüssen, die jetzt direkt auf das Baby einwirken können, ein heftiger Umbau im Gehirn. Die Ausformung und Ausbildung unter realen Lebensbedingungen sorgen dafür, dass sich das Gehirn möglichst optimal auf die Anforderungen des Lebensumfeldes einstellen kann.

Dieser Zustand und der damit zusammenhängende intensive Umbau sind in vielem vergleichbar mit dem, was wir bei Teenagern beobachten können. Das hat die Hirnforscher ja so überrascht. Hier wie da handelt es sich um eine ›Geburt‹, um den plötzlichen und unvermittelten Eintritt in eine neue Welt voller neuer, geheimnisvoller und ungewohnter Botschaften und Empfindungen, für deren Verarbeitung das Gehirn erst die entsprechenden Instrumente fertig herausbilden muss. Sie sind zwar als Möglichkeit angelegt, aber noch nicht verknüpft, noch nicht auf ihren Wert geprüft (man spricht von validieren) und noch nicht zu einem funktionierenden und stabilen, schnellen und reaktionssicheren System vernetzt und ausgebaut worden. Nur die Schwerpunkte, die Bereiche, in denen hauptsächlich die stürmische und strukturierende Entwicklung stattfindet, sind andere als beim Baby.

Wie bei den Jugendlichen sind auch beim Baby so gut wie alle wesentlichen Nervenzellen im Gehirn bereits vorhanden, aber in wesentlichen Regionen – vor allem in der Großhirnrinde – noch nicht miteinander verbunden. Die mit der Geburt einsetzende lebhafte Verknüpfung und die fortlaufende funktionelle Auslese – nach dem Motto ›nur was gebraucht wird, bleibt erhalten‹ – werden stürmisch und mit Nachdruck betrieben. Etwa zwei Drittel der einmal angelegten Verknüpfungen werden im Zuge dieses Prozesses auch gleich wieder eliminiert.

Da haben wir sie wieder, die Blaupause für das menschliche Lernen – sie bleibt im Prinzip für das ganze Leben erhalten, von der ersten Zelle bis zum Jugendlichen und Erwachsenen. Lediglich die Prägbarkeit des Systems Mensch nimmt mit dem Grad seiner Ausformung ab, man wird einerseits ruhiger und festgelegter, andererseits, wenn es gut läuft, im konkreten Lebensumfeld dadurch aber auch leistungsfähiger und belastbarer.

Wichtig für die weitere Betrachtung des Lernens, von den ersten Lernschritten an bis hin zur Pubertät und darüber hinaus, ist auch die Frage nach dem richtigen Zeitpunkt. Nicht nur, weil Lernschritte aufeinander aufbauen, sondern auch, weil es offensichtlich ideale Zeiträume für das Erlernen bestimmter Fähigkeiten gibt. Sind die verstrichen, ohne dass die anstehenden Lernschritte gemacht werden konnten, werden sie im Nachhinein entweder überhaupt nicht mehr nachzuholen sein, nur in Teilen oder unter wesentlich erschwerten Bedingungen.

Das belegen sehr nachdrücklich Erfahrungen bei Babys mit Augeninfektionen, die sie sich während der Geburt zuziehen können. Diese Infektionen traten früher relativ häufig auf. Sie führen zu Trübungen der Linse oder der Hornhaut und in der Folge zum Erblinden. Die Kinder können in der Folge nur noch unspezifische Helligkeitsschwankungen wahrnehmen.

Als neue operative Techniken möglich machten, die Sehfähigkeit durch Ersatz der eingetrübten Linsen und Hornhäute wieder herzustellen, dachte man, sie von ihrer angeborenen Blindheit heilen zu können. Dem Gehirn fehlte ja nichts. Damit stand der Verarbeitung der optischen Reize vom wiederhergestellten Auge im Gehirn und damit der Entwicklung einer normalen Sehfähigkeit, wenn auch spät, nichts mehr im Wege – so die These. Doch es stellte sich heraus, dass die ungewohnten Eindrücke vom Gehirn nicht adäquat verarbeitet werden konnten.

Da die auslösenden optischen Reize auf die Augen in der entscheidenden Phase des Erwerbs der Sehfähigkeit in den ersten Lebensjahren gefehlt hatten, waren die nötigen Verbindungen im Gehirn, um die optischen Signale in Bilder umsetzen zu können, zurückgeschnitten worden und dadurch unwiederbringlich verloren gegangen. Da die im Gehirn eigentlich für das Sehen angelegten Bereiche in der entscheidenden Phase nicht genutzt wurden, waren diese zudem in andere funktionelle Schaltkreise eingebunden worden. So konnten zwar zusätzliche Sinneseindrücke nach der Operation wahrgenommen werden, aber eben nicht als Bilder, sondern zum Teil als Klänge oder einfach nur als Schmerz. Die Patienten waren und blieben blind, obwohl organisch kein Defekt mehr vorlag.

Tatsächlich finden sich Zeitfenster, die sich nach einer gewissen Zeit schließen, nicht nur beim Sehen, sondern auch beim Spracherwerb. Damit ist beispielsweise die Ausprägung von Sprachmustern in der Muttersprache gemeint. Asiaten können den Unterschied zwischen den Konsonanten L und R nicht hören und deswegen auch nicht aussprechen. Diese Laute klingen für sie gleich, weil deren Unterscheidung in ihrem Sprachraum nicht benötigt und deshalb in der Kindheit im Gehirn eingeschmolzen wird. Skandinavier sind dagegen in der Lage, mehr als ein Dutzend A-Schattierungen deutlich zu unterscheiden, wozu ein Deutscher oder Franzose nicht imstande ist. Für Kinder ist es nur bis zum zwölften Lebensjahr etwa möglich, eine Fremdsprache akzentfrei zu erlernen. Danach verliert sich diese Fähigkeit. Aber grundsätzlich funktioniert das Erlernen einer Sprache, wenn auch mit Einschränkungen, im Gegensatz zum Sehen bis ins hohe Alter. (Auf das Thema Sprache gehe ich in einem späteren Kapitel noch ausführlicher ein.)

Ebenso gibt es Zeiträume, in denen motorische Fähigkeiten mühelos und automatisch gelernt werden können, wie etwa Schwimmen oder Fahrradfahren. Erwachsene tun sich schon sehr viel schwerer damit, solche Fähigkeiten zu erwerben, und sie müssen sie sich bewusst und mühevoll erarbeiten. Hierzu gehört auch das Erlernen von Musikinstrumenten, was, wenn man zu spät anfängt, beispielsweise der Ausbildung eines virtuosen klassischen Klavierspiels auf der Basis weitgehend automatisierter Bewegungsabläufe im Wege steht. Aber es reicht auch dann noch für den Beruf des Musikers, wenn man erst mit dreizehn oder vierzehn Jahren anfängt, ein Instrument zu spielen, wie viele erfolgreiche Rock- und Popmusiker beweisen. Es gibt keine Barrieren, außer körperlicher oder geistiger Hinfälligkeit, die es einem unmöglich machen würden, ein Instrument selbst mit dreiundsiebzig Jahren noch zu erlernen.

Die teilweise bis in die Pubertät hinein offenen Zeitfenster für das Erlernen bestimmter Fähigkeiten hängen mit der zeitlich versetzten Ausreifung der Hirnregionen zusammen. Die verschiedenen Funktionsbereiche werden eben nacheinander oder zeitlich versetzt im Wechselspiel von Aktivität und Sinneseindrücken über die ganze Kindheit und Jugend ausgebildet und neuronal vernetzt. Als einer der letzten reift der präfrontale Kortex aus, der vordere Stirnlappen, der in der Pubertät eine so wichtige Rolle spielt.

Ist dieser Ausreifungsprozess abgeschlossen, ist ein Grundmuster geprägt, verankert, verschaltet und festgelegt, wird der Erwerb von grundlegenden Fähigkeiten mühevoller. Es bedarf dann in der Regel bewusster Anstrengungen, um den Erwerb zumindest teilweise nachholen zu können. In einigen Fällen, wie beim Sehen, ist es nach dem heutigen Stand des Wissens und mit den heutigen technischen Möglichkeiten dann überhaupt nicht mehr möglich.

Entwicklung passiert also nicht nur in den ersten drei Jahren, sondern mehr oder weniger stürmisch und aufeinander aufbauend bis in das junge Erwachsenenalter hinein. Doch damit sind nur die systemischen Grundlagen ausgereift. Eine gewisse Plastizität des Gehirns bleibt ein Leben lang erhalten. Besonders eindrucksvoll ist, wie längst erwachsene Patienten nach einem Schlaganfall auch Fähigkeiten wie das Sprechen und motorische Abläufe wie das Laufen durch eisernes Training wieder erlernen können, indem andere Teile des Gehirns dazu gebracht werden, die Aufgaben des geschädigten Bereiches mit zu übernehmen. Mensch und Gehirn lernen und entwickeln sich mit, in und an der Umwelt weiter bis zum Tod.

Fördert man Kinder darin, mit ihrer Umwelt in Beziehung zu treten und auf Entdeckung zu gehen, dann finden sie ein reiches Angebot an Reizen und Stimulationen, das ihnen genug Input gibt, damit sich die Basisfähigkeiten gesund herausbilden können. Gehen Sie ab und zu auch mal mit ihnen in die Natur, unternehmen Sie dort etwas, damit sich auch eine Beziehung zu der natürlichen und ursprünglichen Umgebung bilden kann, die unsere Lebensgrundlage bildet.

Wenn die Kinder älter werden, so mit acht, neun Jahren und spätestens bei Jugendlichen, stellt sich dann die Frage nach ausreichenden Stimuli und einer Gestaltung des Lernumfeldes deutlich anders. Einen Großteil ihres Tages verbringen die Kinder in der Schule. Meist versteht man unter ›Schule‹ und ›Lernen‹, dass die Kinder Wissen aus zweiter Hand auswendig lernen müssen, denn es wird nicht, wo immer möglich, über Erfahrungen aus erster Hand gelernt. Das erfahrungsbasierte Lernen, die Vermittlung und der Erwerb von persönlichen Fähigkeiten und Kompetenzen kommen in der Schule meist zu kurz oder gar nicht vor.

Dass das nicht sinnvoll ist, zeigen die vorher angeführten Erkenntnisse der Hirnforschung über das Lernen und ein Blick in die Klassenzimmer. Zudem bietet die städtische Umgebung im Vergleich zum früheren ländlichen und städtischen Umfeld kaum Platz für Abenteuer und Erlebnisse, und selbst auf dem Land – zumindest in Deutschland, der Schweiz und Österreich – ist heute alles begradigt, bereinigt und das Betreten verboten. Vielleicht kommen deswegen immer weniger Kinder in unserer Gesellschaft auf die Welt, weil man ihnen die Lebensräume nimmt?

Das bedeutet aber nicht, dass Kinder, die auf dem Lande aufwachsen, es später im Leben weiterbringen, wenn sie nicht auch gelernt haben, in der Stadt zurechtzukommen. Es geht um die Entdeckung und das Zurechtfinden in den jeweiligen menschlichen Lebensräumen, natürlichen wie selbst geschaffenen, wie wir sie heute vorfinden. Nur dadurch können sie die Kompetenzen erwerben, die es ihnen später ermöglichen, in ihrem gewählten Lebensumfeld auch klarzukommen, zu überleben und erfolgreich zu sein.

Deshalb habe ich Ihnen im Anhang einige der besten und kreativsten Anbieter im Bereich von Abenteuerurlaub und ähnlichen stimulierenden Angeboten für Kinder und Jugendliche zusammengestellt, die es Ihnen möglich machen, Ihren Kindern Erlebnisse und Erfahrungen fürs Leben zu schenken, die sich im alltäglichen Umfeld heute nicht mehr so ohne weiteres finden lassen.

Womit wir auch beim Thema Fernsehen wären. Denn das Fernsehen ist heute ein selbstverständlicher Bestandteil der menschlichen Umgebung fast überall auf der Welt, wo es Strom, Empfang und eine Antenne gibt. Doch kann der typisch starrende Blick, wenn Kinder vor der Kiste sitzen – ich denke, da sind wir einer Meinung –, nicht als Hinweis auf besondere Aktivität betrachtet werden. Man spricht ja nicht umsonst von der Glotze. Eigene Aktivität aber wäre die Voraussetzung dafür, damit etwas aus der Beschäftigung mit dem Fernseher gelernt werden kann, wie uns die Hirnforschung zeigt.

Doch Fernsehen hat eher etwas von Hypnose und von völligem Gebanntsein. Letztlich hält es die Kinder davon ab, während die Türen für die Entwicklung ihres Gehirnes weit offen stehen, beispielsweise mit anderen zu spielen. Dadurch würden sie etwas für ihre Gehirnentwicklung und für den Erwerb sozialer Kompetenzen tun. Das Starren auf den flimmernden Bildschirm fördert auch nicht die motorischen Fähigkeiten des Auges und trägt nichts dazu bei, dass sich dessen Wahrnehmungsqualitäten verbessern – im Gegenteil.

Fernsehen fördert auch nicht das Urteilsvermögen oder vertieft das Bild von der Welt. Das kann ein zweidimensionales, bewegtes Bild nicht leisten – das kann nur die direkte Begegnung mit der mehrdimensionalen Welt.

Doch Fernsehen kann suggestive Botschaften und bebilderte Nachrichten übermitteln und Gefühle wecken, und das sogar richtig gut, weswegen sich Propaganda und Werbung dieses Mediums so gerne bedienen. Es spricht also nichts dagegen, eher einiges dafür, Fernsehen zugunsten anderer Beschäftigungen, die wirkliche Aktivität erfordern, einzuschränken.

Mancher von Ihnen wird jetzt aufstöhnen und sagen: »Aber wenn die ersten drei Jahre so entscheidend für den Erwerb und die Entwicklung von Fähigkeiten sind, dann muss ich doch alles in meiner Macht stehende tun, um bei meinem Kind anzuregen, was nur irgend möglich ist. Und wenn die Pubertät ein ähnlich entscheidender Zeitraum für die Hirnentwicklung ist, gilt hier doch das Gleiche.«

Das hat zu der Idee geführt, möglichst vielfältige und vor allem komplexe Sinneseindrücke, denen Kleinkinder in dieser zunächst stürmischsten und prägendsten Phase der Hirnentwicklung ausgesetzt würden, könnten sich ungemein günstig auf die Entwicklung von Begabungen und späteren Fähigkeiten auswirken. Untersuchungen, die belegten, dass sich bei Studenten nach dem Hören von Mozart-Sonaten ›langfristig‹, also für etwa fünfzehn Minuten, die Fähigkeiten verbesserten, mathematische Aufgaben zu lösen oder logisch zu denken, taten ein Übriges.

Das führte in den USA in den 1990er Jahren zu großen, mit Milliarden subventionierten Bewegungen, die forderten, eine für das Gehirn künstlich angereicherte Umgebung für Kinder in den ersten drei Lebensjahren zu schaffen. Gouverneure verschiedener US-Bundesstaaten verteilten CDs mit klassischer Musik oder speziell Mozart für alle Neugeborenen, und es wurde den Eltern geraten, Mobiles von Calder über die Wiegen zu hängen und mit so genannten FlashCards (Karten mit visuellen Lernstimulantien, z. B. Buchstaben oder Zahlen) zu arbeiten. Alles das in der Erwartung, dadurch deutliche Verbesserungen der späteren Fähigkeiten und eine optimalere Entwicklung bei den Kindern zu erreichen.

Die meisten Hirnforscher halten das für Firlefanz. Es seien zwar gut gemeinte Bemühungen, die wohl auch nicht schaden, wenn man es spielerisch versucht und dabei nichts übertreibt, die aber auch keinen besonderen Nutzen versprechen. Denn zum einen sind diese Thesen bis heute durch nichts und niemand belegt. Man weiß bis auf wenige Ausnahmen wie das Sehen noch sehr wenig darüber, wodurch was wann in der Entwicklung ausgelöst wird, deswegen gibt es auch keine wissenschaftliche Basis dafür, anzunehmen, dass Mozart im Kinderzimmer etwas für die Entwicklung bewirken kann.

Macht nichts, das kann trotzdem so sein, meinen Sie? Das stimmt möglicherweise, deswegen hören Sie auf Ihr Gefühl und probieren Sie ruhig alles Mögliche aus, wenn Ihr Kind auch Freude daran hat, und kommen Sie über eigene Beobachtungen zu eigenen und möglicherweise ganz neuen Erkenntnissen.

Viele Forscher raten in diesem Punkt zu etwas mehr Gelassenheit und Vertrauen statt hektischer Aktivität. Die Notwendigkeit bestehe nicht darin, die Umgebung zu Lernzwecken ›aufzurüsten‹, sondern darin, einer Verarmung des Umfeldes entgegenzuwirken. Dazu gehören menschliche Wärme und Zuwendung ebenso wie die Gelegenheit, mit anderen zusammen zu sein und eigene Erfahrungen machen zu können.

Aufgrund der großen individuellen Unterschiede und des tatsächlich noch sehr rudimentären Wissensstandes darüber, welche Entwicklungen wann, auf welche Weise und wodurch idealerweise angestoßen werden könnten, raten sie zu wacher Beobachtung, zum Fragen und zum Zuhören. Denn für erfolgreiches, aufbauendes und wirksames Lernen ist es entscheidend, dass ein Angebot auf die Bereitschaft und das aktive Interesse der Kinder trifft.

Hier liegt meiner Ansicht nach das entscheidende Argument gegen eine vereinfachende 1:1 Annahme ›Biete Mozart, erhalte Genie‹:

Man fragt nicht danach, was das Kind interessiert, sondern behandelt es so wie einen Kaffeeautomaten, in den man oben eine Münze einwirft, damit unten frisch gebrühter Cappuccino in Form von besonderen Fähigkeiten herauskommt. Das ist nicht nur eine moralische Frage. So funktionieren die Ausbildung im Gehirn und somit auch Lernen und Entwicklung nicht! Lernen setzt Aktivität voraus. Eine Tatsache, die für jedes Alter gilt, die aber ganz besonders auch im Hinblick auf die Gestaltung eines geeigneten Lern- und Erfahrungsumfeldes für Teenager wichtig ist, wie wir schon gesehen haben und immer wieder sehen werden.

Ein Ausflug, den die Forscher Hind und Held vom Massachusetts Institute of Technology MIT mit zwei jungen Kätzchen auf die Kirmes machten, unterstreicht das sehr anschaulich. Sie setzten eines der Kätzchen so in ein kleines Karussell, das dieses durch sein Laufen in Bewegung gesetzt wurde. Das andere Kätzchen bekam im gleichen Karussell einen Logenplatz in Captain Kirks Raumschiff und wurde transportiert, ohne eine Pfote rühren zu müssen.

Man hätte davon ausgehen können, dass beide sich annähernd gleich entwickelten. Vielleicht sogar das Kätzchen mit Logenplatz noch besser, weil es sich ja ganz auf seine Sinneseindrücke während der Rundfahrt konzentrieren konnte, während das andere sich abschuftete, um das Karussell in Gang zu halten. Doch blieb das passiv beförderte Tier nahezu blind und war in seiner visuo-motorischen Koordination, also dem harmonischen Zusammenwirken zwischen optischen Wahrnehmungen und Bewegungsimpulsen, schwer gestört, während der Schwerarbeiter eine gesunde Sehfähigkeit und eine gute Bewegungskoordination entwickelte.

Beim Menschen werden zudem alle Sinnesreize, bevor sie sich auf die Hirnentwicklung auswirken können, von angeborenen, also genetisch und nicht durch Erfahrung erworbenen Bewertungssystemen auf ihre Tauglichkeit hin überprüft. Das ist ein Prozess, bei dem das sich entwickelnde Gehirn mittels der Sinnesorgane aktiv auf die Umwelt ›zugehen‹ und sie auf Entsprechungen und Muster abtasten muss, die ihm bei dieser Entscheidung helfen können.

Es genügt also nicht, ein Kind – oder einen Jugendlichen oder auch Erwachsenen – bestimmten Reizen, Informationen, Umwelteinflüssen oder Erfahrungen auszusetzen, um etwas in Gang zu bringen. Denn nur wenn ein Impuls des Interesses vom Menschen ausgeht und er sich aktiv und zugewandt mit einem bestimmten Aspekt seines Umfeldes beschäftigt, haben Sinneseindrücke und Erfahrungen eine Wirkung auf die Hirnentwicklung.

Nur etwas, wofür sich der Mensch aktiv interessiert, und etwas, mit dem er sich aktiv beschäftigt, können einen positiven Einfluss auf die Entwicklung des Gehirns ausüben. Nur dann werden sich Erfahrungen auf die Entwicklung von Fähigkeiten und Fertigkeiten segensreich auswirken.

»... Sinnessignale [können] nur dann strukturierend auf die [Hirn]Entwicklung einwirken ..., wenn sie [die] Folge aktiver Interaktion mit der Umwelt sind, bei der der junge Organismus die Initiative hat«, konstatiert Professor Singer, und fährt fort: »... Zuschauen genügt also nicht. Selbermachen ist entscheidend, weil nur dann der interaktive Dialog mit der Umwelt einsetzen kann, der für die Optimierung von Entwicklungsprozessen unabdingbar ist.« (8)

Das spricht nicht dafür, dass passive Beschallung mit Mozart besonders viel für die Entfaltung von Fähigkeiten tun kann. Kühe mögen dadurch mehr Milch geben, wie man festgestellt hat, und entspannender und harmonischer als Heavy Metal ist es für viele Babys sicherlich, das kann ja auch jeder Erwachsene bei sich selber feststellen. Doch damit Musik eine wirklich bildende Wirkung auf einen Menschen haben kann, braucht es die aktive, freiwillige und freudige Beschäftigung mit ihr.

Ebenso wenig verspricht es irgendeinen Erfolg, am Himmel des Himmelbettes und direkt vor den Augen der Kinder allerlei abstrakte geometrische Figuren, Mobiles oder Ähnliches aufzuhängen, während sie träumend die Augen schweifen lassen – wenn das Interesse daran nicht von ihnen ausgeht, sondern ihnen die Beschäftigung von außen aufgezwungen wird. Eher im Gegenteil: Denn es hält die Kinder davon ab, sich mit den Aspekten ihrer Umwelt befassen zu können, die sie wirklich beschäftigen, interessieren und weiterbringen würden.

Kinder suchen sich die Erfahrungen und Eindrücke, die sie für ihre weitere Entwicklung brauchen, selbsttätig. Dadurch lernen sie das Richtige zur für sie richtigen Zeit. Wer sie daran hindert, mit der Umwelt selbsttätig in Beziehung zu treten, indem er ihnen ständig irgendwelche Karten vor die Nase hält, hindert sie möglicherweise sogar daran, sich gesund zu entwickeln. Das gilt noch mehr für Teenager, die ihren eigenen Weg finden müssen.

»Alle diese Dinge sorgen wahrscheinlich dafür, dass die Eltern sich ein gutes Stück besser fühlen. Aber es bringt dem Kind wahrscheinlich nicht besonders viel«, sagt John Bruer, Präsident der McDonell Foundation und Kritiker des »Mythos der ersten drei Jahre«, wie er es in einem Buchtitel nennt. (9)

Noch einen Punkt sollten besonders ehrgeizige Eltern und Anhänger der These, dass die Menschen nur etwa zehn Prozent ihres Gehirns benützen und der Rest brachliegt, bedenken. Die Entwicklung eines Bereiches im Gehirn oder einer besonderen Begabung setzt immer eine Auswahl voraus, die etwas anderes zurückstellt. Denn im Gehirn liegt nichts brach, sonst würde die Entfernung eines Teiles keine Folgen zeigen. Alles wird genutzt, und die tägliche Zeit zum Lernen ist darüber hinaus noch begrenzt. Förderung und stärkere Entwicklung, meinethalben im musischen oder mathematischen Fähigkeitsspektrum, gehen immer auch auf Kosten eines anderen Bereiches, beispielsweise der Entwicklung motorischer Fähigkeiten oder des Erlernens von Sozialverhalten.

Das heißt natürlich nicht, dass man besondere Interessen und Begabungen nicht unterstützen und fördern sollte, im Gegenteil. Doch fällt den Eltern eher die Aufgabe zu, im Sinne einer ganzheitlichen Entwicklung und aus ihrer größeren Übersicht heraus ausgleichend und behutsam unterstützend auf die Kinder einzuwirken, wo es nötig ist, statt Einseitigkeiten aus falsch verstandenem Ehrgeiz auch noch zu forcieren oder ihnen gar das Interesse an einem bestimmten Interessengebiet aufzuzwingen.

»Es macht keinen Sinn, Entwicklungen forcieren zu wollen. Die Kinder werden aufgezwungene Angebote nicht annehmen, unnütze Zeit mit Abwehr verbringen und es schwer haben, das für sie Wichtige herauszufiltern«, warnt Professor Singer. (8) Diese Regel gilt für jedes Alter, ganz besonders aber auch für die Pubertät.

Richtig verstanden wird Ihnen die Wunderwaffe Punktebogen von Seite 112 bei dieser Aufgabe beste Dienste leisten können. Als ein Instrument des Ausgleichs, zur Stimulation und für ebenso behutsame wie konsequente Unterstützung wird sie als Zauberinstrument für Sie wie Ihre Kinder eine großartige Hilfe darstellen.

Kommen wir abschließend noch mal auf die Frage zurück, welche Zeitfenster der Entwicklung in der Pubertät weit offen sind und für das Erlernen welcher Fähigkeiten somit die Pubertät ein besonders günstiger Zeitraum ist.

Wie gesagt, Fähigkeiten bauen aufeinander auf. Die Entwicklung im Mutterleib schafft zuerst die organischen Grundlagen dafür, dass das Embryo nach der Geburt als *eigenständiger Körper* in der Welt überleben kann. Sobald die lebenserhaltenden Systeme selbstständig funktionieren, wird das Kind geboren. Der nach der Geburt beginnende Erwerb der Fertigkeiten, sich in Raum und Zeit orientieren, bewegen und Ziele anpeilen zu können, bildet dann die Grundlage für alles weitere Lernen.

Die Orientierung in der neuen Umwelt und die erfahrungsgesteuerte Ausbildung der dafür nötigen Kompetenzen dauern Jahre und finden, wenn es gut läuft, in Geborgenheit und unter dem Schutz und mit der liebevollen und gelassenen Unterstützung durch die Eltern statt. Die bestimmenden Kriterien und letztlich regierenden Wertmaßstäbe, an denen die eigenen kindlichen Eindrücke und Erlebnisse gemessen und nach denen sie beurteilt werden, sind lange Jahre weitgehend die der Eltern. Das geht auch in der Kindheit nicht immer harmonisch ab, bildet aber das Fundament der kindlichen Wahrnehmung und des kindlichen Urteilsvermögens.

Kaum funktionieren Orientierung, Zielfokussierung und Überleben einigermaßen, werden die Kinder aus der immer noch symbiotischen, Halt, Sicherheit und Geborgenheit gebenden Verbindung mit den Eltern aufs Neue in eine aufregende und unbekannte Welt hinauskatapultiert. Diese ersten rund zwölf Jahre der Kindheit schaffen die Basis und die Voraussetzungen, damit das Kind nach der ›zweiten Geburt‹, der Pubertät, auch als *eigenständige Person* überleben kann.

Warum Jugendliche deshalb alles in Frage stellen müssen? Intensiv überprüfte, selbst auf ihre Tauglichkeit abgeklopfte und durch Erfahrung gehärtete Beurteilungskriterien sind die Grundlage dafür, um selbstständig Entscheidungen treffen und das Leben in die eigenen Hände nehmen zu können.

Die Hirnforschung zeigt nun auch, dass es eben jene Bereiche im Gehirn sind, die für diese Aufgaben zuständig sind (beispielsweise der präfrontale Kortex), die mit der Pubertät in die entscheidende Phase ihrer Ausformung eintreten. Was nachdrücklich deutlich macht, dass die Pubertät auch in organischer Hinsicht der ideale Zeitraum für *die Ausbildung einer eigenständigen, erwachsenen Persönlichkeit* zu sein scheint.

Der nächste Punkt, an dem in der Pubertät eine ›zweite Geburt‹ stattfindet, findet sich im Bereich der Gefühle.

Das Baby, wenn es geboren wird, verfügt zwar über von der Mutter unabhängige lebenserhaltende Körpersysteme, ist jedoch neben allen anderen Abhängigkeiten wie der Nahrungszufuhr auch emotional noch nicht alleine überlebensfähig. Während der Kindheit wachsen und reifen die Überlebensgrundlagen für eine *eigenständige emotionale Persönlichkeit* allmählich erst heran. Das bedeutet natürlich nicht, dass Kinder keine Gefühle hätten, das wäre ja absurd. Aber Kinder stehen emotional noch nicht auf eigenen Füßen, sie sind in ihrer kindlichen Gefühlswelt emotional noch bei den Eltern verwurzelt. Das ändert sich mit der Pubertät.

Doch ähnlich wie bei der körperlichen Geburt entstehen mit der Pubertät zunächst nur die körperlichen und seelischen Möglichkeiten, emotional eine eigenständige Person zu werden. Die grundlegenden Fähigkeiten, die es dazu braucht, um sich in den nun zugänglichen erwachsenen Gefühlswelten orientieren, bewegen und überleben zu können, müssen erst in den nächsten Jahren und möglicherweise, wenn es schlecht läuft, Jahrzehnten durch viel Übung und Erfahrung durch die Jugendlichen selbst erworben werden. Auch dafür scheint die Pubertät der ideale Zeitraum zu sein. Pubertät ist also weit mehr als der Eintritt der Geschlechtsreife mit vorübergehender Gefühlsverwirrung.

Das gilt auch für den dritten Punkt der persönlichen Geburt: den Abschied von kindlichen Beziehungen. Die Pubertät macht den Kids nachdrücklich klar, dass eine neue Zeit angebrochen ist. Sie fordert sie auf, sich als *eigenständige Gegenüber mit eigener emotionaler und sexueller Identität* zu entdecken, die im völligen Gegensatz zu den Erwartungen, Empfindungen und Vorlieben der Eltern stehen kann und oft auch steht. Das betrifft nicht nur ihre sexuelle Identität, sondern jeden Aspekt des Beziehungslebens von Partnerwahl bis zur Lebensform. Auch hierfür scheint die Pubertät der genau richtige Zeitpunkt zu sein.

Wie einschneidend und umwälzend initiierende Erfahrungen (oder fehlende Erfahrungsmöglichkeiten), die zur rechten Zeit in der Pubertät gemacht werden können (oder nicht), für das emotionale und persönliche Wachstum sind, zeigen folgende Beispiele. Stellen Sie sich einen Teenager vor, der zwischen dem zwölften und dem achtzehnten Lebensjahr sein Zimmer nicht verlassen darf.

Was geschieht wohl mit solch einem pubertierenden Wesen, egal ob Männlein oder Weiblein, dem jegliche Begegnung mit dem anderen (oder eigenen) Geschlecht, jegliches Kennenlernen, Erkunden und Ausprobieren, radikal und ohne jede Möglichkeit des Ausbrechens verwehrt wird? Glauben Sie, dass jemand, der so misshandelt wurde, nach der Pubertät ohne weiteres in der Lage sein wird, eine gesunde und kraftvolle Liebesbeziehung zu einem Partner einzugehen? Ohne dass er oder sie zuvor je die Gelegenheit hatte, die emotionalen Flügel aufzufalten und mit ihnen erste Flüge in das verwirrende Reich der Gefühle zu machen? Wohl kaum, denn das ist ja schon schwierig genug, wenn man nur wenig üben konnte.

Im Nachhinein wird diese Fähigkeit, diese durch Erfahrungen gewonnene Vertrautheit und Sicherheit, kaum ohne entsprechende massive Hilfe und Unterstützung, Geduld, Geld, viel Zeit und – vor allem – aufrichtige Zuwendung zu erwerben möglich sein. Mit anderen Worten, es braucht die Möglichkeit in der Pubertät, Beziehung und Liebe auszuprobieren, um die Grundregeln für den Umgang mit Liebe, Partnerschaft und Beziehungen selbstständig erlernen zu können. Wem das nicht vergönnt ist oder wer daran gehindert wird, der bleibt gefährlich hilflos im Reich der Gefühle und tut sich unendlich viel schwerer. Vorträge können diese Erfahrungen jedenfalls nicht ersetzen.

Ein weiteres Beispiel, das gar nicht so selten ist: Wie entwickeln sich Jugendliche, deren Eltern sie nachhaltig daran hindern, eigene selbstständige Erfahrungen zu machen, indem sie sich überall in das emotionale und soziale Leben ihrer Kinder einmischen? Die ständig versuchen, sie von etwas abzuhalten, zu bewahren und zu behüten? Dabei ist es unerheblich, ob das von Elternseite aus Angst um die Kinder geschieht, oder weil man vielleicht selber, vom Erwachsenwerden der Kinder überrollt, Angst hat, auf einmal nicht mehr gebraucht zu werden und am Ende alleine dazustehen. Also, was meinen Sie?

Zunächst werden solche Jugendlichen, weil ihnen die Möglichkeit, über Erfahrungen zu lernen, weitgehend genommen wurde, es sehr viel schwerer haben, persönliche Eigenständigkeit zu entwickeln. Wenn ihnen der Raum für emotionale Erkundung durch dominante und besitzergreifende Eltern genommen wird, werden sie später nicht ohne weiteres über die Fähigkeit verfügen, emotionale Beziehungen einzugehen.

Schlicht, weil die Grundlagen dafür nicht erworben werden konnten und daher fehlen.

Ich würde vielleicht nicht ganz so weit gehen, von emotionaler Verkrüppelung zu sprechen, doch es ist mitunter nah dran. Denn es hängt auch vom Temperament, dem Willen, dem Mut, der Stärke und der Sehnsucht bei den Jugendlichen ab, ob sie später als Erwachsene dann noch schaffen können, das – mühsam – nachzuholen, was sie früher nicht lernen durften. Doch ähnlich wie bei einer chirurgischen Operation, die an einem bereits vollständig ausgebildeten Organ Veränderungen vornimmt, werden in diesen Fällen nach der Heilung emotionale oder seelische Narben bleiben.

Ob sie aber letztlich nachträglich dabei erfolgreich sind, hat auch ganz entscheidend damit zu tun, welche Hilfen sie dabei erhalten und von welcher Zuneigung sie dabei getragen und gestützt werden. Denn obwohl das Gehirn bis zu einem gewissen Grad ein Leben lang die Fähigkeit zum Lernen behält, brauchen wir, um den Umgang mit Gefühlen zu erlernen, andere Menschen, denen wir nahe kommen dürfen – sehr nahe ...

Auch die Psychotherapie belegt anhand unzähliger dokumentierter Fallgeschichten eindrücklich, dass menschliche Lernschritte und Erfahrungen, die nicht gemacht werden konnten, als sie auf dem ›Stundenplan des Lebens‹ dran waren, zu Defiziten führen, die später, wenn überhaupt, dann nur mit erheblichem Aufwand, unter Schmerzen und zu wesentlich erschwerten Bedingungen nachgeholt werden können. Die daraus entstehenden seelischen Behinderungen sind sehr real und mitunter viel weitreichender in ihren Auswirkungen als körperliche Handicaps.

Diese Einschränkungen erinnern mitunter auch an die weitreichenden Auswirkungen, die fehlende Reize bei der initiierenden Entwicklung des Sehens haben können. Dort führen sie zur Erblindung.

Obwohl einiges dafür spricht, dass das Gehirn, was das Erkennen von Gefühlen beispielsweise und den Umgang mit ihnen angeht, eine lebenslange Formbarkeit behält, gibt es Grenzen. So habe ich mit Jugendlichen gearbeitet, die in ihren Familien anscheinend nur die Gelegenheit erhalten hatten, sich ein extrem gestörtes Grundvokabular für zwischenmenschliche Beziehungen anzueignen.

Das hat ein eigenständiges Überleben in einem normaleren Umfeld höchst problematisch bis unmöglich für sie gemacht. Ihr emotionales Vokabular war einfach nicht kompatibel mit dem einer weniger gestörten Umgebung. Das hat sie selbst noch mehr verstört und zutiefst verunsichert und eine Verständigung nicht gerade leichter werden lassen. Bei einigen dieser Jugendlichen bin ich dann auch an meine und ihre Grenzen gestoßen, was nachträgliches Wachstum und Veränderungsmöglichkeiten anging.

Bei der Arbeit mit Problemkindern stoßen Pädagogen, Pflegeeltern, Psychologen und Lehrer deshalb auch immer wieder auf emotionale Abgründe tiefsten Misstrauens. Sie lassen sich darauf zurückführen, vereinfacht gesagt, dass in den dafür entscheidenden ersten Lebensjahren weder Geborgenheit noch Liebe die Entwicklung eines stabilen zwischenmenschlichen Gefühlslebens ermöglicht haben.

Wenn Kinder in den ersten Lebensjahren statt emotionaler Geborgenheit widersprüchliche Botschaften erhalten – in der einen Minute werden sie umarmt, in der anderen geschlagen oder angeschrien –, kann sich in ihnen kein Vertrauen in die Tragfähigkeit von Gefühlsbindungen bilden. Sie werden gefühlsmäßige Nähe zu anderen Menschen, eben weil sie so wichtig und zentral ist und niemand ohne sie leben kann, als instabil und bedrohlich erleben, eher als große Gefahr statt als Glück.

Dennoch trägt jeder Mensch die Sehnsucht nach Nähe, Liebe und Geborgenheit unauslöschlich und tief in sich. Sie ist einer der Motoren menschlicher Existenz. Doch wer den Umgang mit Gefühlen in einem stabilen Rahmen nicht erlernen konnte, bei dem verkümmert diese Fähigkeit, obwohl die Sehnsucht bleibt. Er wird auch später nicht adäquat mit Gefühlen umgehen können.

In der Pubertät, in der es darum geht, sich emotional zu verselbstständigen, kommt es dann oft zur großen Krise, weil die Grundlagen für die Weiterentwicklung fehlen. Intensiviertes Gefühlsleben, Herauswachsen aus der kindlichen Gefühlswelt, die damit verbundene Angst und das Gefühl der Unsicherheit und Bedrohung führen daher immer wieder zu dramatischen Zuspitzungen, die allen pädagogischen Sachverstand und viel Geduld und Herz benötigen, um ihrer Herr zu werden. Manchmal gelingt es dann noch, das Ruder herumzureißen.

Besonders Pflegeeltern kommen oft nicht klar damit, dass Kinder, die sie aufgenommen haben und die offensichtlich emotional vernachlässigt und misshandelt wurden, ihren aufrichtigen und liebevollen

Bemühungen mit einer Mischung aus verzweifelter Sehnsucht und Hass begegnen. Je mehr die Pflegeeltern sich bemühen, dieses offensichtliche Gefühlsdefizit mit aller Liebe, derer sie fähig sind, und in bester Absicht aufzufüllen, umso verunsicherter, aggressiver und zerstörerischer reagieren diese Kinder oft. Es dauert Jahre, bis sie lernen, Nähe und Liebe vorsichtig zuzulassen und sich zu öffnen.

Wie schwierig und fordernd das ist, aber auch wie beglückend das sein kann, beschreibt Torey L. Hayden eindrücklich in ihren bewegenden Büchern. Auch Richard F. Miniters Buch *Mike* ist die aufwühlende Geschichte eines Jungen, der mit sich und seinen Pflegeeltern verzweifelt und mutig zugleich um eine – seine erste – Familie und damit seine größte Sehnsucht kämpft. Genauere Angaben zu den Büchern finden Sie im Anhang.

Offensichtlich gibt es Phasen im Leben, in denen bestimmte Erfahrungen und Lernen leicht und harmonisch Hand in Hand gehen. Es gibt prägende Phasen, was das Sehen, das Erlernen von Sprachen und das Hören betrifft. Und es gibt Zeiten für den Erwerb grundlegender Fähigkeiten emotionaler Interaktion, die die stabile Grundlage für ein gesundes Gefühlsleben bilden. Viele Therapieformen, die an dieser Stelle in späteren Jahren Fehlentwicklungen, so sie nicht unumkehrbar sind, beheben wollen, versetzen die Klienten mit einigem Erfolg in die gefühlsmäßige und körperliche Befindlichkeit dieser prägenden Phasen zurück. Sie gehen an den Erlebnispunkt der Entstehung und versuchen, dort ›umzuprogrammieren‹.

Die Erfahrungen und Beobachtungen von Eltern, Pädagogen und Psychologen zeigen, dass die Pubertät für die Entwicklung einer eigenständigen, beziehungsfähigen, verantwortlichen und vernunftbegabten Persönlichkeit ein entscheidender und offensichtlich optimaler Zeitraum ist. Auch dies korrespondiert mit neueren Erkenntnissen über die organische Entwicklung des Gehirns und seine Funktionsweise. Im nächsten Kapitel werde ich mich deshalb noch einmal unter einem anderen Gesichtspunkt mit der Gefühlswelt der Teenager und dem, was die Forschung dazu an aufschlussreichen Einsichten gewonnen hat, beschäftigen.

## Was heißt, lehr den Mülleimer aus?
## Ich myelinier noch!

### Über Gefühlsausbrüche und Kurzschlüsse im Hirn

Offensichtlich funktionieren Teenager anders als der Rest der Welt. Das empfinden nicht nur sie selbst so, sondern auch all die kleineren und größeren Menschen in ihrer Umgebung. Die extremen Stimmungsschwankungen der Pubertierlinge sind legendär, ebenso die völlig unvorhersehbaren Gefühlsausbrüche aus völlig nichtigen oder zumindest nicht ersichtlichen Anlässen. Ein Grund für diese Eruptionen ist oft beim besten Willen außerhalb ihres jugendlichen Planeten nicht zu erkennen. Und Planeten folgen ja, wie man weiß, nicht nur ihrer eigenen Laufbahn, sondern auch ihren eigenen Gesetzen. Eben das scheint bei Jugendlichen auch der Fall zu sein. Grund für ein manchmal amüsiertes, manchmal genervtes Achselzucken der Eltern: »Der (oder die) ist halt in der Pubertät ...«

Die Jugendlichen fühlen sich derweil ganz allein und völlig unverstanden. Sie würden am liebsten aus ihrer Haut fahren und jetzt sofort erwachsen sein, um den Erwachsenen dann endlich einmal klar machen zu können, worauf es im Leben wirklich ankommt. Offenbar kapieren die ja, blöd wie sie nun mal sind, nicht die Bohne davon. Und, so wie es scheint, haben die Kids darin Recht – aus ihrer Sicht. Denn, darauf deuten weitere Untersuchungsergebnisse hin, Jugendliche sehen die Welt mit anderen Augen als Erwachsene.

Zumindest lassen Beobachtungen von Deborah Yurgelun-Todd, Direktorin für Neuropsychologie am McLean Hospital in Belmont, Massachusetts, diesen Schluss zu. Sie verglich mittels MRI-Scans (Magnetic Resonance Imaging, siehe Seite 16) die Reaktionen in den Gehirnen jugendlicher und erwachsener Testpersonen auf eine Reihe von Fotos. Auf diesen waren Gesichter von Menschen zu sehen, die offensichtlich Angst hatten. Zur Überraschung der Forscher war ein Großteil der Jugendlichen im Gegensatz zu den erwachsenen Testpersonen nicht in der Lage, diese Emotionen auch als »Angst« zu identifizieren. Etwa die Hälfte von ihnen nannte stattdessen Schock, Verwirrung, Traurigkeit oder Ärger als mögliche Gefühle der Personen auf den Fotos, während die Erwachsenen ohne Ausnahme deren Angst erkannten.

Das allein mag noch nicht so erstaunlich sein, schließlich sind die Jugendlichen so sehr mit ihrem eigenen Gefühlschaos beschäftigt, dass es verständlich scheint, wenn sie für die Gefühle anderer nur eine begrenzte Aufnahmefähigkeit haben. Doch es wurde noch interessanter, als die Ergebnisse der MRI-Scans ausgewertet wurden, die gemacht wurden, während die Testpersonen die Fotos betrachteten und einzuordnen versuchten.

Dabei wurde deutlich, dass bei den Teenagern wesentlich andere Bereiche des Gehirnes aktiviert wurden als bei den Erwachsenen, um die Gesichtsausdrücke auf den gezeigten Fotos zu deuten. Bei den Jugendlichen sprach vor allem das Zentrum für emotionale und instinktgesteuerte Reaktionen im Gehirn auf die Aufnahmen an, während bei den Erwachsenen der präfrontale Kortex, also der Bereich für Planung und Vernunft, für Urteilsvermögen und Einsicht usw., den stärksten Part bei der Auswertung übernahm. Dieser Unterschied kam umso deutlicher heraus, je jünger die Teenager waren.

Das unterstreicht zunächst einmal die Vermutung vieler Eltern, dass die Gehirne Jugendlicher emotionale Eindrücke aus ihrer Umwelt anders verarbeiten, als es die Erwachsenen tun. Und sie reagieren impulsiver und unüberlegter auf diese Eindrücke, weil die Reizverarbeitung bei ihnen verstärkt jene Bereiche des Gehirns aktiviert, die für emotionale und instinktgesteuerte Reaktionen zuständig sind.

Es scheint zudem so, dass Jugendliche größere Problem als Erwachsene damit haben, den Gefühlsausdruck auf dem Gesicht ihres Gegenübers richtig zu deuten. Sie brauchen auch länger dafür als Erwachsene, wie andere Untersuchungen zeigten.

Robert McGivern und seine Kollegen an der San Diego State University beispielsweise fanden heraus, dass die Geschwindigkeit, mit der Kinder die Gefühle anderer erkennen, ungefähr mit elf bis zwölf Jahren um bis zu 20 Prozent zurückgeht. Dies bleibt so, bis die Kinder achtzehn und keine Kinder mehr sind.

Wohl ein Grund dafür, dass Teenager – vor allem, aber nicht nur die Mädchen – Stunden damit zubringen können, jedes Gespräch mit dem oder der Angebeteten und jede Aktion und Reaktion immer wieder und wieder mit ihren Freundinnen oder Freunden nach allen Seiten und auf alle möglichen Bedeutungen hin durchzuhecheln. Eine Erklärung für die hohen Telefonrechnungen und stundenlangen Telefonate der Teens.

Denn noch fehlen ihnen sowohl eine genügend große emotionale Datenbasis – sprich: Erfahrungsschatz – wie auch ein ausgereiftes und stabil vernetztes emotionales Deutungssystem, die es ihnen erlauben würden, Gefühle relativ sicher zu erkennen und darauf entsprechend und zeitnah zu reagieren. Sie sind erst dabei, diese Werkzeuge zur Einsatzreife zu entwickeln.

Sie müssen deswegen vor allem und zuerst viele Erfahrungen sammeln, ihre Eindrücke dann mit anderen, die sich auskennen – sprich: Gleichaltrigen –, abgleichen. Sie reden darüber mit ihnen wiederholt bis in die kleinsten Details und überprüfen die daraus gewonnenen Erkenntnisse mit weiteren, neuen Erfahrungen, um letztlich eine gewisse Sicherheit im Umgang mit Gefühlen und deren Deutung zu bekommen.

Und dabei liegen sie manchmal eben auch völlig daneben. Vielleicht haben Ihre Jugendlichen das letzte Mal, als sie Ihnen gegenüber scheinbar völlig unmotiviert ausgeflippt sind, die Müdigkeit auf Ihrem Gesicht nach einem langen Tag für Ärger gehalten? Emotionale Analphabeten und Wiederkäuer, die sie sind? Zieht man dann noch in Betracht, wo und wie im jugendlichen Hirn umgebaut wird und wie dramatisch sich das auch auf die Geschwindigkeit der Nachrichtenübermittlung auf deren Planeten auswirkt, erscheint manches vorher unverständliche Verhalten der Kids in einem neuen Licht.

Dazu passen auch die Entdeckungen von Dr. Francine Benes, Wissenschaftlerin am McLean Hospital sowie Professorin für Psychiatrie und Neurologie an der Harvard University. Sie fand heraus, dass die Fähigkeit des Menschen, nicht nur impulsiv, sondern bedacht und überlegt und dennoch schnell und angemessen auf etwas reagieren zu können, mit Entwicklungen im Gehirn zusammenhängt, die sich ebenfalls erst im Laufe der Pubertät abschließend ausformen.

Sie entdeckte, dass zwischen dem zehnten und dem zwanzigsten Lebensjahr in einem für unsere Reaktionen entscheidenden Bereich des Gehirns, der als obere Marklamelle bezeichnet wird, eine Substanz namens Myelin um ganze 100 Prozent zunimmt. Myelin sorgt im Gehirn dafür, dass die elektrischen Nervensignale, welche seine Haupttätigkeit ausmachen, auf den dafür vorgesehenen Bahnen verlaufen, indem sie diese umhüllt. Dadurch wird die Übermittlungsgeschwindigkeit der Signale gleichzeitig auf das über Hundertfache beschleunigt (für Geschwindigkeitsbegeisterte: von 3 km/h auf mehr als 300 km/h). Mit Myelin zieht die Formel 1 ins Gehirn ein.

Dieses in diesem Alter außerordentliche Wachstum der Myelinschicht findet bei Jugendlichen in der ›Verbindungsstation‹ zwischen zwei für unsere Reaktionen auf äußere Eindrücke sehr bedeutsamen und entscheidenden Funktionsbereichen des Gehirns statt: dem Hippokampus und dem Gyrus Cingulatus.

Der Hippokampus ist eine Zellansammlung im Zentrum des Gehirns und eines der wichtigsten Gebiete zur Verarbeitung neuer Erfahrungen. So kann jemand, bei dem dieser Bereich geschädigt ist, sich zwar an Dinge erinnern, die länger zurückliegen, also mit wem er seit zehn Jahren verheiratet ist und wo er letztes Jahr war. Aber er erinnert sich nicht mehr daran, wen er vor zwei Sekunden getroffen oder ob er gerade eben einen Kaffee getrunken hat.

Der Gyrus cingulatus hat mit Gefühlen und instinktiven körperlichen Reaktionen auf eben diese neuen Erfahrungen wie Herzrasen oder feuchten Handflächen zu tun, und daher auch damit, wie wir in bestimmten Situationen reagieren.

Da also die Datenautobahn zwischen den Bereichen, die dazu dienen, neue Erfahrungen angemessen zu verarbeiten, und den Bereichen, die ihnen erste instinktive Gefühlsreaktionen ermöglichen, noch im Bau ist, und der Verkehr zwischen ihnen langsam über Umleitungen und Nebenstrecken geleitet werden muss, stellt sich immer die Frage: Was im Jugendlichen gewinnt? Was ist schneller? Was bestimmt die Reaktion? Knallt die Tür, oder bekommt man auf eine normale Frage eine normale Antwort?

Ihnen ist sicher auch schon aufgefallen, dass viele Teenager nach dem Motto leben: Was geht mich mein dummes Geschwätz von vor fünf Minuten an? Wenn Sie dieses Verhalten zu der im Bau befindlichen Datenautobahn in Beziehung setzen, die für den ordnungsgemäßen Umgang mit neuen Erfahrungen zuständig ist, habe ich eine gute und eine schlechte Nachricht für Sie. Die Schlechte zuerst: Jugendliche können auf solche umstürzend neue Erfahrungen wie etwa die Bitte, das Geschirr abzutrocknen, noch nicht angemessen reagieren.

Die Reaktionszentrale wird gerade generalsaniert und für die neuen Aufgaben umgebaut. Und da das Leben der Jugendlichen in jeder Sekunde von neuen Erfahrungen strotzt, haben ihre Reaktionen vorläufigen Charakter. Denn für sie ist tatsächlich alles neu, weil alles anders ist, sich anders anfühlt und anders wahrgenommen wird als vorher.

Deswegen haben Ihre Sprösslinge auch keine Zeit und keinen Raum, um neben dem, was jetzt in diesem Moment auf sie einstürmt, sich das, was sie vor wenigen Minuten gesagt haben, zu merken, geschweige denn, sich weiter damit zu beschäftigen. Das ist doch schon soooo lange her!

Und da die Maler zusätzlich im Gyrus Cingulatus einen Kurzschluss verursacht haben (Handwerker ... !), bekommen Sie auf die Frage: »Reichst Du mir mal die Butter?«, möglicherweise die Antwort: »Du bist echt ätzend! Ich bin doch nicht Dein Sklave!«, und – rrrummms – knallt die Tür. Nehmen Sie das bloß nicht allzu wörtlich, denn – Sie ahnen es schon – im Sprachzentrum wird auch noch gearbeitet. Wir feilen noch am Ausdruck ... Wenn Sie in ein paar Jahren wieder vorbeischauen wollen?

Francine Benes erklärt es so: »In der Kindheit und Jugend sind emotionale Erfahrungen und kognitive Prozesse nicht sonderlich gut verknüpft. Deshalb neigen wir zu impulsiven Handlungen, die kaum in einem Zusammenhang mit dem eigentlichen Geschehen zu stehen scheinen.« (10) Dass dies bei Jugendlichen solche mitunter extremen Formen annehmen kann, liegt daran, dass sie durch den tiefgreifenden Umbau und den gewaltigen Reizansturm unter einem ungleich größeren Stress stehen als kleinere Kinder.

Außerdem haben die Kids ständig feuchte Hände, werden rot und wissen nicht, ob sie nicht vielleicht gleich weglaufen, angreifen oder im Boden versinken müssen. Sehr verwirrend, das Ganze. Aber aufregend!

Also stellen Sie sich darauf ein, wenn Sie nicht schon mittendrin sind: Eltern und andere Erwachsene werden, wenn sie mit Teenagern zu tun haben, deren Stauungen und Kurzschlüssen im Gehirn nicht entkommen, genauso wenig, wie sie einen Stau auf der Autobahn verhindern können. Sie könnten es zwar versuchen, indem Sie sich beispielsweise auf eine Autobahnbrücke stellen und es den Fahrern schreiend und brüllend und mit schrecklicher Strafandrohung verbieten. Doch ich fürchte, Toben, Drohen und Schreien würden trotzdem nichts daran ändern, dass es einen Stau gibt, wenn die Verkehrsbedingungen entsprechend schlecht sind. Ähnliches gilt für die Jugendlichen. Da helfen Brüllen, Toben und Drohen ebenso wenig wie im Straßenverkehr, eher im Gegenteil, was den Verkehrsfluss im Gehirn angeht.

Doch Sie sind nicht nur das Opfer jugendlicher Ausbrüche. Und das ist die gute Nachricht. Denn im Gegensatz zum Ausbau des Bundesautobahnnetzes können Sie beim Bau der Datenautobahn im Gehirn und der Generalsanierung des Hippokampus mächtig mithelfen, damit diese anschließend auch dem Schwerlastverkehr standhalten. Wie? Indem Sie mit Ihren Kids üben.

Nehmen Sie sich dafür wieder die Wunderwaffe Punktebogen vor, die ich Ihnen jetzt schon verschiedentlich vorgestellt habe (S. 112), und schauen Sie, was sie für ein tolles Trainingsinstrument auch für diese Aufgabe sein kann. Worum geht es beim Training der Jugendlichen in diesem Zusammenhang? Was wollen wir erreichen? Es geht darum, ihnen zu helfen, instinktive körperliche Reaktionen sinnvoll mit den äußeren Gegebenheiten und Anforderungen zu verknüpfen, nicht wahr? Also auf die Bitte nach der Butter nicht motzend aufzuspringen und Türen knallend rauszurennen, sondern möglichst höflich lächelnd und mit freundlichen Worten die Butter dem Bittenden zu reichen. Schön, wenn sich das wenigstens etwas verbessern und erträglicher gestalten ließe, meinen Sie? Ich werde Ihnen zeigen, wie es geht.

Richten Sie im Punktebogen einen Punkt ›Verhalten am Tisch‹ ein. Damit deutlich wird, wie wichtig er Ihnen ist, versehen Sie ihn mit hoher möglicher Punktzahl. Läuft es gut und Ihr Nachwuchs bemüht sich redlich, am Tisch lächelnd und zuvorkommend zu erscheinen, bedeutet das viele Punkte für sie oder ihn und eine einfache Möglichkeit für mehr Taschengeld. Sie glauben nicht, wie ungemein gut das die Kids beim Verknüpfen unterstützt! Sie können förmlich sehen, wie der Autobahnbau voranschreitet! Selbst die Maler passen auf, damit es nicht wieder einen Kurzschluss in der Zentrale gibt – zumindest beim Essen.

Wenn Sie das eine Zeit lang gemacht haben und mit dem Ergebnis zufrieden sind, dann nehmen Sie sich den nächsten Bereich vor. Aber es sollten nie mehr als drei sein, am besten immer nur einer, sonst ist das jugendliche System im stürmischen Umbruch überfordert und Sie erreichen durch Überlastung das Gegenteil.

Sie glauben mir nicht, dass es funktioniert? Wie gesagt, Sie sollen auch nicht glauben, sondern ausprobieren. Und die Viertelstunde täglich, die es für den Punktebogen braucht, sollte eigentlich jeder haben. Sie glauben, eine Viertelstunde maximal pro Tag haben Sie nicht? Tatsächlich? Ja, wo ist sie denn hin? Irgendwo findet sie sich bestimmt wieder, wenn Sie die Zeit dafür aufbringen wollen – oder?

Wenn Sie sich zu dieser kleinen Mühe besonders motivieren wollen, denken Sie an die vielen unnützen, immer wiederkehrenden Diskussionen über immer dieselben Punkte, die von dem Moment an, wo Sie diese Wunderwaffe einführen, der Vergangenheit angehören werden. Denken Sie daran, wie viel Zeit und Kraft Sie sich täglich sparen, wenn Sie mit so einem klaren, transparenten, gerechten und nachvollziehbaren System wie dem Punktebogen arbeiten. Ich versichere Ihnen, dass Sie die (minimale) Zeit, die Sie für die Arbeit mit ihm aufwenden müssen, dadurch zehnfach wieder hereinholen. Das ist zwar nicht Formel-1-Niveau, aber auf der Bundesstrasse der Beziehungen geht es so auch schneller voran. Das lohnt doch mindestens einen Versuch.

# Ei woos twölf, wänn Ei lörnd Inklisch

## Sprachen lernen vor und nach der Pubertät

Warum lernen Kinder Sprache scheinbar mühelos, während sie sich als Pubertierende in der Schule mit Fremdsprachen in der Regel deutlich schwerer tun? Wäre es vielleicht besser, die erste Fremdsprache schon im Grundschulalter oder früher zu lernen, ist es mit zehn oder zwölf Jahren vielleicht schon zu spät? Oder ist es nur die jugendliche Faulheit, die den Lehrern im Sprachunterricht das Leben so sauer macht?

Wie man weiß, ist es auch noch im hohen Alter ohne weiteres möglich, eine Fremdsprache zu lernen, zumindest in den Grundzügen und solange die grauen Zellen mitmachen. Vielfach wird dies sogar ausdrücklich als besonderes Hirntraining für ältere Menschen empfohlen. Doch unterscheidet sich der Spacherwerb älterer grundsätzlich von dem jüngerer Menschen. Die magische Grenze, die den großen Unterschied macht, liegt bei etwa zwölf Jahren. Mit dem Eintritt in die Pubertät ändert sich etwas Grundlegendes.

Zunächst beginnt der Erwerb sprachlicher Fähigkeiten beim Kleinkind mit dem Hören. Ohne Hören keine Sprache, wie taube Menschen zeigen, auch wenn bei ihnen die Voraussetzungen zum Sprechen im Sprachorgan und im Gehirn voll ausgebildet sein sollten. Taube Menschen können durch aufwändiges Körpertraining später zwar noch ein Grundverständnis für einzelne Laute erwerben, und sie werden daraus dann auch Worte und ganze Sätze bilden können, jedoch nicht so sprechen lernen wie ein hörender Mensch. Gesprochene Sprache – nicht Verständigung – wird ihnen nur rudimentär zugänglich bleiben.

Ein Baby – das heißt sein Gehirn – kann den Klangfluss der auf es einströmenden menschlichen Laute, aus denen sich die Worte und Sätze seiner Muttersprache zusammensetzen, noch nicht als Worte identifizieren. Die so genannte Babysprache der Eltern, Eideidei, Duddeldei und Duddeldu, und sein eigenes Gebrabbel helfen ihm und seinem Gehirn jedoch dabei, diese Laute oder auch Phoneme nach und nach kennen zu lernen, zu unterscheiden und zu Worten zusammenzufassen.

Babysprache ist ganz wichtig in dieser ersten Phase des Spracherwerbs, was Eltern instinktiv wissen und deswegen auch hartnäckig beibehalten, auch wenn man ihnen erzählt, es sei besser für das Kind und seine späteren Fähigkeiten, ihm statt Eideidei Goethe oder anspruchsvollere Poesie vorzulesen. Die Schritte gehen vom Hören und vom deutlichen Wahrnehmen der Lautbilder, aus denen sich die Worte zusammensetzen, über die Babysprache der Eltern und das Nachplappern hin zum aufregenden Moment des ersten gesprochenen Wortes aus einfachen Lautfolgen wie Mama oder Papa.

In den Jahren bis zur Pubertät prägen sich dann Akzent, Sprachmelodie und Sprachaufbau so tief und nachdrücklich ein, dass sie alles spätere Sprachlernen – nach dem zwölften Lebensjahr – durchdringen. Schauspieler mit einem starken Akzent aus ihrer Muttersprache, wie beispielsweise Bayern, Schwaben oder Sachsen, wissen ein Lied davon zu singen. Es bedeutet harte Arbeit für sie, den muttersprachlichen Akzent, der nicht gewünscht ist, wenn sie nicht Mundarttheater machen wollen, so weit wieder abzutrainieren, dass sie hochdeutsche Rollen übernehmen können.

Auch das Unvermögen von Asiaten, die Laute L und R auseinander zu halten, geht auf diese frühe Prägung zurück. Im asiatischen Sprachraum spielt diese für uns so wichtige Unterscheidung keine Rolle. Also wird sie im Sprachzentrum ihres Gehirnes nicht aktiviert und geht verloren – nach dem Prinzip: Nur was genutzt wird, bleibt erhalten. Asiaten hören den Unterschied zwischen einem L und einem R schlicht nicht. Skandinavier hingegen sind in der Lage, mehr als ein Dutzend verschiedene A-Schattierungen herauszuhören, eine Fähigkeit, die anderen Mitteleuropäern, mit Ausnahme vielleicht der Ungarn, verschlossen bleiben wird.

Anscheinend gibt es Zeiten, das zeigt sich hier wieder, in denen die Plastizität des Gehirns optimal für bestimmte Lernschritte geeignet ist. Das Hirn behält zwar auch später eine gewisse Lernfähigkeit bei, aber wenn der ideale Zeitraum vorbei ist, dann geht entweder nichts mehr oder nur noch sehr viel weniger; und wenn, dann unter wesentlich erschwerten Bedingungen.

Die sprachliche Ausprägung im Gehirn ist mit etwa zwölf Jahren so ausgereift, dass es kaum noch möglich ist, eine Sprache ohne deutlichen Akzent zu erlernen. So kann es sein, dass Geschwister, die zum gleichen Zeitpunkt in ein fremdes Land kommen, von denen einer aber bereits in der Pubertät ist, sich gravierend darin unterscheiden, was den Akzent angeht. Ein prominentes Beispiel dafür ist Henry Kissinger, früherer amerikanischer Außenminister, und sein zwei Jahre jüngerer Bruder. Henry war zwölf, als die Familie nach Amerika kam, sein Bruder zehn. Henry hat bis heute seinen Akzent im Amerikanischen nicht verloren, sein jüngerer Bruder hingegen erlernte die Sprache akzentfrei.

Es ist also durchaus sinnvoll, sich darüber Gedanken zu machen, wann mit dem Lernen von Fremdsprachen begonnen wird. Sicher ist, dass die Kinder sich vor Eintritt in die Pubertät damit leichter tun als danach.

Auch hier kann ein Blick in das Gehirn helfen, die Dinge besser zu verstehen. Schauen wir uns dazu beispielsweise das Corpus Callosum, den Gehirnbalken, genauer an, sehen wir ein Bündel von etwa 200 Millionen Nervenfasern, das die rechte und die linke Gehirnhälfte miteinander verbindet. Unter anderem auch die rechte und linke Hälfte des Wernicke-Zentrums, welche dafür zuständig sind, dass wir Sprache einerseits verstehen (was schon Kinder können) und uns andererseits auch verständlich, strukturiert und stilvoll ausdrücken können (was sich erst während der Pubertät und danach herausbildet).

In diesem verbindenden Bereich wächst die Myelinschicht zwischen dem siebten und sechzehnten Lebensjahr zunächst stark an. Mit den ersten Jahren als Teenager verlangsamt sich dann das Wachstum. Hier findet also etwas statt, was auch schon in anderen Funktionsbereichen des Gehirnes aufgefallen ist: zuerst stürmisches Wachstum, dann Ausdifferenzierung und Festlegung. Festlegung bedeutet aber immer auch Verlust von Plastizität. Einmal festgelegt, sind die Möglichkeiten zur Veränderung von da an beschränkt.

Ähnliches lässt sich im so genannten Bogenbündel beobachten, welches das Wernicke-Zentrum mit dem Broca-Zentrum, einem weiteren wichtigen Zentrum für Sprache, verbindet. Wenn das Myelin die Nervenzellen des Bogenbündels vollständig umgibt, werden diese leistungsfähiger und schneller und sind stärker spezialisiert. Sie reagieren deutlich empfindlicher auf den Klang der Sprache, die sie am häufigsten hören, können sich aber von nun an weniger gut auf fremde Töne einstellen und werden auch starrer. Einer der Gründe dafür, warum kleinere Kinder eine fremde Sprache scheinbar mühelos und akzentfrei lernen, ältere Kinder mit Beginn der Pubertät sich aber damit deutlich schwerer tun.

Diese Beobachtungen deuten darauf hin, dass sich die sprachlichen Grundlagen in der Pubertät endgültig ausbilden und ihre feste Form gewinnen. In der Tat ist es so, dass bei Kindern, bei denen eine Hälfte des Wernicke-Zentrums ausfällt, die andere Hälfte deren Aufgaben noch vollständig mit übernehmen kann, während dies bei einem älteren Gehirn nicht mehr möglich ist.

Das Erlernen von Fremdsprachen kann nach diesen Erkenntnissen also gar nicht früh genug anfangen. Natürlich ist damit zunächst nicht die theoretische Sprachvermittlung, also das Pauken von Grammatik und Vokabeln, sondern das Lernen und plastische Ausbilden des Gehirns durch das Erleben von Sprache gemeint.

Gut haben es Kinder, die mehrsprachig aufwachsen, etwa weil die Elternteile verschiedene Nationalitäten haben und die jeweiligen Muttersprachen nebeneinander aktiv gepflegt und vermittelt werden. Im Sinne des Spracherwerbs haben es auch die Kinder gut, die schon im Kleinkindalter sich im Ausland aufhalten dürfen und dort neben ihrer Muttersprache auch andere Sprachen bildlich gesprochen mit der Muttermilch aufsaugen können. Aber auch Kinder- und Jugendferienlager im anderssprachigen Ausland können beim Spracherwerb ergänzend zu den schulischen Bemühungen auch noch weit über das zwölfte Lebensjahr hinaus wahre Wunder wirken – vorausgesetzt, dort wird nicht nur deutsch gesprochen. Am besten ist es, wenn es sich um sprachlich gemischte Gruppen handelt, die eine andere Verständigung als die muttersprachliche erzwingen.

Nichts motiviert Jugendliche so sehr zum Sprachenlernen und aktiviert ihr Sprachzentrum im Gehirn wirksamer als der süße Junge oder das heiße Girl, die leider fast nur englisch, französisch oder türkisch sprechen. Der erfolgreiche Umgang mit einer solchen persönlichen und sprachlichen Herausforderung stärkt dann auch nachhaltig Selbstwertgefühl und Selbstvertrauen. Sie finden einige Adressen von empfehlenswerten Veranstaltern solcher Reisen im Anhang.

Bei allen guten Absichten und gut meinendem Ehrgeiz sollten Sie jedoch nicht vergessen: Jede Art aufgezwungener Beschäftigung hält Kinder wie Jugendliche davon ab, selbstgewählte Erfahrungen zu machen. Die aber sind wichtig für sie. Denn ihr Gehirn ist nur begrenzt aufnahmefähig, und nur die Lernerfahrungen, die auf einen Impuls des Interesses und der Bereitschaft bei ihnen zurückgehen, wirken sich positiv bildend auf das Gehirn und damit förderlich für die weitere Entwicklung aus.

»Wichtig ist vielmehr, dass Deprivationen [d.h. Verlust und Mangel, d. A.] vermieden werden. Diese Gefahr ist am größten, wenn Sonderbegabungen vorliegen, auf welche die Eltern und später die Kindergärten und Schulen nicht vorbereitet sind«, meint auch Professor Wolf Singer.« ... In den allermeisten Fällen wird es aber genügen, darauf zu vertrauen, dass die jungen Gehirne selbst am besten wissen, was sie in verschiedenen Entwicklungsphasen benötigen und dank ihrer eigenen Bewertungssysteme kritisch beurteilen und auswählen können. Kinder sind in aller Regel genügend neugierig und wissbegierig, um sich das zu holen, was sie brauchen. Elternehrgeiz ist hier wenig dienlich, entscheidend ist nicht, was die Eltern wollen, sondern was das Kind mitbringt und will.« (8)

Vor allem Kinder, aber auch noch Jugendliche lernen und entdecken spielerisch und dadurch intensiver als Erwachsene, die sich vorwiegend mit einem rational-analytischen Verständnis in der Welt bewegen. Für sie ist die Sprache lediglich ein Element neben vielen, um sich der Welt zu nähern, sie zu erkunden, zu erobern und das Erlebte zu kommunizieren.

Gesprochene Sprache ist ohnehin ein relativ begrenztes Instrument zur Beschreibung der Wirklichkeit und zur Verständigung. Schon bei Gefühlen stößt sie schnell an ihre Grenzen. Bilder, Gedichte, Musik, Tanz, das gesamte Vokabular des kreativen Ausdrucks fangen da erst an, wo die Sprache aufhört. Selbst bei diesem Buch spielt das, was über die aneinander gereihten Worte und den eigentlichen Wortsinn hinaus darin enthalten ist, eine ganz entscheidende Rolle dafür, was es Ihnen geben kann.

Reduzieren Sie daher die Kinder nicht auf den rationalen Gebrauch der Sprache, sondern unterstützen Sie den möglichst umfassenden Erwerb kommunikativer Fähigkeiten. Nehmen Sie die Kinder in all ihren Äußerungen ernst. Sei es in der Form von Worten, Bildern, Tänzen, Liedern, Träumen oder anderem – und ermutigen Sie den Nachwuchs, sich darin zu üben, statt diese Ausdrucksformen abzuwerten!

Vielleicht ist es heute sogar die wichtigste Aufgabe für Eltern und Lehrer, die Verständigungs- und Beziehungskompetenzen der Kinder so umfassend und breit angelegt wie irgend möglich zu fördern und auszubilden. Denn in erster Linie nicht gepauktes Wissen, sondern erworbene Fähigkeiten eröffnen ihnen in einer zunehmend komplexer werdenden Welt die besten Überlebens- und Gestaltungschancen. Alles, was sie befähigt, mit anderen Menschen umzugehen, sie verstehen und sich ihnen verständlich machen zu können, erhöht ihre Chancen und die Aussichten auf ein erfolgreiches und erfülltes Leben beträchtlich.

» ... Ich behaupte, und ich entferne mich damit sicher nicht zu weit von der Wahrheit, dass alle Kinder mit dem Angebot kommen, diese nichtrationalen Kommunikations- und Ausdrucksmittel zu nutzen, und dass alle Kinder über sie verfügen, dass wir diese aber zu wenig und wenn überhaupt dann zu spät fördern und sie auf Kosten der rationalen Sprache vernachlässigen oder gar unterdrücken. ... Und so müssen wir uns meist damit begnügen, uns mit dem relativ jämmerlichen Vehikel rationaler Sprachen verständlich zu machen.« (8)

In einer Zeit, in der schon in den Schulen Abkömmlinge verschiedenster Kulturen sich miteinander verständigen müssen, wird es höchste Zeit, Verständigung weiter zu fassen als das gesprochene oder geschriebene Wort. Es wird für Eltern und Lehrer immer wichtiger, mit Kindern und erst recht mit den Jugendlichen zu lernen, zu üben und zu fördern, was immer es ihnen möglich macht, sich in den jeweils anderen, sein Denken und Handeln hineinzuversetzen, um sich wechselseitig verstehen zu können und in der Gemeinschaft handlungsfähig zu werden. Denn diese Anforderung wird sich auch nach der Schule im späteren Berufsleben nicht ändern, sie wird sich eher noch verstärken. Je weniger das jemand beherrscht, desto mehr wird er am Rand stehen, je besser diese Fähigkeiten ausgebildet sind, desto erfolgreicher können die Jugendlichen und späteren Erwachsenen im Leben und im Beruf werden.

## Neurotransmitter – die wilden Reiterhorden im Gehirn

### Aufruhr, Glück und Beruhigung und der Reiz der Drogen

Im letzten Kapitel hatte ich schon die externen Stimulantien (heiße Mädchen und süße Jungs) angesprochen, die aus einem lust- und antriebslosen Teenager im Handumdrehen einen willigen und aktiven Teilnehmer am Weltgeschehen machen können. Doch es gibt auch noch die chemischen Botenstoffe des Nervensystems, Neurotransmitter genannt, die für die Stimulation von innen sorgen. Durch sie wird das Gehirn beispielsweise in Aufregung und einen Zustand der Wachheit versetzt, anschließend sorgen sie aber auch wieder für Beruhigung.

Hier interessiert uns davon vor allem eine Substanz: das Dopamin. Das hat zwei Gründe. Erstens, weil es scheint, dass Dopamin maßgeblich an der Auslösung von Lust- und Belohnungsgefühlen durch die Aktivierung komplexer Lust- und Belohnungsschaltkreise im Gehirn beteiligt ist. Man fühlt sich also gut bei dem, was man gerade tut, denkt, fühlt oder erlebt, wenn in und durch diese »Belohnungsschaltzentralen« verstärkt Dopamin ausgeschüttet wird. Dopamin könnte also möglicherweise Auskunft darüber geben, warum und wann Jugendliche bestimmte Handlungen als lustvoll und damit wiederholenswert empfinden. Besonders interessant sind dabei die Aktivitäten, bei denen sich Erwachsenen in schöner Regelmäßigkeit die Nackenhaare aufstellen.

Zweitens kann man mit Hilfe des Dopamins möglicherweise auch die erhöhte Risikobereitschaft der Jugend erklären. Denn es löst nicht nur Lust- und Belohnungsgefühle aus, sondern es ist auch eine Substanz, die wach macht gegenüber Neuem. Angesichts neuer und gefährlicher Herausforderungen wird ebenfalls vermehrt Dopamin ausgeschüttet, lediglich an anderen Stellen im Gehirn. Dort erregt es die Nervenzellen und erzeugt dadurch Spannung.

Dopamin weckt sozusagen auf und stimuliert, genauer hinzuschauen, was da auf einen zukommt. Erst durch diesen Weckruf im Hirn wird die aktive Neugier geweckt und die Beschäftigung mit dem Unbekannten ausgelöst. Sind alle Sinne gespitzt, kann man dann einzuschätzen versuchen, ob dieses Unbekannte gut oder schlecht, gefährlich oder hilfreich ist.

Zumindest gilt das für Menschen mit einem ausgereiften präfrontalen Kortex, also bei Erwachsenen. Bei Jugendlichen erhöht Dopamin zwar auch die Bereitschaft, sich auf neue, unbekannte, aufregende und auch gefährliche Erfahrungen einzulassen, doch leider ohne dass die Einsatzleitung in der Impulskontrolle, die Datenverarbeitungssysteme und die Leitungen der emotionalen Reizverarbeitungszentren bereits voll einsatzfähig wären.

Tierversuche deuten darauf hin, dass schon die Neigung zum Risiko weniger erworben als durch die Höhe der vermutlich individuell sehr unterschiedlichen Dopaminspiegel bedingt und damit angeboren sein könnte. Sie zeigen, dass die individuelle Risikobereitschaft mit der Höhe des persönlichen Dopaminspiegels zunimmt. Blockiert man beispielsweise bei Ratten die Produktion oder Ausschüttung des Dopamins, erlischt ihr Interesse an Neuem und Unbekanntem, das sonst sehr ausgeprägt ist, vollständig. Dopamin scheint also eine Substanz zu sein, die dafür sorgt, dass auch wir als Spezies Mensch und als Individuen nicht nur auf den ausgetretenen Pfaden bleiben, sondern uns stetig weiterentwickeln.

Im Laufe des Lebens ist es immer wieder notwendig, etwas zu riskieren und neue, mitunter noch unbekannte und auch gefahrvolle Wege zu gehen, um voranzukommen. Jeder macht solche Erfahrungen. So erfordert die Abnabelung von der väterlich-mütterlichen Geborgenheit der Kindheit in der Pubertät viel Mut, macht mitunter große Angst und ist für die Kinder ein gewaltiger Sprung ins Ungewisse. Und doch ist sie notwendig. Mutig seine Liebe einem anderen Menschen zu offenbaren, auch auf die Gefahr hin, dass man abgelehnt wird, ist ein weiteres Beispiel dafür.

Wir müssen diese und andere Risiken trotz aller damit verbundenen Ängste immer wieder eingehen, damit jeder Einzelne und die Menschheit als Ganzes überleben und Herausforderungen gemeinsam oder allein gemeistert werden können. Spätestens dann, wenn die eingefahrenen Wege und bewährten Lösungsmuster nicht mehr funktionieren, sind die Bereitschaft zum Risiko, der Mut zum Sprung ins Unbekannte, das Betreten neuer Wege unabdingbar, wenn man sich nicht aufgeben will. Das gilt natürlich in besonderem Maße für die Pubertät, wo ja nun fast nichts mehr in den gewohnten Bahnen verläuft.

Dopamin, das dabei hilft, indem es die Kids für die notwendigen mutigen und großen Schritte bereit macht, ist demnach keine ›schlechte‹ Substanz, sondern einer der Motoren von Entwicklung in der Pubertät. Wie bei vielem sind es auch hier das Maß und die Fähigkeit zur Abwägung von Risiken, die den entscheidenden Unterschied bei der Beurteilung der Frage machen, ob es sich um ein angemessenes, sinnvolles und vernünftiges Risiko handelt, das man mit Bedacht eingeht, oder um eine hirnlose Aktion, die sinnlos und gefährlich ist und einen Kopf und Kragen kosten kann. An dieser Stelle hapert es bei den Jugendlichen, weil die entsprechenden Hirnbereiche und funktionellen Verschaltungen noch nicht richtig funktionieren.

Gleichwohl sind wir alle als Menschen, wenn auch individuell und in jeder Altersstufe unterschiedlich, durch das Dopamin so eingestellt, dass uns neue Erfahrungen und auch das Eingehen von Risiken positiv stimulieren. Das gibt uns einen Kick. Wir sind in solchen Situationen auf der einen Seite ängstlich angesichts des Risikos und der Gefahr, andererseits fühlen wir uns aber auch außerordentlich lebendig. Individuell sind nur die sehr unterschiedlichen persönlichen Neigungen zum Eingehen von Risiken, die von gering bis sehr hoch reichen, die Ausprägung, inwieweit wir Gefahren möglicherweise sogar um ihrer selbst suchen oder ängstlich meiden, und das Verhalten im Angesicht von Gefahr und Risiko, das von hysterisch bis ganz ruhig reichen kann.

Linda Spear, Leiterin des psychologischen Institutes der State University of New York, ist bei ihren Forschungen mit Ratten der Frage nachgegangen, ob junge Tiere generell risikofreudiger sind als erwachsene Tiere. Das verblüffende Ergebnis: Anscheinend ist die Risikobereitschaft abhängig davon, wie beängstigend die Situation von den jugendlichen Ratten wahrgenommen wird. Ist eine Situation zu angsteinflößend, sind sie vorsichtiger als erwachsene Tiere, wird die Gefahr aber geringer eingeschätzt, verhalten sie sich mutiger. Generell sind jugendliche Ratten kontaktfreudiger und beschäftigen sich auch lieber mit neuen Dingen als die erwachsenen Artgenossen. Richtige Halbstarke eben ...

Diese teilweise höhere Risikobereitschaft der Teenager ist aus evolutionärer Sicht durchaus sinnvoll. Dadurch können sie auf zunächst noch ungefährlicherem Gebiet die Fähigkeiten entwickeln, die sie dann brauchen, um als körperlich starke und belastbare junge Erwachsene auch die gefährlichsten, riskantesten und damit auch ehrenvollsten Aufgaben für die Gemeinschaft übernehmen zu können.

Warum sind die Helden, die Heroen und weißen Ritter wohl immer jugendlich? Ältere Herrschaften wirken in dieser Pose trotz weißester Kleidung und schickstem Sportwagen immer leicht bemüht, wenn nicht lächerlich. Das ist eine Rolle, die den jungen Menschen – meistens den jungen Männern – vorbehalten ist, weil nur sie wahrhaft unvernünftig genug sind, sich in die größten Abenteuer zu werfen, wenn Ruhm, Liebe und Ehre winken. Der strahlende Ritter, der für seine Angebetete den furchtbaren feuerspeienden Drachen erlegt, gehört hierher.

Inwieweit die heutigen Lebensbedingungen und das Umfeld der Jugendlichen diesem natürlichen evolutionären Impuls Raum bieten, sich sinnvoll und konstruktiv zu entfalten, steht natürlich auf einem anderen Blatt. Doch würde ich auch den klassischen Ausspruch von Firmengründern um die dreißig darunter einordnen. Fragen Sie doch mal jemanden aus Ihrem Bekanntenkreis, der sich vor einigen Jahren selbstständig gemacht hat, ob er oder sie das noch mal machen würden. Mit ziemlicher Sicherheit bekommen Sie zu hören: »Wenn ich gewusst hätte, was da alles auf mich zukommt, ich hätte es mir dreimal überlegt.« Das Dopamin tut hier das Übrige, denn wenn wir zu viel überlegen, würden wir uns gar nicht bewegen. Und dann ginge auch nichts weiter.

Für Sie als Eltern und Begleiter ist es wichtig zu erkennen, dass das Bedürfnis der Jugendlichen nach Veränderungen, nach Experimenten, nach Risiken und Gefahren zunächst ein natürliches und wichtiges Bedürfnis ist, das dazu dient, Grenzen wie Möglichkeiten zu erkennen, einschätzen und mit ihnen umgehen zu lernen. Diese Fähigkeiten sind wichtig zu erlernen, um sich veränderten Bedingungen anpassen, Gefahren abwenden und in einer sich ständig verändernden Welt – auf Lebenszeit – einrichten und überleben zu können. Jede Generation muss diesen Schritt aufs Neue vollziehen, geht durch die gleichen Geburtswehen hindurch und muss ihren Platz aufs Neue erobern.

Sinnvollerweise unterstützen Sie Ihre Kinder dabei, diesen Impuls möglichst konstruktiv auszuleben. Dazu gehört auch, dass Sie sich selbst durch die Jugendlichen in Frage stellen lassen und das nicht als Majestätsbeleidigung oder Frechheit auffassen. Denn das ist kein persönlicher Angriff, auch wenn es für Sie so klingen sollte oder Sie es vordergründig so erleben. Die Jugendlichen wollen mit Ihnen, den Erwachsenen, um die tragfähigsten Perspektiven, um die zukunftsfähigsten Einstellungen und Haltungen ringen. Es ist die Aufgabe der Jugend, die Menschheit – evolutionär oder revolutionär – weiterzubringen. In ihnen steckt die Zukunft. Wenn Kinder die Hoffnung sind, sind Jugendliche die Energie und junge Erwachsene die Kraft, aus der die Zukunft zur – hoffentlich immer besseren – Gegenwart wird.

Unabhängig voneinander kommen viele Erwachsene, die mit Jugendlichen zu tun haben, durch Beobachtungen zu dem Schluss, dass es in ihnen etwas geben muss, das Gefahren mit einem besonders verlockenden Schimmer versieht. Das Verbotene, Gefährliche und Aufregende gewinnt oft trotz aller Ängste den innerjugendlichen Attraktivitätswettbewerb vor dem Erlaubten, Vernünftigen und Ungefährlichen und das in mehr als nur einer Kategorie. Denn in der Regel und wenn man ihnen die Entscheidung überlässt, wird nicht das, was vernünftiger ist, gemacht, sondern das, was attraktiver auf die Jugendlichen wirkt und aufregender zu sein verspricht – so hirnrissig dieses Verhalten den Erwachsenen auch erscheinen mag. Ron Dahl von der medizinischen Fakultät der University of Pittsburgh, der sich in seiner Arbeit ebenfalls mit der Risikobereitschaft und den damit zusammenhängenden Entscheidungsprozessen bei Jugendlichen beschäftigt, kommt zu dem Ergebnis, dass es »in ihrem Belohnungssystem etwas zu geben [scheint], das ihre Entscheidungen zugunsten des Aufregenden beeinflusst, selbst wenn es mit Gefahren verbunden ist« (10).

Natürlich lassen sich nicht alle Kinder und Jugendliche in einen Topf werfen, was ihr Risikoverhalten, die Freude an Gefahren und ihre Abenteuerlust angeht. Das weiß jeder, zumindest wer Tom Sawyer und Huckleberry Finn oder Pipi Langstrumpf gelesen hat.

Man nimmt an, dass Dopamin dafür verantwortlich ist. Die Forscher halten es für wahrscheinlich, dass es die individuellen Unterschiede im Dopaminspiegel, also in der Höhe der Dopaminkonzentration, sind, die für Risiken mehr oder weniger aufgeschlossen machen.

Die Dopaminkonzentration in den verschiedenen Gehirnregionen und die reizauslösenden Dopaminströme lassen sich jedoch bisher weder gezielt messen noch direkt beobachten. Es ist daher schwierig, genaue Angaben über die Menge an Dopamin im Gehirn eines bestimmten Jugendlichen zu machen und daraus Rückschlüsse auf dessen Risikoverhalten zu ziehen. Man ist darauf angewiesen, indirekt die Auswirkungen auf die örtliche Aktivität zu studieren.

Unterschiede beim Dopaminvorkommen und seiner Verteilung im Gehirn gibt es auch in Abhängigkeit zum Alter, wie Linda Spear herausfand. Allgemein sinkt der Dopaminspiegel, nachdem er in der Kindheit seinen Spitzenwert erreichte, über die Lebensjahre allmählich ab. In der Jugend nimmt er aber in einem Bereich deutlich zu: Im präfrontalen Kortex, dem vorderen Gehirnlappen, dort wo vorausgeplant wird, Impulse kontrolliert und gesteuert werden und ganz allgemein gesprochen »vernünftig« gehandelt wird.

Im präfrontalen Kortex unterstützt und ermöglicht Dopamin die Ausbildung von Verknüpfungen, die das Erkennen von Neuem, das Beurteilen seiner Wichtigkeit und Bedeutung und schnelles Handeln als Antwort auf diesen Reiz ermöglichen. Dopamin sorgt also bei Jugendlichen für qualitatives Wachstum, wenn es um die Beurteilung und Planung wie auch das Abwägen von Impulsen geht. Hier wirkt die Substanz als Wachmacher. In der Jugend hilft Dopamin also mit, dass sich die Werkzeuge für schnelle, vernünftige, bedachte und verantwortliche Entscheidungen optimal und fertig ausbilden können.

Das ist toll und wird Sie als Eltern freuen, hat aber leider auch einen Haken. Denn die Dopaminmenge im Körper wird insgesamt nicht größer, sie verteilt sich bloß anders. Steigt der Dopaminspiegel an einer Stelle, sinkt er in anderen Bereichen ab. Bei Jugendlichen insbesondere dort, wo das Dopamin in die Belohnungsschaltkreise eingebunden ist und dafür sorgt, dass wir uns gut fühlen bei dem, was wir tun und erleben. Möglicherweise erleben Jugendliche das Wohlgefühl bei Aktivität, das durch Dopamin bei ihnen ausgelöst wird, als nicht so stark wie später als Erwachsene oder auch vorher noch als Kinder.

Brauchen sie deshalb stärkere Reize, um motiviert zu werden und ein gleich starkes Wohlgefühl wie Jüngere oder Ältere zu erleben? Das könnte erklären, warum Jugendliche oft so apathisch und antriebsarm wirken. Hier greift nochmals die Forderung nach einem jugendgerechten Lernumfeld, das konkrete Erfahrungen und starke Erlebnisse als Lernhilfen einsetzt.

Und noch eine weitere Frage ist berechtigt: Liegt an dieser Stelle auch eine der Ursachen zur größeren Bereitschaft Jugendlicher, mit Drogen zu experimentieren? Versuchen sie damit dem Dopaminabfall in ihren Belohnungszentren entgegenzuwirken? Weil sie es allgemein schwerer haben, einen Dopaminkick auf natürlichem Weg zu bekommen, um sich gut zu fühlen?

Ergebnisse aus Tierversuchen weisen tatsächlich auf einen direkten Zusammenhang zwischen Drogen und Dopamin hin. Eine große Zahl gängiger Drogen – so Kokain, Heroin, Nikotin, Alkohol, Amphetamine und bis zu einem gewissen Grad auch Marihuana – lassen den Dopaminspiegel in den Belohnungszentren des Gehirns ansteigen, indem sie entweder die vermehrte Ausschüttung der Substanz anregen oder deren Verweildauer erhöhen.

Der Grund dafür, sich zu betrinken, Haschisch zu rauchen, Ecstasy oder eine der anderen Drogen zu nehmen, liegt in unserem Kulturkreis fast immer darin, dass man sich schlicht besser fühlen möchte. Besser als vorher, besser als die Nachbarn, besser als alle anderen, besser als ohne Drogen. Auch wenn das durch alle möglichen Erlebnisse in der Wahrnehmung des Konsumenten überlagert werden mag, auf Nachfragen der Drogenkonsum vielleicht sogar bis zum religiösen Erlebnis stilisiert wird. So geht es doch immer darum, dass Drogen den Konsumenten zunächst für die Dauer, in der die Wirkung anhält, durch teils massiven Dopaminausstoß belohnen und dadurch dafür sorgen, dass sich die Konsumenten wirklich besser fühlen.

Zumindest ist das die Erwartungshaltung, die möglicherweise sehr lange von den persönlichen Erfahrungen des Konsumenten unterstützt wird, so lange bis mögliche andere, negative Erlebnisse das in Frage stellen. Mancher kann jahrelang reichlich und oft Alkohol trinken, ohne jemanden zu überfahren oder Symptome von Abhängigkeit zu entwickeln. Andere rauchen jahre- oder jahrzehntelang exzessiv Haschisch, ohne psychotische Symptome zu entwickeln, und fühlen sich einfach nur gut, wenn sie sich ihren Joint anzünden.

Doch Drogenkonsum liefert die Jugendlichen als instabile Werdewesen, die sie nun mal sind, einer Achterbahnfahrt der Gefühle aus, die ihnen kaum helfen dürfte, die Pubertät besser zu überstehen. Im Gegenteil. Schon das Wort Drogenkonsum ist pervers. Denn die Einwirkung von Drogen auf das Gehirn ist so massiv, dass frühere Kulturen die meisten Drogen in einen zeremoniellen Rahmen eingebunden haben, soweit sie um deren Macht wussten. Sie wären bestimmt nicht auf die Idee gekommen, sie pickligen Teenagern als Highlight und kleinen Kick zwischendurch in die Hand zu drücken.

Drogen können auch deswegen so dramatische Wirkungen auslösen, weil das durch die Einnahme der Drogen verstärkt ausgeschüttete Dopamin die Dopaminrezeptoren – also die Empfängerzellen, an die das Dopamin andockt und wo es seine Wohlfühlwirkung loswird – durch Massenbeschuss dramatisch überreizt. Drogen bieten eben den Vorschlaghammer statt das Florett, sie trocknen die Wäsche mit dem Flammenwerfer, statt sie auf der Wäschespinne in der Sonne trocknen zu lassen. Dieser Überreizung durch Massenbeschuss versucht das Gehirn entgegenzuwirken, indem es die Anzahl der Dopaminempfangszellen vermindert. Dadurch stumpft das Gehirn ab.

Diese Reaktion ist möglicherweise für das emotionale Loch mitverantwortlich, das unterschiedlich stark, aber bei allen Drogen mit dem Abklingen der Drogenwirkung auftritt.

Eine Beobachtung, die jeder bei einem Konsumenten oder sich selbst nach Abklingen des Rausches machen kann, sei es bei Alkohol (Kater) oder Haschisch (Apathie), bei LSD oder Ecstasy oder noch dramatischer bei Heroin, Morphium u. ä. Die Abstumpfung des Gehirns durch den Abbau von Dopaminrezeptoren könnte auch mit ein Grund dafür sein, dass beim nächsten Mal der Reiz und damit die Dosis stärker sein müssen, um eine gleiche oder ähnliche Stimulation zu erleben. Der Dopaminausstoß muss also das nächste Mal wegen der verminderten Zahl an Empfangsstationen deutlich massiver sein, nur um nochmal ein ähnlich gutes Gefühl hervorrufen zu können. So wird auch verständlich, worin der Reiz liegt, die Drogenerfahrung zu wiederholen: Man möchte unter anderem den Dopamin-Kick, der beim ersten Mal so angenehm war, wieder erleben.

Drogenerfahrungen stumpfen allerdings auch gegenüber den üblichen und »normalen« Reizen ab, die ja ebenso auf das Dopamin bauen, um ein Wohlgefühl auszulösen und zur Wiederholung zu stimulieren. Wenn ohnehin schon weniger Dopamin vorhanden ist, weil es in der Pubertät verstärkt im präfrontalen Kortex gebraucht wird, und zusätzlich durch die Wirkung der Drogen Dopaminrezeptoren abgebaut werden, um das System vor Überlastung zu schützen, wird es noch schwieriger als ohnehin schon, die Jugendlichen mit alltäglichen Beschäftigungen, auch wenn sie ihnen früher vielleicht Spaß gemacht haben sollten, hinter dem Ofen hervorzulocken.

Jeder, der bei anderen Jugendlichen oder bei sich selbst in dem Alter erlebt hat, wie durch Haschischkonsum die Antriebskräfte deutlich erlahmen und einer obercoolen Wurscht-egal-Haltung Platz machen, weiß, was ich meine. Dagegen gibt es viele erwachsene Haschischkonsumenten, die nicht nur regelmäßig die Droge konsumieren, sondern dazu auch noch sehr aktiv sind und äußerst erfolgreich im Beruf. Drogen gehören eben nicht und keinesfalls und nie in die Hände von Kindern und Jugendlichen, solange Körper, Seele und Hirn nicht richtig ausgereift sind.

Es ist schon eine explosive und brisante Mischung, mit der Drogen die Jugendlichen verlocken können. Alles, was neu und aufregend und auch gefährlich ist (ein wenig zumindest), zieht sie magisch an, wie wir gesehen haben. Denn ihr Gehirn belohnt sie durch vermehrte Dopaminausschüttung dafür, dass sie sich mit neuen Erfahrungen beschäftigen, die mit dem Nimbus des Geheimnisvollen und Verbotenen umgeben sind. Das macht sie wach. Dann probieren sie die Droge und werden wiederum mit massiv vermehrter Dopaminausschüttung auch dafür belohnt. Entweder erleben sie einen stärkeren oder einen anderen Reiz oder Kick, als sie ihn kennen, und/oder das Dopamin verweilt länger und hält die Jugendlichen länger in diesem emotionalen Hoch.

Um den Schlamassel komplett zu machen, nimmt anschließend der Reiz von alltäglicheren Handlungen oder Hobbys, durch die sie sich vorher stimuliert fühlten, ab, weil die Dopaminrezeptoren aufgrund der Überreizung durch die Droge drastisch reduziert wurden. Es mag zwar die gleiche Menge Dopamin vorhanden sein wie vorher, aber es findet weniger Häfen, in denen es einlaufen und seine Wohlfühlladung loswerden kann. Jugendliche brauchen also nach dem High wesentlich stärkere Reize, um das gleiche Gutfühlen zu erreichen. Und woher kommen die … ? Richtig, in der Regel wieder von den Drogen.

Es gibt natürlich auch Jugendliche, die sich alternativ oder ergänzend stimulierenden Sportarten wie Motorrennen, Fallschirmspringen,

Klettern, Snowboarden, Skaten oder Bungeejumpen u. a. zuwenden, weil sich auch das massiv auf die Ausschüttung von Neurotransmittern auswirkt, und damit für einen erwünschten Kick sorgen kann.

Man vermutet auch im Zusammenhang mit Drogen einen direkten Zusammenhang zwischen dem wahrscheinlich sehr unterschiedlichen individuellen und natürlichen Dopaminspiegel und der Bereitschaft, sich mit Drogen intensiver zu befassen. Je höher der persönliche Dopaminspiegel ist, um sogrößer, nimmt man an, ist auch die Bereitschaft, mit Drogen zu experimentieren. Offensichtlich, darauf deuten Forschungsergebnisse hin, gibt es da einen Zusammenhang.

Man muss angesichts der Brisanz dieser Erkenntnisse kein Prophet sein, um vorauszusagen, dass in den nächsten Jahren erste Präparate auf den Markt kommen werden, die versprechen, Probleme mit besonders risikofreudigen Jugendlichen medikamentös durch Dämpfung des Dopaminspiegels und/oder Hemmung der Ausschüttung des Neurotransmitters zu beheben. Die Pharmaindustrie hat selten Skrupel, wenn Gewinne locken, und Medikamente sind allemal eleganter als die Amputation einzelner Hirnbereiche. Doch die Wirkung kann ähnlich verheerend sein. Denn wer nicht lernt, persönliche Risiken zu erkennen und einzuschätzen, weil er medikamentös gedämpft wurde und diesen Impuls der Erkundung in der Pubertät unterdrückt hat, ist vielen Gefahren, die das weitere Leben bringt, weitgehend schutzlos ausgesetzt. Ihm fehlt das persönliche Instrumentarium, mit ihnen angemessen umzugehen.

Besser ist es, nicht nur besonders abenteuerlustige Kinder von klein auf an reale Abenteuer heranzuführen, etwa mit ihnen ein Baumhaus oder ein Floß zu bauen, ihnen die Natur als natürlichen Abenteuerspielplatz nahe zu bringen oder eines der Angebote der Ferienanbieter im Anhang zu nutzen, statt sie zu zwingen, im Urlaub nur am Strand zu liegen, oder sie vor dem Fernseher ruhig zu stellen. Auf diese und ähnliche Weise kann man ihnen einen lebendigen und spielerischen und aktiven Zugang zum Leben eröffnen. Jugendliche, die den Unterschied zwischen synthetischen und realen Abenteuern kennen, werden weniger geneigt sein, Drogen zu verfallen, weil sie Lebensfreude von Breitsein unterscheiden können. Weniger Gameboy und Fernsehen, dafür mehr phantasie- und fähigkeitsanregende Spiele, so sollte die generelle Devise lauten.

Ganz wichtig ist es, neben der liebevollen Zuwendung und Beschäftigung mit den Kindern, von klein auf jedem Jungen und jedem Mädchen immer und immer wieder Anerkennung und Ermutigung für ihre jeweiligen Fähigkeiten zu vermitteln und sie das auch wirklich spüren zu lassen. Denn die und auch ganz besondere und spezielle Fähigkeiten hat jeder – wenn Sie mir nicht glauben oder Sie das bisher nicht so gesehen haben, dann schauen Sie einfach etwas länger und sorgfältiger hin, und sie werden auch Ihnen irgendwann ins Auge fallen.

Etwas vereinfachend, weil es ein sehr komplexes und kein einfaches Thema ist, kann man sagen, die Familien, die Eltern und die Lehrer sind sozusagen die Dopaminspender der frühen Jahre. Hier werden die Grundlagen dafür gelegt, ob die Jugendlichen sich liebenswert, anerkennungswürdig und belohnenswert fühlen und ihr Leben lieben und es feiern wollen. Oder ob sie sich als Kids nichts zutrauen, sich für nichtswürdig und dumm halten und sich selbst dafür hassen und bestrafen wollen. In so einer Dunkelheit und Selbstverirrung kommen Drogen, besonders die ganz harten Hämmer mit dem größten Suchtpotenzial, natürlich gerade recht. Sie versprechen, einen in den Himmel synthetischer Glückseligkeit zu schießen und halten anschließend die Hölle auf Erden bereit. Sie ermöglichen es den Konsumenten, sich gleichzeitig ihre Glücksehnsucht und den Wunsch nach Selbstbestrafung auf eine selbstzerstörerische Weise zu erfüllen.

Drogen haben also nicht, keinesfalls und nie, weder in den Händen von Kindern noch von Jugendlichen etwas zu suchen. Nichtsdestotrotz gehören Drogen heute zum gesellschaftlichen Umfeld bei Jugendlichen, teilweise sogar schon bei Kindern. Jugendliche in unserer Kultur und Gesellschaft, die so widersprüchlich und verlogen mit dem Thema umgeht, ganz von Drogen fern halten zu wollen, wird deshalb kaum gelingen. Dazu sind sie viel zu allgegenwärtig.

Aber es gibt ja, Gott sei Dank, wenn Sie so wollen, große Unterschiede in der Gefährlichkeit und Wirkung von Drogen. Während Heroin oder Morphium beim ersten Kontakt via Nadel süchtig machen können, auf jeden Fall aber sehr schnell zu Abhängigkeit und Sucht führen, ist bei Alkohol schon etwas längerer exzessiver Gebrauch notwendig, um zur Sucht zu führen. Nichtsdestotrotz gibt es nicht wenige Jugendliche, die mit achtzehn und früher bereits alkoholabhängig sind. Das fällt oft nur nicht so auf, weil Alkohol eine akzeptierte Droge ist.

Deswegen werden Sie nicht umhin kommen, sich mit dem Thema zu beschäftigen. Tun Sie es zeitig, dann sind Sie vorbereitet, und warten Sie nicht und hoffen, dass der Kelch an Ihnen vorübergeht. Dass Ihr Kind einige Bier trinkt oder einen Joint raucht, ist noch keine Katastrophe. Schwierig wird es erst, wenn mehrere Faktoren zusammenkommen.

Einer der kritischen Faktoren ist, wenn die Eltern in Panik geraten, weil sie keine Ahnung von der Materie haben. Sie haben sich noch nicht richtig und gründlich über das Thema informiert und legen den Kindern stattdessen Szenen und Ausbrüche hin, die sich gewaschen haben. Damit sorgen Sie als Eltern vor allem für eines: Sie werden sich den Zugang zu Ihren Kindern an diesem sensiblen Punkt nachhaltig verbauen, statt ihnen ein helfendes Gegenüber zu sein. Sie werden nicht ernst genommen. Daran wird auch Zimmerarrest nichts ändern.

Das heißt, wenn Sie sich nicht informieren, wird Ihnen die Situation aller Wahrscheinlichkeit nach entgleiten. Die Gefahr jedenfalls ist groß. Also besorgen Sie sich Literatur zu dem Thema (einige Titel finden Sie im Anhang), gehen Sie zu Drogenberatungsstellen (Anlaufstellen ebenfalls im Anhang), bevor das Thema aktuell wird, und lassen Sie sich beraten, was Sie im Vorfeld und, falls es dazu kommen sollte, in unmittelbarer Reaktion darauf tun können. Das macht Sie ruhiger und versetzt Sie in die Lage, angemessen, gut informiert und nicht panisch mit der jeweiligen Situation umgehen zu können.

Die Wirkungen, die alle Drogen (also auch Kaffee, Schokolade, Tabletten, Zigaretten und Tee) auf die Entwicklung haben können, sind sehr, sehr unterschiedlich. Ihre Auswirkungen reichen von mild bis dramatisch. Also werfen Sie bitte nicht alle Drogen in einen Topf, damit machen Sie diese in den Augen der Jugendlichen nur interessanter. Denn schließlich ist das Verbotene immer schöner.

Die sicherste Methode, ein Lied zum Hit zu machen, ist, es für jugendgefährdend zu erklären und auf den Radio- und Fernsehstationen nicht zu spielen. Besseres kann einem als Musiker nicht passieren. Seien Sie im Umgang mit Drogen also besonnen, und – noch einmal – informieren Sie sich gründlich, bevor das Thema aktuell wird. Bleiben Sie fair und sachlich in der Auseinandersetzung.

Auch Sie nehmen Drogen – jeden Tag. Sie werden wahrscheinlich Ihren Kaffee am Morgen nicht missen wollen, ich bekomme Zittern und

Schweißausbrüche, wenn ich nur an einem nippe. Deswegen gönne ich Ihnen trotzdem Ihren Spaß und werde Sie nicht verdammen, weil Sie sich diesem Laster hingeben. Denn ein bisschen Laster, ein bisschen Rausch gehören zum Leben auch dazu, nicht wahr? Sind es nicht auch der Überschwang und die Unvernunft der Jugend, die uns im Rückblick, wenn wir sie erleben durften, diese Zeit wie verzaubert und wunderbar erscheinen lassen? Es ist wie bei allem eben auch beim Rausch eine Frage des Maßes.

Zum Schluss noch eine gute Nachricht: Ihren Beitrag zur Entwicklung Jugendlicher dürfte auch die Auswahl der Neuronen (sie erzeugen die Neurotransmitter) leisten, die im Laufe der Pubertät bevorzugt abgebaut werden. Offenbar verschwinden diejenigen Verknüpfungen, die im Gehirn anregende und aufputschende Substanzen erzeugen, in weit größerem Maße, als solche, die beruhigende produzieren. Die beruhigenden Neurotransmitter bekommen also gegenüber den aufputschenden nach und nach ein stärkeres Gewicht.

Die Wissenschaftler vermuten deshalb, dass sich das Gehirn nach der anfänglich großen Aufregung in der Pubertät in ihrem Verlauf allmählich und auf eine ganz grundsätzliche Weise von selbst wieder beruhigt. Das Gehirn stabilisiert sich, die Jugendlichen werden ruhiger und vernünftiger, der Dopaminspiegel in den Belohnungszentren normalisiert sich, und der Reiz der Drogen nimmt ab.

Das ist dann der Zeitpunkt, an dem Ihnen Ihr Sohn, mittlerweile erwachsener, beruhigend auf die Schulter klopft und zu Ihnen sagt: »Nun komm mal runter, Mama, setz Dich hin und atme tief durch. Das kriegen wir alles schon gebacken. Kein Grund sich so aufzuregen. Der spinnt halt. Soll ich mal mit dem Brüderchen ein paar Worte reden?«

# Gute Nacht, die Schule beginnt

## Der verwirrte Schlaf der Jugendlichen

Und was tun die Jugendlichen, um sich von den Strapazen des Erwachsenwerdens zu erholen und neue Kräfte für den nächsten Tag voller schulischer oder beruflicher Anforderungen und aufwühlender Erlebnisse zu sammeln? Genau, sie schlafen. Sollten sie zumindest, und nicht bis in die Puppen wach bleiben, und dafür dann am Morgen nicht aus den Federn kommen …

Waren die Kinder, als sie noch kleiner waren, in der Früh kaum zu bremsen und haben auch am Wochenende manchen süßen Traum der Eltern vom Einmal-länger-Ausschlafen gnadenlos und fröhlich mit ihrer Aktivität zerplatzen lassen, bekommt man sie jetzt morgens kaum noch aus dem Bett. Lässt man sie jetzt am Wochenende schlafen, so lange sie wollen, erscheinen sie erst mittags oder nachmittags verschlafen zum Frühstück und bringen kaum ein Wort heraus. Mit der Fröhlichkeit ist es auch nicht mehr so weit her. Man kann schon froh sein, wenn man ein genuscheltes »Morn« zu hören bekommt. Die Euphorie ob dieses Gefühlsausbruchs wird aber meist gleich wieder durch motivierende Sätze wie »Müsst ihr einen denn schon immer morgens nerven, ihr habt doch noch den ganzen Tag Zeit dafür« zunichte gemacht.

Warum gehen sie dann abends nicht endlich mal früher schlafen, sondern hocken ewig vorm Computer, surfen im Internet, telefonieren, schauen fern, lesen, machen Party – eben alles außer schlafen? Ich glaube, es beruhigt Eltern nicht wirklich, wenn sie wissen, dass ihre Kinder den versäumten Schlaf in der Schule nachholen, wie vielen von ihnen von Lehrerseite immer wieder versichert wird. Doch dass ihre Kinder damit nicht alleine stehen, zeigt ein Blick in die pubertierenden Klassenzimmer oder, falls nicht aus erziehungstaktischen Gründen verdrängt, die Erinnerung an die eigene Schulzeit … Irgendetwas ist also faul im Reich des Schlummers, seit die ehemals süßen Kleinen zu Pubertierlingen geworden sind.

Die ermittelnden Kommissare in der Welt des Schlafes, die Schlafforscher, stimmen darin überein, dass die Menschen generell, je älter sie werden, desto weniger Schlaf benötigen. Das kennt jeder: Babys schlafen fast den größten Teil des Tages, Erwachsene kommen mit deutlich weniger aus, und alte Menschen sprechen oft davon, dass sie jetzt noch viel weniger schlafen müssen als früher, ihr Mittagsschläfchen mitgerechnet.

Doch bei Kindern und Jugendlichen im Alter zwischen dem achten, neunten, zehnten bis etwa zum zwanzigsten Lebensjahr scheint diese Regel, dass man beim Älterwerden weniger Schlaf benötigt als zuvor, außer Kraft gesetzt zu sein.

Das verwundert nicht, denn nicht nur im Kopf, sondern auch körperlich haben sie schließlich jede Menge zu verarbeiten. Nach allem, was ich bisher schon über den gewaltigen Umbau im Gehirn und dessen Auswirkungen erzählt habe, ist es doch verständlich, wenn die Jugendlichen ein größeres Schlafbedürfnis haben, um die Flut an Eindrücken und Veränderungen, die über sie hereinbrechen, zusätzlich zu den schulischen oder beruflichen Anforderungen verdauen zu können – und dass dem so ist, wissen die Eltern und konnten auch die Schlafforscher in ihren Labors belegen.

Mary Carskadon, Forschungsdirektorin für Chronobiologie und Schlafforschung am E. P. Bradley Hospital hat in einer Reihe von Untersuchungen das Schlafverhalten von Jugendlichen beobachtet. Sie sieht mit einiger Besorgnis, dass die meisten Jugendlichen Tag für Tag wesentlich weniger schlafen, als sie müssten, um ihre Batterien wieder aufzuladen.

»In unseren Übersichten und unseren Feldstudien sehen wir, dass Teenager in Schulnächten im Durchschnitt siebeneinhalb Stunden Schlaf pro Nacht bekommen. Und tatsächlich bekommt ein Viertel der Kids sechseinhalb Stunden Schlaf oder weniger ... «, fasst sie die Ergebnisse der Untersuchungen zusammen. »Wenn Sie das in Verbindung setzen zu dem, was sie bräuchten, um optimal wach zu sein – das sind neuneinviertel Stunden Schlaf –, dann ist es klar, dass sie riesige Schlafdefizite aufbauen, Nacht für Nacht für Nacht.« (11)

Und dieser Schlafmangel hat Auswirkungen sowohl auf das Lernverhalten als auch auf das Wohlbefinden. Es ist nicht wirklich cool, zu wenig Schlaf zu bekommen und dabei noch ständig Lern-, Stress- und Prüfungssituationen ausgesetzt zu sein. Zum einen werden dadurch die

Fähigkeiten, diesen Herausforderungen erfolgreich zu begegnen, erheblich beeinträchtigt. Die Jugendlichen können im Unterricht nicht folgen, die Noten werden schlechter, der Frust steigt.

Zusätzlich werden sie durch den Schlafmangel noch empfindlicher und sind noch leichter aus dem Gleichgewicht zu bringen als ohnehin schon. Die Kids fühlen sich grässlich, und die Kombination aus Schlafmangel und Stress lässt sie nicht nur alt aussehen, sondern sich auch alt und müde fühlen. Und es deprimiert sie. Sie werden trauriger und hoffnungsloser, wenn sie zu wenig Schlaf bekommen, und haben eine deutlich weniger positive Einstellung zu ihrem Leben, wie die Tests ergeben haben. Sie fühlen sich also nicht super cool mit zu wenig Schlaf, sondern wie durch die Mangel gedreht.

Bei etwa der Hälfte der Jugendlichen, die Mary Carskadon in ihren Labors untersuchte, ist dieser Schlafmangel so ausgeprägt, dass sie die gleichen Symptome aufweisen wie Patienten mit Narkolepsie, einer ernsthaften Erkrankung und Störung des natürlichen Schlafverhaltens. Die Psychologin Amy Wolfson vom Holy Cross Hospital in Worcester hat in einer Reihe von Studien zusammen mit Mary Carskadon beobachtet, dass Jugendliche mit weniger als neun Stunden Nachtschlaf jede Gelegenheit am Vormittag zum Schlafen nutzen und meistens sofort in Tiefschlaf fallen. Dieses Verhalten bringt man allgemein mit schwerem Schlafentzug in Verbindung.

Die Folgen von zu wenig Schlaf hat jeder schon mal am eigenen Leib erlebt. Aber bei Teenagern hat der Schlafmangel besondere Auswirkungen. Nicht nur, weil schlafende Teenager im Unterricht ein ständiger Anlass des Ärgers für die Lehrer sind, auch wenn sie nicht schnarchen sollten. Sie können natürlich nicht viel vom Unterricht mitbekommen, wenn sie schlafen. Und das tun sie in der Regel gerade da, wo es besonders auf ihre Aufmerksamkeit ankäme: in den naturwissenschaftlichen Fächern wie Mathe, Physik und Chemie.

Einige entwickeln sogar eine beachtliche Meisterschaft darin, mit offenen Augen zu schlafen, damit es nicht so auffällt. Könner schaffen es sogar, Teile des Gehirns beim Schlafen wach zu halten, um auf die Nennung ihres Namens zu reagieren und schnell aufwachen zu können. Ein Verhalten, dass man auch von Delfinen kennt, bei denen immer nur die eine Hälfte des Gehirns schläft. Die andere steuert das Tier während des Schlafes zum Atmen an die Wasseroberfläche. Obwohl diese Technik bei anderen Jugendlichen höchste Bewunderung auslösen kann, verbessert das weder ihre Kenntnisse noch ihre Noten. Nüchtern festgestellt, beeinträchtigt der Schlafmangel ihre Handlungs- und Reaktionsfähigkeit erheblich und wirkt sich negativ auf ihr ohnehin labiles emotionales Gleichgewicht aus.

»Nun«, schließt Mary Carskadon, »die Teenager sind wirklich wie in eine Art graue Wolke gepackt, wenn sie nicht genug Schlaf haben. Das beeinträchtigt sowohl ihre Stimmung wie ihre Fähigkeit zu denken als auch ihre Fähigkeiten, etwas angemessen auszuführen und passend [auf etwas] reagieren zu können.« (11)

Ich habe auch noch keine Jugendlichen am Morgen erlebt, die mir strahlend erzählt hätten, wie wenig sie geschlafen hätten. Ihre positive Einstellung dem Leben gegenüber beschränkt sich um diese Zeit meistens darauf, froh zu sein, wenn sie von den Erwachsenen in Ruhe gelassen werden.

Abends können sie einem dann aber spritzige und engagierte Vorträge darüber halten, wie gut sie mit wenig Schlaf auskommen und dass es deshalb mehr als in Ordnung ist, wenn sie auf diese Party gehen, welches die wichtigste überhaupt in ihrem Leben ist, und dass es am nächsten Morgen ein lachendes und ausgeschlafenes Gesicht am geselligen Frühstückstisch geben wird, das fröhlich in die Schule zieht und nur Einsen mit nach Hause bringt. Schließlich sind sie keine Kinder mehr und wissen selbst sehr gut, was sie brauchen. Wie kann man nur daran zweifeln? Vielleicht, weil man Augen im Kopf hat und die auch benutzt?

Die Frage, warum die Jugendlichen dann abends nicht früher müde werden und zeitiger ins Bett gehen, ist damit aber immer noch nicht beantwortet.

Normalerweise, sehr vereinfacht gesagt, werden Menschen munter, wenn es hell, und müde, wenn es dunkel wird. Zusammen mit ihren jeweiligen Lebensbedingungen bilden sich dadurch an ihre jeweilige Umwelt angepasste Schlafgewohnheiten heraus, die bestimmen, wann es leichter ist, einzuschlafen, und wann dies schwerer bis unmöglich wird.

Tests, die Mary Caskardon im Schlaflabor durchführte, brachten nun Gewissheit: Unabhängig von ihrem Umfeld und von ihrem möglicherweise besten Willen kommen die Jugendlichen abends kaum ins Bett und haben morgens eine verdammt harte Zeit mit dem Aufstehen. Sie entdeckte, dass die biologische Uhr bei den Jugendlichen anders tickt, wodurch sich ihre Schlafphasen deutlich nach hinten verschieben.

Normalerweise ist der Eintritt der Dunkelheit ein Signal für das Gehirn, dass die Schlafenszeit näher kommt. Bei Einbruch der Dunkelheit wird ein Stoff namens Melatonin von der Zirbeldrüse im Gehirn ausgeschüttet und macht uns müde.

Bei Jugendlichen jedoch ist dessen Ausschüttung um mehrere Stunden auf zehn, halb elf Uhr abends verschoben. Morgens bleibt das müde machende Melatonin bei ihnen dann länger im körpereigenen Umlauf, weswegen sie Probleme mit dem Aufstehen und Wachwerden haben.

Bezeichnenderweise findet Melatonin auch dort als Droge Verwendung, wo es um die Bewältigung von Zeitverschiebungen und den damit verbundenen Schlafschwierigkeiten als Folgen des Jetlags bei Flügen in andere Zeitzonen geht.

Der für Teenager zu frühe Schulbeginn trägt also ordentlich dazu bei, dass die schulischen Leistungen nicht so sind, wie sie sein könnten. Er sorgt dafür, dass die Kids schön müde sind, wenn sie in die Schule kommen, und dass sie den Tag frustriert und gestresst beginnen. Er stellt sicher, dass sie bestimmt in den ersten ein bis zwei Stunden kaum etwas lernen.

Ist das sinnvoll? Oder sollten Eltern und Schule nach Pisa den Schlaf nicht etwas mehr in den Mittelpunkt ihrer Überlegungen für einen optimalen Schulalltag mit optimalen Ergebnissen rücken und möglicherweise die Schule erst um neun beginnen lassen? Ich hör die Kids schon jubeln, sollten sie das lesen. Doch lassen Sie sich davon nicht irritieren. Denn nicht alles, was Jugendliche gut finden, muss automatisch auch schlecht für sie sein ...

Warum nicht einmal darüber nachdenken, ob es nicht sinnvoller ist, den Schultag, wenn er schon um acht beginnen soll, mit etwas zu starten, was die Jugendlichen, ihren Geist und ihren Körper aufweckt, wach und bereit macht fürs Lernen? Es muss ja nicht Frühsport sein, wenn Sie dabei an den braunen Adolf oder den roten Erich denken müssen. Aber wie wäre es denn morgens mit einer halben Stunde ruhiger, konzentrierender und aktivierender Bewegungsübungen, die viele Kids in ihrer Freizeit ohnehin freiwillig und mit Begeisterung in Kampfsportclubs trainieren? Macht es wirklich Sinn, Sport am Nachmittag anzubieten, statt etwas entspannter und zielführender am Morgen?

»Schlaf-Lernen ist nicht wirklich etwas, das funktioniert«, gibt Mary Carskadon zu bedenken. »Und deshalb, wenn Sie hinausgehen und einen Klassenraum mit Teenagern sehen, die schlafen, dann lernen die nicht.« (11)

Es gibt noch eine andere Seite der Medaille in Bezug auf das Schlafen. Wir gehen im Schlaf durch verschiedene Phasen, in denen wir das, was wir am Tag erlebt haben, weiterverarbeiten.

Ein Beispiel dafür, das jeder aus eigener Erfahrung kennt, ist, wenn ein Thema, welches einen tagsüber sehr beschäftigt hat, im Traum wieder auftaucht und sich die Auseinandersetzung damit direkt oder auch sinnbildlich verschlüsselt im Traumreich weiter fortsetzt. Oder Sie kennen das vielleicht auch von Haustieren wie Hund oder Katze: die Maus, die gefangen wurde, oder die Jagd über den Hügel werden noch einmal mit zuckenden Pfoten und Fiepen, Wuffen oder ähnlichen Ausdrücken emotionaler Erregung erlebt, sobald die Tiere eingeschlafen sind. Ähnliches gilt auch für das menschliche Lernen, obwohl wir abends im Gegensatz zu Hund und Katze unser Fell ausziehen können.

Aufgaben, bei denen in erster Linie motorische Geschicklichkeit zur Bewältigung erforderlich sind, wie das beispielsweise beim Erwerb handwerklicher Fertigkeiten in einer Ausbildung der Fall ist, werden nach Erkenntnissen von Carlyle Smith, Professor der Psychologie an der kanadischen Trent Universität, in der so genannten (Schlaf-)Stufe 2 (von insgesamt vier) noch einmal durchgegangen. Stört man die Menschen in dieser Phase des Schlafes oder verhindert, dass sie genug davon bekommen, wirkt sich das negativ auf die Lernerfolge aus. Sie machen langsamere und geringere Fortschritte als diejenigen, die in Stufe 2 ausreichend und ungestört schlafen konnten.

Noch dramatischer sind die Auswirkungen beim Erlernen und Bewältigen von Aufgaben, die geistige Arbeit erfordern, wie das in der Schule meist der Fall ist. Die Nachbearbeitung erfolgt hier jedoch nicht in Stufe 2, sondern in der REM-Phase. REM steht für Rapid Eye Movement, eine während des Schlafes mehrmals auftretende Traumphase, die durch schnelle Augenbewegungen erkennbar ist.

Konnten die Versuchspersonen insgesamt während des Schlafes nicht lange genug REM-schlummern – sie kamen auf etwa 44 Minuten, was eindeutig nicht genug ist –, zeigten sie dramatische Leistungseinbrüche beim Verarbeiten des tagsüber Erlernten gegenüber der Kontrollgruppe, denen 100 Minuten REM-Schlummerzeit vergönnt war. Diese war am nächsten Tag um sage und schreibe vierundvierzig Prozent besser beim Bewältigen der tags zuvor erlernten Aufgaben.

»Die Person, die nicht genug REM-Schlaf erhielt, war tatsächlich ein kleines bisschen schlechter – wir könnten sagen, am allerschlechtesten, [denn sie] machte überhaupt keinen Fortschritt über das hinaus, was sie vorher erreicht hatte. Das ist bemerkenswert. Da gibt es einen beinahe fünfzigprozentigen Unterschied … zwischen dem, was die [Person] tat, die genug Schlaf erhielt, und dem, was die andere tat.« (12)

Bei Tieren konnte man beobachten, dass dieselben Muster neuronaler Aktivität im Gehirn, die beim Erlernen bestimmter kognitiver Aufgaben aktiv waren, beim anschließenden Schlaf in der REM Phase wiederholt wurden. Auch beim Menschen machte man diese Beobachtung: Während des Schlafes waren in der REM-Phase dieselben Gehirnbereiche aktiv, die im Wachzustand zuvor zum Erlernen anspruchsvoller, Erkenntnis erfordernder Aufgaben aktiviert worden waren.

Dieses Phänomen der Wiederholung während des Schlafes dient anscheinend dem Zweck, das Gelernte zu vertiefen und sich besser anzueignen.

»Absolut. Absolut«, räumt Carlyle Smith Zweifel aus dem Weg. »In Untersuchungen, in denen den Leuten einfach erlaubt wurde zu schlafen, nachdem sie die Studien erledigt hatten, sehen Sie diesen Leistungssprung, der ziemlich bemerkenswert ist. … Dort gibt es einen Zuwachs an Leistung, der nicht einfach nur ein freies Geschenk ist. Aber ein guter Nachtschlaf wird Ihnen diesen Leistungssprung verschaffen, für den Sie während des Tages sehr hart arbeiten müssten, um ihn zu erreichen.« (12)

Erzählen Sie das mal Ihren Pubertierlingen. Lernen im Schlaf …, wenn das keine Begeisterung hervorruft und kein Entzücken auf ihre Gesichter zaubert, dann weiß ich auch nicht.

»Wenn Sie etwas lernen, das erkenntnismäßig sehr schwierig ist und sehr neu, und Sie bekommen einen [ersten] Begriff davon, können Sie nichts Besseres tun, als schlafen zu gehen. [Das ist] der einzige Weg, auf dem Sie irgendeinen wirklichen Fortschritt machen werden.« (12)

Ein paar Sätze zum Fortschritt oder dem, was wir dafür halten: Der messbare und quantifizierbare Fortschritt in Form von Tests oder Noten ist die Realität der Bewertung, der sich die meisten Kinder auch bei uns tagtäglich und in zunehmendem Maße gegenübersehen. Und das ist nicht erst seit den PISA-Studien so. Natürlich tun Sie als Eltern alles dafür, dass Ihre Kinder in diesem Wettbewerb bestehen und erfolgreich sein können, ebenso wie die engagierten Lehrer, die Tag für Tag versuchen, etwas vom vermuteten Gehirn beim verschlafenen Nachwuchs zu aktivieren.

Die zunehmende Begeisterung für alles, was sich vergleichen und messen lässt, ist von Amerika zu uns herübergeschwappt. Das setzt die Kinder schon von klein auf einem extremen Wettbewerb aus. Wie gut sie dabei abschneiden, entscheidet über ihre soziale Wertschätzung, vereinfacht gesagt. Wer mehr Körbe beim Basketball werfen kann, ist einfach besser und mehr wert als die anderen, die diese Geschicklichkeit nicht haben. Wer Aufgaben schneller löst, muss intelligenter sein und wird nach dieser Überzeugung dadurch im Leben weiter und höher kommen und mehr haben.

Doch ist die Quantität allein nicht das entscheidende Kriterium für Erfolg im Leben. Entscheidend ist, dass die Jugendlichen das für sie Richtige in der für sie richtigen Zeit und in dem ihnen gemäßen Tempo lernen können.

Die Beurteilung von Fähigkeiten und von Intelligenz erfordert deutlich mehr als nur die Antwort auf die Frage, ob jemand in der Lage ist, vorgegebene Prüfungsaufgaben in einem vorgegebenen Zeitrahmen schneller als die anderen zu lösen. Das Messen der quantitativen Unterschiede lässt eben nur einen sehr begrenzten Blick auf das zu, was Leben lebenswert und wirklich erfolgreich macht: Qualität, Erfüllung und Zufriedenheit.

Nicht nur deswegen sollten Sie sich die Erkenntnisse von Carlyle Smith und seinen Kollegen knallrot anstreichen, einrahmen und aufhängen.

Nach ihren Erkenntnissen sind nicht irgendwelche Testergebnisse die Indikatoren dafür, wie gut sich jemand schlägt, sei es an der Schule, der Uni oder sonst wo, sondern die einfache Frage, ob er oder sie genug und ausreichend Schlaf erhalten, um das tagsüber Gelernte zu verarbeiten.

Es bringt also nicht nur nichts, sondern schadet nachweislich, wenn die Jugendlichen nachts bis in die Puppen lernen statt zu schlafen. Das Gehirn kann sich das Gelernte mangels ausreichendem und tiefem

Schlaf um fünfzig Prozent weniger zu Eigen machen. Die Schüler werden auf diese Weise schlechter statt besser.

Sie schaffen Ihren Kindern und Schülern also einen riesigen Wettbewerbsvorteil, wenn Sie sie dazu bringen können, von selbst auf einen gesunden Schlafrhythmus zu achten, und dann auch täglich ausreichend und vor allem auch ungestört zu schlafen.

Brauchen Jugendliche Unterstützung, damit sie ausreichend Schlaf finden? Angesichts der Beobachtung, dass die meisten Jugendlichen sehr unregelmäßig schlafen, spricht einiges dafür. Ihnen fehlt die Übersicht, ihr Schlafpunkt ist verschoben, und das, was sie im Moment interessiert, ist immer das Wichtigste. Angesichts dieses Durcheinanders muss es Aufgabe der Erwachsenen sein, dafür zu sorgen, dass die Kids ausreichend und regelmäßig ihren Schlaf bekommen.

Um das Schlafbedürfnis einem zuträglichen Rhythmus anpassen zu können, sollten Unterhaltungsangebote nicht unbedingt vierundzwanzig Stunden am Tag im eigenen Zimmer verfügbar sein. Wenn dort bereits ein Fernseher oder eine Playstation stehen, dann koppeln Sie die Benutzung an klare Bedingungen. Die wichtigste Grundregel ist, dass der Schlaf der Jugendlichen nicht zu kurz kommen darf. Auch ein Fernseher oder ein Computer, die weiterlaufen, während die Kids über oder vor ihnen einschlafen, tragen nicht zu einem guten Schlaf bei – im Gegenteil.

Planen Sie also mit den Jugendlichen, wie viel Schlaf sie täglich brauchen und wann sie sich diesen Schlaf holen. Läuft die Kiste dann innerhalb der Woche oder auch am Wochenende nachts oder spät abends, ohne dass es vorher mit Ihnen besprochen wurde, kommt sie halt für eine Woche raus. Sollte es überhaupt nicht klappen, dann heißt es eben ganz auf Wiedersehen.

Für Computer gilt das ähnlich. Allerdings muss man hier zwischen aktiver Arbeit am PC und einfachem Spielen unterscheiden. Der Computer ist eben nicht nur ein passives Unterhaltungsmedium, sondern bietet auch hervorragende Lern- und Arbeitsmöglichkeiten. Da wäre es das falsche Signal, den Zugang zu ihm komplett zu verbauen.

Viele Jugendliche erkennen durchaus den Zusammenhang zwischen zu wenig Schlaf, Reizbarkeit und Problemen in der Schule. Sie werden deshalb vielleicht nicht gleich, aber dann doch froh sein, wenn sie ein wenig elterliche Unterstützung bei der Zeiteinteilung erhalten, weil sie sich einfach besser fühlen.

Ein gutes Mittel, um die Jugendlichen nachdrücklich und motivierend bei der Strukturierung ihrer Tage und Nächte zu unterstützen, ist – mal wieder – die Wunderwaffe Punktebogen, weil dieses einfache Zauberinstrument die Jugendlichen spürbar und merklich und immer wieder an die wichtigsten Punkte erinnert und ihnen dabei doch die Freiheit lässt, sich mit allen Sinnen in das Erleben des Augenblicks zu stürzen. Es ist ja alles schwarz auf weiß, wenn auch nicht in Stein gemeißelt, so doch an die Wand genagelt. Der papierne Stirnlappen sozusagen und Spender pekuniären Dopamins: »Rück die Kohle raus, ich hab die Punkte.« Wenn das keine ermutigenden Aussichten sind ...

# Nur was unter die Haut geht, hilft Probleme lösen

## 14 Fragen an den Neurobiologen Professor Dr. Gerald Hüther

**1 Peer Wüschner (PW):** Sind Umbauprozesse im Gehirn dafür verantwortlich, dass Jugendliche tiefgreifende Veränderungen im Denken, Fühlen und Wollen erleben und sich ihre Perspektiven verschieben?

**Prof. Dr. Gerald Hüther (GH):** Während der Pubertät kommt es zu tiefgreifenden Reorganisationsprozessen der bis dahin bereits im Gehirn angelegten neuronalen Verschaltungen – aber nicht überall im Gehirn, sondern in bestimmten Bereichen: Zum einen sind das all jene Hirngebiete, in denen die Nervenzellen besonders empfindlich auf die jetzt einsetzende vermehrte Anflutung von Sexualsteroiden reagieren, weil sie entsprechende Rezeptoren besitzen, die nun aktiviert werden. Dadurch wird eine ganze Kaskade an Reaktionen im Inneren dieser Zellen in Gang gesetzt, die deren bisherige Funktion und z.T. auch ihre Struktur nachhaltig verändern. Das ist auch bei Tieren der Fall. Weniger wichtig bei Tieren, dafür aber wohl umso bedeutsamer bei pubertierenden Jugendlichen ist die Wahrnehmung von Veränderungen am eigenen Körper, von Veränderungen also, die ebenfalls durch diese ansteigenden Sexualhormonspiegel in Gang gebracht werden. Diese körperlichen Anzeichen, dass man jetzt ein Mann oder eine Frau zu werden beginnt, sind ja deutlich sichtbar und spürbar. Sie passen nicht zu dem bisherigen Selbstbild und zwingen die Jugendlichen, sich nun auf neue Weise mit sich selbst, mit ihrem Geschlecht und mit ihrer künftigen Rolle als Frau oder Mann zu identifizieren. Das ist nicht leicht und bringt vieles im Hirn durcheinander – vor allem in den sog. präfrontalen Bereichen des Cortex, wo die inneren Repräsentanzen[1]

---

1 Vertretungen, Verschaltungsmuster in bestimmten Hirnbereichen, die für bestimmte Leistungen zuständig sind

für diese Selbstbilder, Selbstkonzepte, für individuelle Problemlösungsstrategien und das Denken, Fühlen und Handeln bestimmende Orientierungen und Haltungen angelegt sind. Vor allem dort, in diesem Frontallappen, muss dann vieles neu sortiert, anders eingeordnet und umorganisiert, also neu strukturiert werden.

**2 PW:** Unterscheidet sich das Gehirn Jugendlicher in Prägbarkeit und Empfänglichkeit von dem Gehirn anderer Altersstufen? Wie wirkt sich das aus?

**GH:** So tiefgreifend wie während der Pubertät werden die im Gehirn angelegten neuronalen Verschaltungsmuster später wohl nie wieder umgebaut und an eine neue Lebenssituation angepasst. Aber vorher, während der frühen Kindheit, gibt es Phasen, in denen bestimmte Erfahrungen (oder das Fehlen bestimmter Erfahrungen) noch viel nachhaltigere Spuren im Hirn hinterlassen, Spuren, die dann später als Störungen der Selbstregulation, der Impulskontrolle, der Beziehungsfähigkeit, der emotionalen und kognitiven Entwicklung oder der Körperhaltung und der Bewegungskoordination zu Tage treten.

**3 PW:** Welche Rolle spielen Erfahrungen Ihrer Ansicht nach für das qualitative Wachstum bzw. die Ausdifferenzierung des Gehirns Jugendlicher?

**GH:** Was das menschliche Gehirn, insbesondere die so plastische Hirnrinde strukturiert, ist ja nicht all das auswendig gelernte Wissen, sondern die selbst gemachten Erfahrungen – also all das, was uns irgendwie unter die Haut geht und wobei wir uns selbst als wirksam und kompetent oder aber als hilflos und unfähig erleben. Nur wenn es ein bisschen unter die Haut geht, wenn es uns selbst betrifft, kommt es auch zur Aktivierung der sog. emotionalen Zentren im Gehirn (limbisches System). Nur dann werden auch all jene neuroplastischen Botenstoffe vermehrt freigesetzt, die zu Veränderungen der Genexpression[2] führen und so die Neubildung von Synapsen und die Festigung all jener Verschaltungen im Gehirn unterstützen, die erfolgreich zur Lösung eines

---

2 Ausdruck der genetischen Anlage, Abschreibung bestimmter Gene zur Herstellung bestimmter Eiweiße

Problems aktiviert werden. Wir nennen das »strukturelle Verankerung von Erfahrungen«. Die wichtigsten und emotional bedeutsamsten Erfahrungen, die wir als Menschen machen, sind Beziehungserfahrungen, entweder in der Beziehung zu uns selbst oder in der Beziehung zu anderen.

**4 PW:** Welche Auswirkungen können *fehlende* Erfahrungsmöglichkeiten auf die Entwicklung des Gehirns und des Jugendlichen haben?

**GH:** Damit im Gehirn möglichst komplexe Verschaltungsmuster entstehen und stabilisiert werden können, brauchen Kinder und Jugendliche eine Lebenswelt, in der sie möglichst vielfältige, für ihre individuelle Lebensbewältigung bedeutsame eigene Erfahrungen von eigener Kompetenz und Gestaltungsfähigkeit (auch der von Beziehungen) machen können. Wenn solche Erfahrungen fehlen, können auch die entsprechenden Repräsentanzen im Hirn nicht angelegt werden. Dann fehlen auch die eigenen Ressourcen, um mit schwierigen Situationen umgehen zu können. Und wenn es an komplexen Lösungsstrategien hapert, wird allzu leicht auf entsprechend einfache Bewältigungsmuster zurückgegriffen (Angriff, Erstarrung, Flucht).

**5 PW:** Lassen sich aus neurobiologischer und psychiatrischer Sicht bestimmte Lernschritte der Pubertät als idealem Zeitraum zuordnen?

**GH:** Jede Auflösung und jedes Infragestellen alter Muster sind immer auch eine Chance, dass eine neue, bessere Lösung gefunden werden kann. Speziell die im Frontalhirn angelegten und für Bewertungen, Orientierungen und Entscheidungen genutzten Verschaltungen sind ja unter starkem Einfluss der (elterlichen) Bezugspersonen herausgeformt worden. So ist die Pubertät mit all ihren Erschütterungen eine gute Chance, nun noch einmal zu prüfen, was davon wirklich für das eigene Leben brauchbar und was davon hinderlich ist – und zwar bevor man selbst wieder Vater oder Mutter wird.

**6 PW:** Denken Sie, dass Erkenntnisse in der Hirnforschung sich auf die Pädagogik für das Jugendalter im privaten wie schulischen Bereich auswirken sollten und werden? Welche im Besonderen?

**GH:** Die Hirnforschung hat nachgewiesen, dass die Ausformung der im Gehirn entstehenden Verschaltungsmuster in viel stärkerer Weise als bisher vermutet davon abhängt, wie und wofür ein Mensch sein Gehirn benutzt. Und dass wiederum ist abhängig davon, in welcher Gemeinschaft, in welchem Kulturkreis er aufwächst. Das menschliche Gehirn ist also im Grunde ein soziales, ein kulturell geformtes Konstrukt. All jene, die an der Strukturierung der Gehirne unserer nachwachsenden Generation mitwirken, tragen also eine Verantwortung, die weit über das hinausgeht, was bisher darunter verstanden wurde – und der sie leider nicht immer gerecht werden. Dass sich das nun an den Hirnen dieser nachwachsenden Generation nachweisen lässt, ist nicht nur neu. Das ist auch brisant.

**7 PW:** Welche Bedeutung messen Sie dem elterlichen Rollenvorbild bei?

**GH:** Wenn Väter erwachsen gewordene und mit ihrer Rolle identifizierte Männer wären und wenn Mütter erwachsen gewordene und mit ihrer Identität zufriedene Frauen wären, fiele es den Jugendlichen sicher leichter, sich an dem zu orientieren, was einen Mann bzw. eine Frau auszeichnet und glücklich macht.

**8 PW:** Sehen Sie aus neurobiologischer oder psychiatrischer Sicht eine ursächliche Verknüpfung typischer Verhaltensweisen Jugendlicher (z. B. im Bereich der Beziehungen, der Impulsivität, der Verantwortung, des Risikoverhaltens, des Sozialverhaltens), die von ihnen selbst oder ihrem Umfeld als besonders problematisch erlebt werden, mit Umbauprozessen und den funktionell-organischen Ausdifferenzierungen im Gehirn?

**GH:** Aus neurobiologischer Sicht betrachte ich die Pubertät als ein vorübergehendes Frontalhirndefizit. Ohne Frontalhirn ist auch jeder Erwachsene nicht mehr in der Lage, seine Impulse zu kontrollieren, Handlungen zu planen und die Folgen seiner Handlung abzuschätzen.

**9 PW:** Sehen Sie einen Zusammenhang zwischen ausgeprägtem Risikoverhalten Jugendlicher und Umbauprozessen im Gehirn?

**GH:** Das sog. dopaminerge System [d. h. die dopamingesteuerten Lust- und Belohnungsschaltkreise, d. A.] ist etwa zur Pubertät am stärksten ausgebildet. Es wirkt als Verstärkersystem für innere Impulse und trägt dazu bei, dass eine Intention oder ein Impuls in eine Handlung umgesetzt wird. Deshalb sind Pubertierende auch besonders begierig auf Stimulation dieses Systems (»Sensation seeking«). Je schlechter in der Pubertät die Kontrollfunktion des präfrontalen Cortex (Handlungsplanung, Folgenabschätzung, Impulskontrolle) funktioniert und je stärker das dopaminerge Antriebssystem ausgebildet ist, desto größer wird die Risikobereitschaft und damit auch riskantes Verhalten.

**10 PW:** Wenn Sie die Bedeutung der Umbau- und Strukturierungsprozesse im Gehirn Jugendlicher für die Entwicklung der Persönlichkeit in einem Satz zusammenfassen müssten, wie würden Sie diese charakterisieren?

**GH:** Es geht dabei in erster Linie darum, all jene das Denken, Fühlen und Handeln bestimmenden Muster, die man als Kind übernommen hat, noch einmal im Hinblick auf die eigene, selbständige Lebensgestaltung zu überprüfen und gegebenenfalls zu verändern. Es geht also um das Finden eines eigenen Konzepts zur eigenen Lebensgestaltung.

**11 PW:** Welche besonderen Anforderungen stellen sich Ihrer Meinung nach dadurch für Eltern, Pädagogen und die Jugendlichen selbst?

**GH:** Sie müssten den Jugendlichen bei dieser Suche nach sich selbst besser, als das gegenwärtig oft der Fall ist, behilflich sein.

**12 PW:** Worin sehen Sie die fünf Hauptaufgaben der Erziehung in der Pubertät?

**GH:** 1: Verständnis, 2: Vertrauen, 3: Authentizität, 4: die Bereitschaft, sich selbst in Frage zu stellen (und zu lassen) und 5: deutlich machen, dass es erstrebenswert und schön ist, erwachsen zu sein.

**13 PW:** Worin sehen Sie die besonderen Herausforderungen der Pubertät aus neurologischer und hirnphysiologischer Sicht?

**GH:** Die Pubertät ist eine schwierige Übergangsphase. Wie gut sie gelingt, hängt – wie bei allen solchen schwierigen Phasen – davon ab, welche Ressourcen der betreffende Mensch bereits entwickelt hat und wie gut er sich in einer solchen Phase von anderen angenommen und unterstützt fühlt. Eine wichtige Ressource, die häufig vergessen wird, sind die in einer Kultur entwickelten Rituale für solche schwierigen Übergangsphasen. Sie haben eine nicht zu unterschätzende stabilisierende Wirkung auf die betreffenden Personen.

**14 PW:** Welchen Erziehungsansätzen räumen Sie Aussichten auf Erfolg in der Pubertät ein?

**GH:** Da es in der Pubertät um die Bewältigung des schwierigen Überganges vom Kind zum Erwachsenenalter geht, können nur solche Erziehungsansätze hilfreich sein, die den Jugendlichen Gelegenheit bieten, sich als kompetente, verantwortungsbewusste, ernstgenommene und gebrauchte Erwachsene zu erfahren.

**Prof. Dr. Gerald Hüther** ist Neurobiologe und leitet die Abteilung für Neurobiologische Grundlagenforschung an der Psychiatrischen Klinik der Universität Göttingen.

Schwerpunkte der gegenwärtigen Tätigkeit: Einfluss psychosozialer Faktoren und psychopharmakologischer Behandlungen auf die Hirnentwicklung; Auswirkungen von Angst und Stress; Bedeutung emotionaler Bindungen.

Zahlreiche wissenschaftliche Publikationen und Autor von Sachbüchern (siehe Anhang). Mitbegründer von www.Win-future.de (Netzwerk Erziehung und Sozialisation). Mitorganisator der »Göttinger Kinderkongresse«.

# Wunderwaffe Punktebogen

## Das Instrument mit Zauberkraft für Entwicklungshelfer

Wenn es darum geht, den Jugendlichen das Denken in Zusammenhängen nahe zu bringen, fängt man am besten dort an, wo es sie persönlich betrifft. Es sind die ganz alltäglichen Handlungen und Erfahrungen, aus denen die Rüstungen der jungen Helden und Heldinnen geschmiedet werden. Jeder Tag, jede Stunde und jede Minute sind voller solcher wunderbarer Gelegenheiten, welche die Wunderlampen der Erkenntnis im Gehirn der Jugendlichen zum Leuchten bringen können. Wenn Sie diese Momente zu Trainingszwecken nutzen, unterstützen Sie die Kids damit nachhaltig. Denn dann sind Sie der mythische Magier, die mächtige Fee aus dem Reich der Fantasy, die den jungen Heldinnen und Helden mit Weisheit, Rat und Tat zur Seite stehen. Sie helfen ihnen im Kampf gegen die fiesen Quarks von Quamron, grässlichen Wesen aus der Unterwelt, die mit allerlei schmutzigen Mitteln die Herrschaft über das Universum an sich reißen wollen. Sie wollen das innere Chaos der jungen Krieger und Kriegerinnen für ihre dunklen Machenschaften nutzen und deren Reich in ewige Finsternis stürzen. Diese schrecklichen Gestalten können nur von den Trägern des Lichts, den jungen Prinzen und Prinzessinnen überwunden werden. Die haben allerdings noch keine Ahnung davon, wer sie sind und welche Macht sie in sich tragen, denn es war ihnen bisher noch verborgen. Sie kennen ihren wahren Namen noch nicht. Helfen Sie ihnen, zu erwachen und ihre schöpferische Macht zu erkennen. Denn trotz ihrer Unwissenheit kann es nur den Jugendlichen gelingen, dass die dunkle Gefahr und die furchtbare Bedrohung durch die hirnlosen Quarks vor ihrem inneren Licht in den Staub der Geschichte zerfallen. Scheuen Sie sich daher nicht, Ihre Wunderwaffen einzusetzen! Helfen Sie mit, dass die Lichter der Jugendlichen angehen, eines nach dem andern, damit sie erkennen, wer sie sind, was sie zu bewegen vermögen, und die Erde am Ende für alle ein Stück heller wird!

Ihre erste Wunderwaffe Punktebogen ist so einfach wie vielseitig. So wie auf Abbildung 1 sieht sie aus:

Sieht unscheinbar aus, nicht wahr? Doch wie in so vielen magischen Waffen steckt mehr in ihr drin, als es auf den ersten Blick scheint. Lassen Sie sich also nicht vom einfachen Gewand täuschen!

Übrigens: Ihr persönlicher Zeitaufwand ist im Verhältnis zum Nutzen minimal. Die Wunderwaffe Punktebogen wird Ihnen sogar noch zusätzliche freie Zeit einbringen, weil viele der üblichen endlosen pubertären Diskussionen zukünftig nicht mehr stattfinden müssen. Anfangen, mit dem Punktebogen zu arbeiten, können Sie prinzipiell, sobald die ersten Taschengelder fließen, also auch schon lange vor der Pubertät, und das System dann begleitend der Entwicklung und den Bedürfnissen Ihrer Sprösslinge anpassen. Ein Einstieg ist aber mit vierzehn oder fünfzehn und auch mit sechzehn noch möglich.

Und so funktioniert die Arbeit mit dem Punktebogen: Als Erstes müssen Sie herausfinden, was Sie erreichen wollen. Dafür nehmen Sie sich einmalig eine Stunde Zeit, in der Sie sich die Punkte überlegen, denen Sie mit der Wunderwaffe Punktebogen zu Leibe rücken wollen. Es geht um all die Verhaltensweisen, Probleme und Problemchen Ihres Jugendlichen, bei denen Sie Änderungsbedarf sehen, ob nun in der Schule oder zu Hause. Davon suchen Sie sich einen Punkt als den wichtigsten heraus und ergänzen ihn mit zwei auch wichtigen, aber als etwas weniger dringend empfundenen Punkten. Dann schreiben Sie auch noch die Punkte auf, bei denen es nicht perfekt, aber verhältnismäßig gut läuft. Davon nehmen Sie zehn in die engere Auswahl. Sie haben jetzt also insgesamt dreizehn Punkte. Einen, wo dringend etwas geschehen muss, zwei, die nicht so toll, aber auch nicht so dramatisch sind wie der erste Punkt, und zehn, bei denen es relativ gut läuft. Damit Sie sich ein besseres Bild machen können, zeige ich Ihnen jetzt, welche Punkte sich Yvonnes Eltern aufgeschrieben haben.

Beispiel Yvonne: Yvonne ist fünfzehn und hat größte Probleme damit, Vereinbarungen einzuhalten. Wenn ihre Eltern etwas mit ihr ausmachen, hat sie das garantiert zehn Minuten später vergessen. Sie verspricht zwar morgens, bestimmte Dinge zu tun, aber abends ist davon nichts erledigt. In der Schule läuft es so weit, Gott sei Dank, ganz gut. Nur in Mathe, da

# Wunderwaffe Punktebogen

## Wunderwaffe Punktebogen
### für _____                    Für die Woche vom _____ bis _____ 200_

| Punktekonto | Auszahlung | Rest | Datum | Zusatzpunkte |
|---|---|---|---|---|
| | | | | |
| | | | | |

| | Punkt 1 | Punkt 2 | Punkt 3 | Punkt 4 | Punkt 5 | Punkt 6 | Punkt 7 |
|---|---|---|---|---|---|---|---|
| MO | | | | | | | |
| DI | | | | | | | |
| MI | | | | | | | |
| DO | | | | | | | |
| FR | | | | | | | |
| SA | | | | | | | |
| SO | | | | | | | |

| | Punkt 8 | Punkt 9 | Punkt 10 | Punkt 11 | Punkt 12 | Punkt 13 |
|---|---|---|---|---|---|---|
| MO | | | | | | |
| DI | | | | | | |
| MI | | | | | | |
| DO | | | | | | |
| FR | | | | | | |
| SA | | | | | | |
| SO | | | | | | |

Abbildung 1

kann sie mit dem Lehrer nicht, und überhaupt, das liegt ihr so gar nicht. Dementsprechend unterirdisch sind die Noten und gefährden jedes Jahr ihre Versetzung. Außerdem wünschen sich ihre Eltern, dass sie in ihrer Freizeit etwas mehr körperliche Aktivität an den Tag legt, also z. B. Sport macht.

Yvonne ist aber sonst ein liebes Mädchen und hat auch sehr gute Seiten. Wenn man sie um etwas bittet, sagt sie selten nein. Sie hilft also bereitwillig im Haushalt. Außerdem ist sie musisch begabt, oft singt und malt sie in ihrer Freizeit.

Dann gibt es noch einige Dinge, die mal besser und mal schlechter laufen, je nach Großwetterlage. So hält sie im Allgemeinen die vereinbarten Zeiten ein, aber manchmal eben auch überhaupt nicht. Ihr Zimmer ist für einen Teenager relativ aufgeräumt, könnte aber besser aussehen. Müssen denn immer die benutzten Unterhosen in der Ecke liegen? Meist klappt es auch mit dem Aufstehen morgens einigermaßen, aber ihre Mutter würde sich wünschen, dass sie selbstständiger wird und nicht immer mindestens dreimal von ihr geweckt werden muss. Sie macht die Hausaufgaben in der Regel ganz ordentlich, es ginge aber noch viel besser, das wissen die Eltern von den Lehrern. Manchmal hat sie auch keinen Bock und macht dann eben nichts. Ihre Noten, obwohl sie insgesamt nicht schlecht sind, könnten also um einiges besser sein, wenn sie sich diese Unarten abgewöhnen würde. Für die Mitarbeit in der Schule gilt das Gleiche: In der Regel ganz ordentlich, aber manchmal stößt sie die Lehrer mit ihrer Art und ihrem demonstrativen Desinteresse regelrecht vor den Kopf. Sie kocht sehr gern und oft. Körperliche Arbeit im Garten wie Rasenmähen mag sie dagegen nicht so und drückt sich davor, wo es geht. Die Eltern denken aber, der körperliche Einsatz würde ihr sehr gut tun, weil sie sich ohnehin zu wenig bewegt. Schließlich überrascht Yvonne ihre Eltern immer wieder mit besonderen, kreativen Einfällen, für die sie auch eine Extra-Belohnung verdient, wie sie finden.

Das also sind die Themen, die Yvonnes Eltern in einem stillen Stündlein für Yvonnes Punktebogen aufgeschrieben haben:

| | |
|---|---|
| Vereinbarungen halten | Hilfe Hausarbeit |
| Zeiten einhalten | Hausaufgaben |
| Sauberkeit, Ordnung | Mitarbeit |
| Morgens aufstehen | Schule |
| Kreative Freizeit | Kochen |
| Sport, Aktivität, Eigeninitiative | Hilfe Garten |
| | Mathe Übung |
| | Besonderes |

Diese tragen sie jetzt in ihren Wunderwaffe Punktebogen ein. Das sieht dann so aus wie auf Abbildung 2.

Jedem Thema werden nach seiner Wichtigkeit Punkte zugeteilt. Dafür nehmen Yvonnes Eltern einen Taschenrechner zu Hilfe. Yvonne hat bisher 40 Euro Taschengeld im Monat bekommen. Um ihr den Umstieg auf das neue System leichter zu machen, zahlen ihr die Eltern weiterhin 20 Euro einfach so aus. Die restlichen 20 Euro plus 10 Euro als zusätzlicher Anreiz soll sie sich über Punkte verdienen. Sie haben demnach maximal 30 Euro für 30 Tage / Monat über Punkte zu vergeben, das sind ein Euro (entspricht 100 Cent) pro Tag. Daraus machen sie 50 Punkte mit einem Wert von jeweils 2 Cent pro Punkt pro Tag. Können Sie das so weit nachvollziehen?

Dem Bereich Schule haben Yvonnes Eltern breiteren Raum gewidmet, weil ein Schulabschluss bekanntermaßen in aller Regel die Grundlage dafür ist, ein selbstbestimmtes Leben aufbauen zu können. Sie können einerseits überprüfen, ob die Hausaufgaben ordentlich und vollständig gemacht wurden. Sie können auch einmal in der Woche ein kurzes Telefongespräch mit einem der Lehrer führen, um allgemeine Informationen zu erhalten und daraus die Bewertung abzuleiten. Sie können Hausaufgaben abhören. Sie können dieses System aber auch nutzen, um Yvonne in den Fächern, in denen sie Schwierigkeiten hat, zusätzlich zu unterstützen, indem sie Leistungen, allgemeines Lernverhalten und Bemühen in diesen Fächern besonders stark mit Punkten = Taschengeld honorieren. Das haben sich Yvonnes Eltern für das Fach Mathe vorgenommen.

# Wunderwaffe Punktebogen für Yvonne   Für die Woche vom _____ bis _____ 200_

| Punktekonto | Auszahlung | Rest | Datum | Zusatzpunkte |
|---|---|---|---|---|
| | | | | |
| | | | | |

| | Vereinbarung halten | Zeiten einhalten | Sauberkeit, Ordnung | Morgens aufstehen | Kreative Freizeit | Sport, Aktivität Eigeninitiative |
|---|---|---|---|---|---|---|
| MO | | | | | | |
| DI | | | | | | |
| MI | | | | | | |
| DO | | | | | | |
| FR | | | | | | |
| SA | | | | | | |
| SO | | | | | | |

| | Hilfe Hausarbeit | Hausaufgaben | Mitarbeit Schule | Kochen | Hilfe Garten | Mathe Übung | Besonderes |
|---|---|---|---|---|---|---|---|
| MO | | | | | | | |
| DI | | | | | | | |
| MI | | | | | | | |
| DO | | | | | | | |
| FR | | | | | | | |
| SA | | | | | | | |
| SO | | | | | | | |

Abbildung 2

Die insgesamt 50 Punkte pro Tag gilt es jetzt zu verteilen. Da, wo es bisher am schlechtesten läuft, soll der größte Anreiz geschaffen werden, deswegen kann Yvonne dort auch die meisten Punkte verdienen: in Mathe. Mathe bekommt von den Eltern also 8 Punkte. Für den Punkt Vereinbarungen einhalten werden 6 Punkte eingesetzt. Sport, Aktivität und Eigeninitiative sind ihnen ebenfalls 6 Punkte wert. Alle zehn anderen Bereiche bekommen je 3 Punkte. Das macht zusammen die maximal möglichen 50 Punkte (1x8 + 2x6 + 10x3 = 50 Punkte) pro Tag.

Diese Beträge sind nur ein Beispiel und haben keinerlei bindenden oder Muss-Charakter. Das System funktioniert auch mit jedem anderen Taschengeldbetrag. Ob er höher oder niedriger ist, das hängt von Ihren Möglichkeiten und Ihren Vorstellungen ab.

Nachdem Yvonnes Eltern nun bestimmt haben, wie viel ein Punkt wert ist, tragen Sie pro möglichen Punkt ein Smiley in die entsprechende Rubrik ein. Dann fotokopieren sie den Vordruck oder drucken ihn ein paar Mal aus. Das sieht dann so aus wie auf Abbildung 3.

Sie sollten es sich ähnlich einfach machen. Denn das war's auch schon. Damit ist der größte Teil der Arbeit, nämlich die Vorbereitung, schon getan. Jetzt brauchen sie nur jeden Tag die Punkte in den Punktebogen einzutragen, indem sie die erreichte Anzahl markieren. Die Bewertung und Punkteverteilung sollten Sie aber nicht für sich alleine und im stillen Kämmerlein entscheiden, sondern zusammen mit Ihrem Nachwuchs. Es bleibt also ein täglicher Zeitaufwand von lediglich fünfzehn Minuten, nach dem Abendessen beispielsweise, um über die Punkteverteilung zu reden und den Bogen gemeinsam mit der taschengeldbegierigen Jugend auszufüllen. Am Ende der Woche, wie ich, oder alle vierzehn Tage, je nachdem welchen Rhythmus Sie vorziehen oder vereinbart haben, rechnen Sie die gesammelten Punkte zusammen, nehmen sie mal 2 Cent und zahlen die Summe zusammen mit dem Betrag, den Ihr Kind pro Woche fest erhält, als Taschengeld aus. Diese tägliche Viertelstunde ist eine Zeit, die Sie sonst mindestens damit vertun würden, sich wirkungslos und sinnlos zum x-ten Male darüber aufzuregen, dass das Zimmer nicht aufgeräumt, die Schularbeiten nicht gemacht oder dieses oder jenes andere nicht getan wurde. Diese kostbare Lebenszeit können Sie jetzt – ganz entspannt im Hier und Jetzt – nutzen, um den Pubertierlingen mit leiser Stimme klarzumachen, an einem Glas Rotwein oder Saft nippend,

117  Das Instrument mit Zauberkraft für Entwicklungshelfer

# Wunderwaffe Punktebogen für Yvonne                Für die Woche vom ___ bis ___ 200__

| Punktekonto | Auszahlung | Rest | Datum | Zusatzpunkte |
|---|---|---|---|---|
| | | | | |

| | Vereinbarung halten | Zeiten einhalten | Sauberkeit, Ordnung | Morgens aufstehen | Kreative Freizeit | Sport, Aktivität Eigeninitiative |
|---|---|---|---|---|---|---|
| MO | 6 | 6 | 3 | | 3 | |
| DI | | | | | | |
| MI | | | | | | |
| DO | | | | | | |
| FR | | | | | | |
| SA | | | | | | |
| SO | | | | | | |

| | Hilfe Hausarbeit | Hausaufgaben | Mitarbeit Schule | Kochen | Hilfe Garten | Mathe Übung | Besonderes |
|---|---|---|---|---|---|---|---|
| MO | 3 | 3 | 3 | | 3 | 3 | |
| DI | | | | | | 8 | |
| MI | | | | | | | |
| DO | | | | | | | |
| FR | | | | | | | |
| SA | | | | | | | |
| SO | | | | | | | |

Abbildung 3

was warum so nicht geht und welche spürbaren Folgen das in Punkten und damit für die Höhe des Taschengeldes hat. Aber Sie sollten sich auch nicht scheuen zu loben, wo immer Anstrengungen und Bemühung erkennbar sind. Das motiviert ungemein, und durch das System des Punktebogens ist sichergestellt, dass es nicht bei einmaligen Showeinlagen zur Erlangung elterlichen Wohlwollens und für den Zugriff auf deren Brieftasche bleibt. Es braucht eben mehr als eine Anstrengung, damit sich wirklich etwas ändert, und dem trägt die Wunderwaffe Punktebogen auf leichte und spielerische Art Rechnung. Verweisen Sie auf den neuen Tag und die damit verbundene täglich neue Chance, und motivieren Sie die Kids dadurch zur Arbeit an sich selbst.

Entscheidend dafür, dass es funktioniert, sind einige wenige Punkte, die Sie sich schwarz einrahmen und gut sichtbar aufhängen sollten, damit sie diese im Eifer des Gefechtes nicht vergessen (siehe Kasten).

---

Achten Sie auf eine gute Mischung
aus schwierigen und leichten Aufgaben.

Besprechen Sie den Punktebogen inhaltlich mit Ihren Kindern,
bevor Sie loslegen.

Erklären Sie, wie Sie auf die verschiedenen Punkte kommen,
und begründen Sie Ihre Auswahl.

Hören Sie auf Ihre Kinder, und nehmen Sie eventuelle formale
und inhaltliche Anregungen, die gerechtfertigt
erscheinen und das System verbessern können, auf.

Arbeiten Sie nicht *gegen*, sondern *mit* den Kids.

Machen Sie ihnen die Vorteile klar:
möglicherweise mehr Taschengeld (sie haben es in der Hand),
Transparenz und klare Vereinbarungen ohne Wenn und Aber.
Keine Pauschalstrafen (Taschengeld ist sicher),
auch wenn mal was gründlich in die Hose gehen sollte.

> Nicht nur kritisieren, sondern auch *loben* und *anerkennen*.
>
> Denken Sie daran: Sie wollen *helfen*, zur *Veränderung motivieren* und *Konsequenzen vermitteln* – und nicht bestrafen.
>
> Nehmen Sie sich verlässlich täglich Zeit (abends zirka 15 Minuten), um über die Punkte des Tages und deren Verteilung mit dem Nachwuchs zu reden. Das ist *Ihre Verpflichtung*.
>
> Seien Sie fair, machen Sie Ihre Überlegungen transparent, aber lassen Sie sich nicht in die Enge treiben. Sie bestimmen nach diesem System, was wie viel wert ist.
>
> Seien Sie niemals willkürlich, sondern halten Sie die gegenseitigen Vereinbarungen und Verpflichtungen, die mit der *Wunderwaffe Punktebogen* verbunden sind, ohne Wenn und Aber ein.
>
> *Nie mehr als eines* der sehr schwierigen Hauptthemen zur Zeit angehen.
>
> Sich erst dann das nächste schwierige Hauptthema vornehmen, wenn das vorherige keines mehr ist und sie die Bemühungen ausführlich und wiederholt gewürdigt haben.
>
> Weihen Sie Oma und Opa und andere Verwandte/Freunde in das System ein und bitten Sie freundlich, dass die Ihre Bemühungen nicht durch Geldgeschenke oder etwas Ähnliches untergraben.

Herr Kawuttke aus Berlin fragt: »Und wat soll det nun allet bringen, der janze Zauber?« Eine gute Frage! Hier kommen viele gute Antworten. Womit soll ich anfangen? Mit dem, was es Ihnen, oder dem, was es Ihren Kindern bringt? Zuerst die Jugendlichen? Gut.

*Wat det für die Kids bringt*

- Dadurch, dass sie durch ihr Verhalten und ihr Bemühen die Höhe des Taschengeldes beeinflussen können, sind sie auch motiviert, daran zu arbeiten.

- Dadurch, dass jeder Tag zählt, werden sie auch jeden Tag mit den Problempunkten konfrontiert. Sie werden motiviert, sich nicht nur einmal monatlich vor der Taschengeldausgabe für eine halbe Stunde, sondern kontinuierlich um Verbesserungen zu bemühen.

- Da die Kriterien offen und nachvollziehbar sind, nach denen es Taschengeld gibt, sind sie nicht der elterlichen Willkür unterworfen.

- Die Kids haben die Möglichkeit, durch ihren Einsatz mehr rauszuholen, als sie normalerweise bekommen.

- Jemand beschäftigt sich jeden Tag für immerhin fünfzehn Minuten mit ihnen. Vielleicht die Gelegenheit, Dinge anzusprechen, für die Mama und Papa sonst nie Ohren haben?

- Es gibt jeden Tag einen festen Zeitpunkt, an dem alles zur Sprache kommen kann, was ihnen auf der Seele drückt, was sie ungerecht finden oder ändern wollen.

- Sie wissen, wie sie sich zusätzliches Taschengeld verdienen können.

- Sie bekommen tägliche und unmittelbare, Anerkennung für gute Leistungen, Fortschritte und besonderes Bemühen.

- Sie werden als Gegenüber ernst genommen – fast schon wie Erwachsene.

- Sie verknüpfen in ihrem Denken ihr persönliches Handeln mit persönlichen Konsequenzen. Sie trainieren damit das, was als Folge-Denken bezeichnet wird.

- Sie üben Eigenverantwortlichkeit – täglich, transparent und wirksam.

- Pro Tag geht es nur um einen Euro maximal, das summiert sich aber schnell.

- Schlechte Tage versauen nicht den ganzen Monat, sondern nur einen Tag. Der nächste kann schon wieder ganz anders aussehen. Deswegen ist jeden Tag ein Ansporn da.

*Wat det für die Erwaxnen bringt*
- Sie haben jeden Tag eine konzentrierte Viertelstunde mit Ihren Kindern, in der Sie sicher Probleme und Konflikte ansprechen können.

- Sie müssen nicht hinter den Kids herlaufen, denn die werden darauf dringen, dass Sie den täglichen Termin einhalten. Schließlich geht es um ihr Bares.

- Sie haben ein Mittel an der Hand, um ganz gezielt und unterstützend den Kids unter die Arme zu greifen.

- Sie können sich etwas Unterstützung im Haushalt organisieren, ohne sich aufs Betteln und Hinterherlaufen verlegen zu müssen.

- Statt über den ganzen Tag unvermittelt Opfer jugendlicher Spontanwünsche zu werden, können Sie auf die feste Zeit am Abend verweisen und sich für den Rest des Tages Ruhe ausbitten.

- Der Punktebogen gibt Ihnen die Möglichkeit, Extrawünsche mit nachprüfbaren Anstrengungen der Kids in einem der Bereiche zu verknüpfen, von denen Sie finden, dass sie etwas mehr Aufmerksamkeit verdient hätten. »Was bist Du bereit, dafür zu tun?«, lautet deshalb Ihre stereotype Frage auf solche Ansinnen. Das zwingt die Jugendlichen, sich wirklich Gedanken darüber zu machen, was ihnen ihre Wünsche wert sind, und lehrt Unterscheidung zwischen wichtigen und weniger wichtigen Wünschen. Und Sie, liebe Eltern, werden danach auf dem Wochen- oder Flohmarkt wesentlich besser verhandeln können als vorher …

- Sie brauchen sich nicht mehr den Mund über immer dieselben Themen fusselig zu reden, sondern die schwierigen Punkte sind von ganz alleine und jeden Tag auf dem Tisch – mit engagierter Beteiligung des Nachwuchses.

- Sie aktivieren und sensibilisieren die Kids für deren problematische Punkte und regen sie täglich dazu an, sich aktiv und kreativ um Lösungen zu bemühen. »Was könntest Du tun, damit es besser wird? Woran liegt's, was kann man ändern?«

- Da hat der Kawuttke aba jrooße Oogen und Oohrn jemacht, als ich ihm det vorjelesen habe. Ob er es auch umsetzt, was meinen Sie? Besser wär's – für ihn und seine Kinder.

# Erziehung? Muss das sein?

## Ein Kurs in Elternselbsterkenntnis

Sie haben in den letzten Kapiteln viel über Bogenbündel, Synapsen, Myelin und vordere Stirnlappen gelesen. Das war sicherlich interessant. Doch was nutzt Ihnen das im Alltag? Eine Menge, wenn Sie damit bereit sind zu arbeiten und die Erkenntnisse anwenden. Denn die Ergebnisse der Gehirnforschung ermöglichen Ihnen einen objektiveren Blick auf das Phänomen Pubertät. Sie können Ihnen helfen, das pubertäre Auf und Ab besser zu verstehen und einzuschätzen. Durch die Sicht auf die Pubertät aus einem weiteren als Ihrem alltäglichen Blickwinkel und die damit verbundene größere Perspektive werden Sie handlungsfähiger. Auf die Frage: »Was ist hier eigentlich los?«, haben Sie jetzt öfter zumindest die Ahnung einer Antwort. Das bessere Verstehen der Hirntätigkeit und der anderen inneren Vorgänge zu Zeiten der Pubertät erlaubt Ihnen, herauszufinden und sich darauf zu konzentrieren, was Ihnen jetzt zu tun möglich ist. Statt sich fruchtlos über dies und das aufzuregen und zu ärgern oder sich mit Selbstvorwürfen zu quälen, können Sie sich endlich dem zuwenden, was Ihnen und Ihrem Kind hilft, besser, konstruktiver, erfolgreich und gelassener durch diese Zeit zu kommen. Und das ist nicht wenig! Sie haben aus den praktischen Anregungen und Beispielen der letzten Kapitel sicher auch schon erste Ideen gewonnen, wie Sie mit dem pubertären Naturschauspiel am Küchentisch sinnvoller, entspannter und angemessener umgehen können.

Noch etwas folgt aus den Erkenntnissen der Forscher, das wichtig für Sie ist und was man gar nicht oft und laut genug sagen kann: Wenn Ihre Jugendlichen in der Pubertät anfangen zu spinnen, haben Sie als Eltern nicht versagt. Jugendliche spinnen, weil sie spinnen müssen! Und das manchmal ganz schön heftig. Das ist keine Frage von Moral oder guter und schlechter Erziehung. Das ist Jugend – und es geht vorbei ... Etwa nach dem 17. Geburtstag sollte es langsam ruhiger werden, aber das werden Sie dann schon mitbekommen.

Es gibt allerdings auch eine Menge Fragen, die Ihnen die Gehirnforschung allein nicht beantworten kann. Beispielsweise diese: Wie fühlt es sich für Jugendliche an, in der Pubertät zu sein? Wie fühlt es sich an, mit einem Pubertierenden täglich umzugehen? Und: Wie kommen Sie als Eltern mit Ihren eigenen Ängsten und Grenzen klar? Denn Jugendliche sind Grenzverletzer. Doch subjektive Erfahrungen lassen sich nicht messen. Deswegen bleiben der subjektive und der persönliche Blickwinkel in der Wissenschaft weitgehend außen vor. Erziehung ist aber nicht objektiv, sie ist höchst persönlich. Für sie gilt: Sie haben dann den größten Einfluss, wenn Sie von Ihrem ›Erwachsenen-Thron‹ herabsteigen und sich aufrichtig und mutig für die Jugendlichen öffnen.

In der Pubertät sind daher Schwierigkeiten und Unsicherheiten im Umgang mit Grenzen sehr häufig und weitverbreitet – sowohl mit den eigenen wie auch mit denen der Kinder. Was Grenzen angeht, stellen Jugendliche nicht nur für ihre Eltern eine besondere Herausforderung dar, sondern ebenso für die »Profis«, die Lehrer und Pädagogen. Die Auseinandersetzung mit diesem Thema zieht sich durch die ganze Pubertät und ist eines ihrer herausragenden Kennzeichen. Natürlich gibt es in Ausprägung und Heftigkeit große Unterschiede, je nach der Persönlichkeit und den Umgebungsbedingungen, in denen ein Kind aufwächst. Dennoch ist die Pubertät in jedem Fall eine »Grenzerfahrung« für beide Seiten, Jugendliche wie Eltern. Das Aushandeln von Grenzen, mitunter durchaus wie auf einem Basar, gehört einfach dazu.

Die Fragen bleiben:
- Braucht es Grenzen und wenn ja, welche?
- Wann setze ich Grenzen, und wann lasse ich es einfach laufen? Soll ich das, darf ich das überhaupt?
- Welche Grenzen sind wann förderlich, welche hemmen mein Kind eher und verhindern eine gesunde Entwicklung?
- Wie gehe ich mit meinen eigenen Grenzen um?
- Wie reagiere ich, wenn meine eigenen Grenzen überschritten werden?

Es gibt keine pauschalen Antworten auf diese Fragen und keine Handlungsanweisungen, die sich schematisch auf jeden Jugendlichen und alle Eltern anwenden ließen. Dazu sind die Beteiligten einfach zu unterschiedlich. Deshalb finden Sie hier auch keine Patentrezepte, wohl aber jede Menge Kriterien, Hilfestellungen und Anregungen für Ihren täglichen Umgang mit den innerfamiliären Außerirdischen. Denn Jugendliche sind komplexer als eine Mikrowelle und haben es verdient, dass wir ihnen unsere Zeit und Aufmerksamkeit schenken. Sie brauchen uns mehr, als es manchmal den Anschein hat und obwohl es so klingt, als sähen sie das selber nicht so.

Drehen wir den jugendlichen Lautsprecher doch mal auf laut und hören, was da oft als Echo rauskommt, wenn man sich in bester Absicht einmischen will, etwas verbietet oder einfach nur helfen will: »Lass mich bloß in Ruhe! Du blickst doch gar nichts! Ich mach eh, was ich will! Du hast mir überhaupt nichts zu sagen!« Eine schöne Auswahl, nicht wahr? Bei diesen Aussagen, die vielen von Ihnen bekannt vorkommen werden, so Ihre Kinder bereits in dem Alter sind, wären zumindest zarte Zweifel an meiner Behauptung, sie bräuchten uns dringend, angebracht. Doch so einfach sollten wir die Jugendlichen nicht davonkommen lassen. Schauen wir uns diese ihre eigenen »Ratschläge« zum Umgang mit ihnen doch mal aus der Nähe, ernsthaft und auf ihre Eignung für sie selbst hin an, stirnlappentechnisch sozusagen.

»Lass mich bloß in Ruhe!« Das klingt verlockend. Einfrieren der widerborstigen Wesen und warten, bis der Anfall vorüber ist, scheint manchmal eine reizvolle Variante zu sein. Aber dann würden sie ja nichts lernen. Es stimmt: Jugendliche brauchen einerseits mehr Ruhe und Rückzugsbereiche, weil es in ihnen einen gewaltigen Umbruch zu verarbeiten gilt. Das habe ich schon ausführlich dargelegt. Doch sie sind ebenso bestimmt und dringend auf die Impulse angewiesen, die ihnen gezielte pädagogische und elterliche Interventionen zu vermitteln mögen. Auf den jugendlichen Leichtsinn zu bauen und zu vertrauen, dass das Leben es irgendwie schon von selbst richtet, ist keine wirklich sinnvolle Lösung, auch wenn Sie in weiten Teilen nichts anderes tun können werden. Das gilt schon allein deswegen, weil die Jugendlichen teilweise verzweifelt die Unterstützung der Erwachsenen suchen. Allein gelassen mit den gewaltigen Umbrüchen im Körper und vor allem in Geist und Seele, tun sie sich nicht nur mit deren Bewältigung sehr schwer. Es wird für sie ohne Unterstützung der Erwachsenen auch viel schwieriger, die entscheidenden Lebenslektionen in der Pubertät zu lernen und für ihr hoffentlich großartiges und selbstbestimmtes Leben anzuwenden.

»Du blickst doch gar nichts!« Ist das so? Sicher, ein großer Teil der erzieherischen Haltung beruht auf der (beschränkten) Weltsicht und dem Selbstbild der Erziehenden, das ist richtig. Doch genau darum geht es doch. Das ganze Leben besteht aus einer Reihe höchst subjektiver Augenblicke, aus gelebten und erlebten Momenten. Das ist das, was die Qualität des Lebens ausmacht, und das ist das, was von uns bleibt. Sich darüber mit den Jugendlichen auseinander zu setzen, was die Qualität des Lebens bestimmt, ohne ihnen die eigene Sicht aufzuzwingen, ist vielleicht die größte Aufgabe in der Pubertät. Erziehung und Erziehungshaltung sind also höchst subjektiv. Und das ist gut so. Denn es geht immer um die Person. Deswegen kann ich Ihnen auch keine Patentrezepte anbieten. Ich kann Ihnen nur Mut machen. Und ich kann Ihnen nur immer wieder sagen, worauf es ankommt, damit Sie den Überblick behalten. Denn Sie selbst werden entscheiden, was für Sie zählt und wo Sie die Schwerpunkte setzen werden. Tun Sie es, doch tun Sie es weise. Nutzen Sie Ihren entwickelten Stirnlappen, und halten Sie Ihre Haltung und Ihren Blick lebendig. Bleiben Sie wach, und werden Sie nicht zum Erziehungsautomaten. Es handelt sich zwar um Ihr Kind, aber dennoch haben Sie ein eigenständiges Wesen mit eigenen Träumen und Wünschen und Aufgaben vor sich, keine menschliche Blaupause auf zwei Beinen. Wie ich schon sagte: Waches Interesse und ein Stückchen Neugier auf das Wesen, das sich da seinen Weg in das Leben sucht, sind der Schlüssel zum Erfolg, da die Jugendlichen in ihrer Komplexität so einzigartig sind wie die Sterne unter dem Himmel – und sie sind der Schlüssel zu ihrem Herzen und ihrem Geist.

»Ich mach eh, was ich will!« Das ist einer der Gründe, die diese Zeit so herausfordernd machen. Jugendliche können noch nicht wissen, was sie wollen. Das Einzige, was sie wissen, ist, dass sie alles Mögliche ausprobieren und kennen lernen wollen. »Ich bin jugendlich und das ist gut so!« stimmt natürlich. Nur ist Jugend kein abgeschlossener Prozess, kein Zeichen von Reife, sondern eine der intensivsten Phasen menschlichen Lebens und Lernens. Angeheizt von und im Wechselspiel mit körperlichen und geistigen Umbrüchen entsteht hier der künftige Erwachsene. In der Pubertät bilden sich die Instrumente erst heraus, die es erlauben, die Folgen eigener Handlungen zu bedenken, verantwortlich und sozial bewusst zu handeln. Deswegen brauchen die Jugendlichen die Erwachsenen als Beispiel und Inspiration, aber auch als Ergänzung und Korrektiv. Impulsivität und Spontaneität sind etwas sehr Schönes. Aber mit dem Auto, aufgeputscht durch Musik, Lichtgeflacker und weil eine scharfe Braut neben einem sitzt, mit überhöhter Geschwindigkeit aus der Kurve zu fliegen und am Baum zu landen, zeugt weniger vom jugendlichen Überschwang, auf den die Erwachsenen oft etwas neidisch schauen. Es zeigt vielmehr, dass Jugendliche so sehr vom Erleben und Entdecken des Moments gefangen sind, dass ihnen im Rausch des Augenblicks mögliche Folgen nicht bewusst oder egal sind. Das hat wieder mit Moral nichts zu tun, deswegen nützt es auch nichts, den berühmten moralischen Zeigefinger zu heben. Denn dies Verhalten hängt damit zusammen, wie Kinder in der Pubertät lernen. Und es hängt, wie wir in den vorherigen Kapiteln gesehen haben, im wahrsten Sinne des Wortes damit zusammen, wie sich das menschliche Gehirn in der Pubertät ausbildet und verschaltet, um die Voraussetzungen für verantwortliches und planvolles Denken und Handeln über den Tag hinaus zu ermöglichen. Es nützt allerdings auch keinem, wenn Sie, bildlich gesprochen, alle Schiffe im Hafen versenken, damit kein Schiff mehr da ist, mit dem die Jugendlichen aufs Lebensmeer hinausfahren könnten. Es gibt noch mehr Häfen! Die Unterhaltung mit den Nachbarn darüber, ob die Farbe des jugendlichen Schiffes – grellorange? – auch deren erste Wahl wäre, hilft auch nicht wirklich weiter. Ebenso wenig hilft es, wenn Sie den Jugendlichen drei Träger zur Verfügung zu stellen, damit sie sich auf dem Weg zu ihrem Schiff die Füßchen nicht wund laufen. Was ihnen hilft, ist, wenn man ihnen ermöglicht, segeln zu lernen, zu navigieren, das Wetter zu lesen, Provianteinkauf zu planen und eine Mannschaft – ihre eigene Mannschaft aus Leidenschaften, Begeisterung, Wünschen, Gefühlen, Ideen, Impulsen und Sehnsüchten – auf ein Ziel hinzuführen. Wenn sie das oft genug geübt und erste Abenteuer dabei bestanden haben, wachsen daran ihre Fähigkeiten. Sie werden auch kommende Ziele eingehender auf persönliche Tauglichkeit untersuchen können, bevor sie ihnen nachstreben. Ihr Gehirn ist nicht nur gewachsen, es hat sich auch ausdifferenziert und hat Verknüpfungen, die ins Leere führen oder nicht brauchbar sind, gekappt, sagt uns die Gehirnforschung. Einen Zusammenhang zwischen Vorträgen mit dem erhobenen moralischen Zeigefinger und dem Erwerb neuer, wertvoller menschlicher Fähigkeiten konnte dagegen noch niemand belegen. Lernen funktioniert einfach anders.

»Du hast mir überhaupt nichts zu sagen!« Offensichtlich haben Sie, wenn Sie das eben Gesagte bedenken, Ihren Kindern doch einiges zu sagen und mitzugeben. Schließlich sind Sie schon einige Zeit länger mit Ihrem Lebensschiff unterwegs und haben diverse Erfahrungen vorzuweisen. Das müssen nicht nur gute und strahlende Erfahrungen sein, die Sie selber in einem guten Licht dastehen lassen. Es ist nicht nur die blendende Erfolgsgeschichte, die Stoff zum Lernen bietet, die Nahrung für Hirn, Geist und Seele der Jugendlichen ist. Ich werde ohnehin immer misstrauisch, wenn jemand nur über seine Erfolge redet, und frage mich, was dieses blendende Bild zudecken und verstecken soll. Menschen, und zu denen gehören Sie wie ich, lernen nun mal am ehesten aus Fehlern – meistens den eigenen. Von daher bietet auch der ehrliche Umgang der Erwachsenen mit dem eigenen Scheitern – sei es bei Träumen, Vorhaben oder Beziehungen – wertvollen Lernstoff für die jugendlichen Werdewesen. Vielleicht ist es sogar wertvoller, wenn man zeigt, dass und wie man mit Scheitern umgehen kann, ohne sich einfach aufzugeben, und wie man daran wachsen kann, denn diese Erfahrungen kommen unweigerlich auf jeden Menschen zu. Höre ich Widerspruch? Dann schauen Sie mir in die Augen und wiederholen Sie, dass Sie noch nie in Ihrem Leben an etwas für Sie Wichtigem, Existenziellem gescheitert sind. Das gibt es nicht, stimmt's?

Jetzt ist die Zeit dafür, sich den Fragen und Gesprächen über das eigene Leben, über Wünsche und Träume, über Beziehungen, über den Umgang mit Ängsten, über Mut und Feigheit, über Glauben, Motive, Gefühle und – klar – die Liebe nicht zu entziehen. Natürlich haben Sie keine Erwachsenen vor sich, und es sind nicht Ihre Freunde und Partner, mit denen Sie da reden. Es sind Jugendliche, die erst erwachsen werden wollen, das dürfen Sie nicht vergessen! Ebenso natürlich rühren solche Gespräche an alte Wunden und Verletzungen, die Sie längst vergessen und abgelegt glaubten. Aber sie bieten auch Anlass, sich an schöne Dinge und Gefühle zu erinnern und daran, wie Sie selbst in der Pubertät gewesen sind.

Es ist also keineswegs unwahrscheinlich, dass Sie durch Ihre pubertierenden Kinder Impulse für Ihr erwachsenes Leben und Denken bekommen, wenn Sie es zulassen. Gelingt es Ihnen, sich von dem jugendlichen Glauben an die Unerschöpflichkeit des Lebens und an die Grenzenlosigkeit des Seins inspirieren zu lassen? Berühren Sie der Mut und die Unbedingtheit der Jugend, die Intensität der einzelnen wie an einer Perlenschnur aufgereihten Augenblicke? Lassen Sie sich verführen, bewusster zu leben?

Wie bei allem Zwischen-Menschlichen liegt der Zauber in der Begegnung zweier Menschen, dem intimsten und persönlichsten, was es gibt. Ihr Schlüssel zu dem, was den Umgang mit der Pubertät schwierig oder leicht macht, die Entscheidung für richtig oder falsch, liegt in Ihnen. Denn Ihr subjektiver Blick auf Ihre Jugendlichen ist der Zauberstab, mit dem Sie Entwicklung anregen oder blockieren können.

Sie als Eltern sind und bleiben für ein ganzes Leben die wichtigsten Bezugspersonen für Ihre Kinder. Sie prägen Ihre Kinder am meisten, und diese Prägung bleibt auch, wenn Sie sich äußerlich völlig voneinander entfernen sollten. Eltern spielen die ganz zentrale Rolle, sie sind die größten Vorbilder, an ihnen reiben sich die Kinder, und an ihnen wachsen sie ein Leben lang.

Aber die Jugendlichen wollen sich mit der Pubertät auf eigene Beine stellen, sich abnabeln. Deswegen brauchen und suchen sie sich über die Personen der Eltern hinaus Vorbilder, oft geschlechtsspezifisch, die ihnen Inspiration sein können. Eltern haben es in dieser Zeit meistens schwerer, merklich zu ihnen vorzudringen, eben weil die Verbindung emotional so nah ist. Es ist frustrierend für Väter und Mütter, wenn sie bei den Gesprächen das Gefühl haben, mit einem Gartenzaun zu reden. Wenn sie ihnen vertrauen können, tun sich Jugendliche oft Dritten gegenüber leichter mit Reden. Wenn sie sich jemandem wie dem Großvater öffnen können und dürfen – oder Lehrern, anderen Verwandten, älteren Brüdern, Schwestern oder Nachbarn –, kann das eine große Hilfe und segensreiche Unterstützung beim Wachsen und Lernen sein. Theoretisch kommt dafür jeder Erwachsene in ihrem Umfeld in Frage, der den Jugendlichen glaubwürdig das Gefühl von Verständnis, Nähe und Toleranz vermittelt – und ihnen Zeit, Zuwendung, Geduld und Aufrichtigkeit schenkt. Sie müssen sich also nicht grämen, wenn in der Pubertät der Kontakt zu Ihren Jugendlichen schwieriger wird. Hauptsache, es gibt jemanden, mit dem die Halbstarken vertrauensvoll reden und dem auch Sie, die Eltern, vertrauen können.

# Drama Pubertät

## Die zweite Geburt

Nicht nur in Bezug auf die Intensität des Lebens und Erlebens ist die Pubertät wie eine zweite Geburt. Neugeborenen gleich müssen sich die Jugendlichen aus dem Schoß der elterlichen Welt herausarbeiten und sich körperlich, seelisch und geistig auf eine völlig neue Welt einstellen, in der nichts mehr ist, wie es war. Das bezieht sich nicht nur auf die Umbauprozesse im Körper und Gehirn, sondern stärker und unmittelbarer noch auf die Wahrnehmung und die Gefühlswelt der Jugendlichen.

Sie schauen eines schönen Morgens in den Spiegel und erkennen sich selbst nicht mehr. Verpickelt und mit ersten sprießenden Schamhaaren und Brüsten gelangen sie in eine andere, geheimnisvolle Welt vielschichtiger und verwirrender Gefühle und Regungen. Etwas dringt mit großer Intensität in ihr Leben ein und hebt es aus den Angeln. Mit Macht taucht sie eine geheimnisvolle Kraft in aufwühlende Gefühlswelten ein und macht sie blind und taub für alles, was vorher oder nachher passiert.

Sie werden nachdrücklich rausgeschubst aus dem Kokon, in dem die elterlichen Standpunkte ihre Welt begrenzten und ihnen Sicherheit gaben. Die Unschuld ist dahin. Die Welt, der Moment locken mit ausschließender Intensität, mit dem Versprechen von Leben, Liebe und Abenteuer. Alles andere verblasst dagegen. Es bleibt den Jugendlichen nichts anderes, als sich hineinzustürzen in das Ausprobieren eigener Standpunkte, heute diesen, morgen jenen. Einige tun das mit Lust, inszenieren das als großes Spiel, bei dem jeder freiwillig oder unfreiwillig zum Statisten und Mitwirkenden des großartigen eigenen Dramas wird. Andere quälen sich damit, sind tief verunsichert und leiden.

Allen Jugendlichen ist gemein, dass sie eine Rolle spielen, sich erst ausprobieren müssen. Das spielerische Element des Dramas ist dafür das geeignete Mittel und das Erfahrungsfeld, das die menschliche Natur geschaffen hat. Hier können sie die körperlichen, seelischen und geistigen Entwicklungen in der Pubertät aktiv durchleben, ausgestalten und verarbeiten. Es ist notwendig, darin einzutauchen, um erwachsen zu werden. Im Drama erleben die Jugendlichen die notwendigen aufregenden Impulse und emotionalen Übersteigerungen, die dafür sorgen, dass sich das halbstarke System stark, erfolgreich und nachhaltig verknüpfen und zum Erwachsenen heranreifen kann. Je mehr die Kids (Mädchen noch mehr als Jungs) das ausleben und sich ausprobieren können, desto besser für sie.

Im Heranwachsenden kommt in mehreren Bereichen etwas auf die Welt und tritt unsicher und auf wackligen Beinen in Erscheinung: »Hallo, Welt, hier bin ich!« Kluge Eltern nehmen ihre Kinder in diesem Stadium ernst und heißen sie willkommen. Was nicht bedeutet, alle Äußerungen, die Jugendliche im Laufe eines Tages sprachlich so von sich geben, auf die Goldwaage zu legen. Das lohnt sich nicht, wie wir wissen, denn der Stirnlappen kann die Impulse noch nicht optimal steuern, er lernt es ja erst ...

Mit diesem neuen Wesen, das da in Ihr Leben tritt, verlässt Sie das Kind, das Sie bisher kannten. Das kann zum Teil sehr dramatisch sein und Ihnen das Gefühl geben, es mit einer anderen Person zu tun zu haben. Aber es ist nach wie vor Ihr Kind – nur hat es angefangen, sein Leben selber in die Hand zu nehmen und sich in die ›Freiheit‹ zu bewegen. Es mag zwar hart sein, die Jugendlichen schrittweise in ihr eigenes Leben gehen zu lassen, aber genau das geschieht und vollendet sich in der Pubertät. Die Unschuld der symbiotischen Beziehung zwischen Eltern und Kindern ist spätestens mit dem Eintritt in die Pubertät vorbei. Das ist ein emotionaler und oft sehr schmerzlicher Abschied.

Aber es ist auch der Beginn einer aufregenden Zeit voller spannender und bewegender Veränderungen bei den Jugendlichen selbst und in der Beziehung zu Ihnen, ihren Eltern. Es kann berührend und tiefbewegend sein, ihre ersten Schritte auf dem Terrain der Liebe zu beobachten und mitzuerleben, wie aus den anfänglichen spielerischen Versuchen allmählich die Fähigkeit zu intensiveren, nicht mehr nur kindlichen Empfindungen anderen gegenüber entsteht. Die ganze Tiefe und Weite menschlicher Empfindungen und Sehnsüchte erschließen sich.

Der junge Mensch im Umbau ist mitunter rührend komisch, wenn die hormonelle Flut, die Entdeckung der eigenen Sexualität und das Längenwachstum mit dem noch kindlichen Gemüt kollidieren. Doch auch die körperlichen Veränderungen, anfangs nur erlitten und erduldet, kommen irgendwann zum Abschluss und der Umgang mit dem veränderten Körper wird immer vertrauter.

Es ist meistens spannend, anregend und fordernd, die Jugendlichen bei ihrer Auseinandersetzung mit der Welt zu begleiten. Denn so schlecht kann es ihnen bisher gar nicht ergangen sein, dass sie nicht irgendwo Hoffnung und Mut, Begeisterung und die Bereitschaft zum Abenteuer versteckt hätten. Ihnen dabei zu helfen, sich klar zu werden, wohin die Reise gehen soll, und den Weg dahin zu zeigen, vertrauenswürdiger Partner und erfahrener Begleiter bei ihrer Entdeckungsreise zu sein, ist eine der schönsten Aufgaben, die Eltern, Pädagogen und Lehrern vergönnt ist.

Jugendliche sind dabei, eigene Standpunkte zu erobern, und legen damit die Grundlage dafür, auf eigenen Füßen stehen zu können. Sie suchen ihren Platz in der Welt. Ihnen dabei zu helfen, macht auch uns wieder jung und schenkt uns etwas von ihrem Glauben, mit dem sie – hoffentlich – in die Welt hinausgehen:

- Dass es ihnen möglich ist, alles zu erreichen, was sie wirklich erreichen wollen.
- Dass sie es wert sind, geliebt zu werden.
- Dass sie fähig sind, selbst zu lieben.
- Und: Dass sie wertvoll und etwas Besonderes sind, weil sie leben.

# Der Steuermann ist über Bord gegangen

## Die abenteuerliche Reise von Brauseschopf und Dramaqueen

Dieser Glaube an sich selbst, an die positive Kraft in sich, wird die Kids auch durch schwierige Zeiten und über große Hindernisse tragen. Deshalb ist das die vielleicht wichtigste Grundlage, die Sie ihnen mitgeben können, und der nahrhafteste Proviant für ihre abenteuerliche Lebensreise. Dieser Glaube an den eigenen Wert wird an den Herausforderungen wachsen und ihnen Kraft und Mut geben für alles, was noch kommen mag. Doch zunächst gibt er ihnen einfach nur Halt und Zuversicht – und auch das ist schon viel.

Denn wenn die Jugendlichen in die reißenden Fluten der Pubertät geraten, gleichen sie einem Flussboot, bei dem kurz vor den ersten Stromschnellen Kapitän und Steuermann über Bord gegangen sind und den Schiffsjungen und -mädchen das Kommando und das Ruder überlassen haben. Dabei bekamen sie noch ein freundliches »Gut Glück!« mit auf den Weg. Leider kann niemand auf das Boot gelangen, weil es von der Strömung erbarmungslos vorangetrieben wird. Aber die erwachsenen und erfahreneren Flusspiloten können vom Ufer aus versuchen zu helfen. Sie können ihnen ihren Rat und ihre Unterstützung anbieten, damit Boot und jugendliche Besatzung gut durch die Stromschnellen und die anderen Abenteuer und Gefahren kommen, die der Fluss auf dem Weg zum Meer noch für sie bereit hält.

Die Schiffsjungen und -mädchen selbst sehen die Gefahren nicht. Sie sind viel zu sehr von den Verheißungen des Moments gefangen, denn sie haben die intensivsten und verlockendsten Gerüche vom weiten Meer und köstlichen Abenteuern in der Nase. Die Fahrt beängstigt sie zwar einerseits, weil sie nicht wissen, wohin es geht und was mit ihnen genau geschieht, andererseits fühlen sie sich jedoch unwiderstehlich und geradezu magisch von den geflüsterten Versprechungen, die jeder Windhauch an sie heranträgt, angezogen. Doch den Erwachsenen am Ufer wird oft ganz schlecht, wenn sie sehen, wie impulsiv und unbedacht die Jugendlichen dabei handeln.

Doch glauben Sie, dass es in dieser für die Kids so aufregenden und aufwühlenden Situation fruchtet, ihnen nahe zu legen, sich zu beruhigen und bedachtsamer zu agieren? Nicht wirklich, oder? Was also ist zu tun? Die Wunderwaffe Punktebogen einsetzen? Eine gute Idee. Damit erhalten Sie jeden Tag zumindest für fünfzehn Minuten die volle Aufmerksamkeit der jungen Mannschaft und können mit ihnen ein wenig Grundlagentraining betreiben. Denn es ist ja schon deutlich geworden, dass es keine gute Lösung ist, nur auf den jugendlichen Leichtsinn zu vertrauen und darauf zu bauen, dass die tausend Schutzengel der Kinder und Jugendlichen schon ihr gutes Werk tun werden. Obwohl den Erwachsenen in weiten Strecken nichts anderes übrig bleiben wird, wenn sie die Jugendlichen nicht wegschließen wollen. Doch selbst das würde nichts nützen, im Gegenteil.

Eltern brauchen einfach gute Nerven und ein Minimum an Grundvertrauen in die schlummernden oder erwachenden Fähigkeiten ihrer Sprösslinge und in deren Selbstheilungskräfte. Sonst stehen sie den unverzichtbaren Erfahrungen und dem Lernen der Kinder erschwerend bis verhindernd im Weg und machen diese und sich selbst verrückt. Denn die Jugendlichen werden dadurch ängstlich, schwach, anfällig und verführbar, verunsichert und ver-rückt an sich selbst. Sie werden durch den übertriebenen elterlichen Behüte-Instinkt ihrer wichtigsten Lebenslektionen beraubt, aus denen heraus sie Selbst-Zutrauen und Selbstbewusstsein entwickeln könnten. Denn die beiden entstehen, wie gesagt, nur und zuerst aus dem Erleben und aus den vielen Erfahrungen der eigenen Fähigkeiten und Kräfte. Die brauchen sie als Grundlage, um sich an ihre Lebensaufgaben heranzuwagen und ihr Leben meistern zu können.

Was für weitere Möglichkeiten stehen den erfahreneren Flusspiloten zur Verfügung, um der jugendlichen Bootsbesatzung auf dieser aufwühlenden Fahrt in die Selbstständigkeit zu helfen und ihnen ein wenig Vernunft und Verantwortung einzutrichtern?

Da Jugendliche instabile Werde-Systeme sind, die impulsiv und sprunghaft durch eine emotionale Achterbahn jagen, sind ruhige und stabile Erwachsene als emotionale Stütze, als haltgebende und inspirierende Institution gefordert. Auf Sie als Eltern werden die jugendlichen

Jojos immer wieder zurückkommen. Stehen Sie fest genug? Halten Sie das aus?

Pubertierende sind dazu noch eingeschränkt und gleichzeitig intensiviert in ihrer Wahrnehmung. Stellen Sie sich vor, Sie würden mit einer Lupe durch die Welt laufen. Sie sähen Details dadurch in einer starken Vergrößerung und könnten, wenn Sie es nicht besser wüssten, diese Details für die ganze Welt halten. Denn die extreme Vergrößerung oder Verstärkung einzelner Ausschnitte und die gleichzeitige Einengung Ihres Gesichtsfelds vermindert Ihre Möglichkeit, größere Zusammenhänge zu sehen. Und weil das bei Jugendlichen so ist, brauchen sie Ihre Unterstützung, um die Zusammenhänge nicht aus den Augen zu verlieren. Auch da kann der Punktebogen gute Dienste leisten.

Zudem sind sie zutiefst verunsichert, weil sich ihr Leben, ihr Empfinden, ihr Denken und ihr Körper dramatisch verändern. Sie brauchen Orientierung, Verständnis, Zuwendung und Halt von Ihnen, um das auszuhalten und zu akzeptieren, es verstehen und verarbeiten zu können. Die jugendliche Wahrnehmung der Welt hat mit der von Erwachsenen nicht viel gemein. Sie ist bunt, grell und schrill oder schwarz und hoffnungslos. Himmelhochjauchzend oder zu Tode betrübt. Für Zwischentöne ist da nicht viel Platz. Verständnis und Gespräche, Struktur und Humor helfen den Kids, die Zwischentöne zu entdecken und ihr emotionales Vokabular zu erweitern und zu verfeinern.

Jugendliche benötigen also beides: Unterstützung und Hilfe ebenso wie Freiheit und Gewährenlassen. Unterstützende Freiheit oder befreiende Unterstützung – befreiender Halt oder haltende Freiheit: Diese Gegensätze machen es für Sie als Eltern nicht leichter, einen goldenen Mittelweg auf diesem schmalen Grat zu finden. Zudem Sie von Ihren kleinen Widerborsten wahrscheinlich nicht gerade mit Dankbarkeit für Ihre Mühen überschüttet werden. Deren Synapsen sind noch nicht so weit entwickelt. Die Dankbarkeitsverknüpfung ist noch in der Werkstatt, und das emotionale Werde-Wesen und sein Zentralcomputer leiden unter Reizbeschuss. Da fällt es schwer, sich mal mit etwas anderem als sich selbst und der eigenen Befindlichkeit zu beschäftigen und wahrzunehmen, was andere (die eigenen Eltern, Lehrer …) für einen tun, und dafür auch noch so etwas wie Dankbarkeit zu empfinden. Aber geben Sie die Hoffnung nicht auf, denn wenn Sie Glück haben und es gut läuft, bekommen Sie diesen Dank vielleicht später. Manchmal dauert es, bis Ruhe eingekehrt ist und die Erkenntnis Raum gewinnt, an wie vielen Stellen und wie oft einem als Jugendlicher geholfen wurde. Erst dann kann Dankbarkeit entstehen.

# Erfolgsschwingen und Traummuskeln

## Zwei Übungen

Wenn man aber weiß, dass Jugendliche noch nicht recht zurechnungsfähig sind, ihr Reizverarbeitungssystem sich in einem Ausnahmezustand befindet und ihre Fähigkeit, Handlungen und Entscheidungen abzuwägen, stark beeinträchtigt bis nicht vorhanden ist, warum dann so einen Aufwand betreiben? Warum dieses Gerede um Selbstbestimmung, Freiheit, eigene Entscheidungen treffen, Verantwortung lernen und so weiter, wenn die Jugendlichen mit diesen Fragen offensichtlich weder angemessen noch zielführend, geschweige denn verantwortlich umgehen können?

Warum kaserniert man sie nicht zum Beispiel in militärähnlichen Zuchtanstalten, wo sie disziplinarisch hart herangenommen und von morgens bis abends beschäftigt werden? Dann haben sie keine Zeit, Dummheiten zu machen, und bringen weder sich noch andere in Gefahr.

Sie meinen, das wäre zu teuer, weil man dafür viel Personal braucht? Es gäbe niemanden, der das bezahlt? Mal angenommen, die Mittel dafür wären da, weil ›Sankt Pädagogus‹ sein Füllhorn ausgeschüttet hat. Was spräche dann dagegen? Die Erwachsenen hätten ihre Ruhe, und die Kids wären beschäftigt, oder nicht? Sicher kann man ihnen auf diese Art auch wieder ein wenig Respekt für die Älteren einbläuen, nicht wahr? Das wäre doch schon mal was, was meinen Sie?

Gegenfrage: Worum geht es denn noch in der Pubertät, außer die Zeit halbwegs unbeschadet zu überstehen? Ein wichtiger Punkt ist, die Regeln der Erwachsenenwelt zu lernen, das ist richtig, damit die jungen Erwachsenen wissen, wie sie sich in ihr bewegen und erfolgreich sein können. Es geht also auch um Anpassung und darum, ›zu funktionieren‹. Aber in erster Linie geht es doch um den Erfolg, also um ein erfolgreiches Leben, oder? Dann fragen wir uns doch mal: Wann funktioniert ein Leben? Was macht uns erfolgreich? Wann sind wir glücklich mit dem, was wir tun und wie wir leben? Und wann sind wir am produktivsten?

*Übung:*
Nehmen Sie sich jetzt ein Stück Papier und einen Stift und halten einen Moment inne. Fragen Sie sich, wann Sie sich besonders erfolgreich gefühlt haben. Wann waren Sie zufrieden oder sogar glücklich mit ihrem Leben? Welche Momente waren das, und was zeichnete sie aus? Schreiben Sie zehn der wichtigsten kurzen oder längeren Momente auf und das, was sie für Sie so besonders machte. Achten Sie dabei auch darauf, ob es dabei Situationen gab, in denen Sie sich besonders leistungsfähig fühlten. Legen Sie das Buch so lange beiseite. Überlegen Sie dann, worin der Unterschied zu zehn Situationen lag, in denen Sie erfolglos, unglücklich, unzufrieden oder unproduktiv waren und in denen Sie das Gefühl hatten, auf der Stelle zu treten. Lesen Sie erst weiter, wenn Sie damit fertig sind!

Wahrscheinlich sind Ihnen jetzt Momente eingefallen, in denen Ihnen etwas gelungen war, das Ihnen am Herzen lag. Vielleicht haben Sie an ein berufliches Erlebnis gedacht, eine Herausforderung, die Sie erfolgreich bewältigt, eine Gelegenheit, bei der Sie außerordentliche Anerkennung erfahren haben. Oder Sie dachten an eine private Situation, die wichtig für Sie war, bei der lange andauernde Missverständnisse oder Schwierigkeiten durch ein Gespräch ausgeräumt werden konnten und dadurch der Weg frei wurde für einen neuen Anfang. Oder Sie haben daran gedacht, wie sie verliebt waren und zurückgeliebt wurden. Auf was Sie auch immer gekommen sind, die Frage: »Wann war ich besonders erfolgreich?«, müsste eigentlich lauten: »Wann fühlte ich mich im Einklang mit der Welt?«, nicht wahr? Anders gesagt, Erfolg und innere Erfüllung sind ganz dicht beieinander, wenn nicht sogar identisch. Und ich müsste mich sehr täuschen, wenn diese Augenblicke, in denen Sie von Ihrem Erfolg erfüllt waren, nicht auch die waren, in denen Sie sich am leistungsfähigsten fühlten. Bestimmt haben Sie da auch am meisten von dem, was Ihnen persönlich und beruflich wichtig war, mit leichter Hand, beinahe mühelos zustande gebracht. Stimmt's?

Nun werden Sie vielleicht einwenden, dass es nicht nur um das persönliche Glück gehen kann. Schließlich leben wir in einer Gesellschaft mit Nachbarn, Kollegen, Freunden usw. und müssen uns anpassen. Da muss man Kompromisse schließen und sich auch mal zurücknehmen können. Auch bei den Hirnforschern war ja die Rede davon, dass das Gehirn lernen muss, Impulse zu unterdrücken. Wo kämen wir denn hin, wenn beispielsweise jeder, den es glücklich machte, einen anderen zu schlagen, das im Sinne der Selbstverwirklichung und »des persönlichen Glücks« auch täte?

Da haben Sie vollkommen Recht. Die Fähigkeit, Impulse zu unterdrücken, ist eine der Bedingungen dafür, die eigenen Träume und Ziele anstreben und auch erreichen zu können. Nicht jedem Impuls nachzugeben ist die Voraussetzung, um die eigenen Fähigkeiten, Energien, Wünsche und Träume auf ein Ziel hin bündeln zu können und erfolgreich zu sein. Aber die eigenen Träume und die damit verbundenen Ziele zu unterdrücken oder gar nicht erst hochkommen zu lassen, heißt, niemals erfolgreich zu sein. Ohne das Feuer der Träume funktionieren wir vielleicht, aber alles, was erreicht wird, bleibt kalt und leer – sinnlos, Gefängnis und Tretmühle in einem. Nehmen Sie dann noch den Traum vom kleinen Glück im Privaten, bleibt nichts mehr. Das sind dann die Leute, die Amok laufen.

Wie Träume und Ziele aussehen, ist so bunt und vielfältig wie die menschliche Natur. Nicht immer sind sie von Anfang an klar und deutlich und lassen sich benennen. Viele offenbaren sich einem erst im Laufe der Zeit, wie so eine Art Lebensthema, das immer wieder auftaucht und sich bemerkbar macht, bis man notgedrungen anfängt, sich damit zu beschäftigen und es bewusster wahrzunehmen. Für manches müssen einem halt erst einmal die Schuppen von den Augen fallen.

*Übung:*
Nehmen Sie sich wieder Ihren Block und Stift. Denken Sie nach: Was möchten Sie noch erreichen? Womit sind Sie zufrieden? Womit sind Sie unzufrieden? Was möchten Sie in Ihrem Leben verbessern? Gibt es etwas, wovon Sie träumen? Was würden Sie gerne tun, haben sich aber bisher nie getraut? Wir sind unter uns, seien Sie ehrlich und horchen Sie in sich hinein. Gibt es Träume, die Sie länger begleiten als andere? Gab es Strohfeuer? Schreiben Sie Ihre Ziele und Träume auf, unabhängig davon, ob Sie meinen, dass sie sich (noch) verwirklichen lassen oder nicht, und teilen Sie diese in kurzfristige und längerdauernde auf, in wichtige und weniger wichtige.

Merken Sie, dass Träume und Wünsche, und seien sie noch so klein, Sie durch Ihr ganzes bisheriges Leben begleitet haben und immer noch begleiten? Jetzt versuchen Sie mal, sich ein Leben ohne Wünsche und Träume vorzustellen. Versuchen Sie es bitte ganz ernsthaft: Sich vorzustellen, ohne Traum und Ziel in den Tag hineinzuleben, ohne einen beruflichen, privaten oder anderen Traum, auf den Sie hinarbeiten könnten. Eine horrende Vorstellung, nicht wahr? Die Wiederholung des Ewig-Gleichen ohne etwas, für das Sie sich begeistern und entflammen oder das sie inspirieren könnte. Und sei es der Fußball. Monotonie und Eintönigkeit, sich endlos wiederholend – grässlich, oder? Da wird jeder Tag zur Qual, weil für einen selbst kein Sinn mehr sichtbar ist in dem, was man tut. Das aushalten zu können erfordert sehr viel innere Stärke und einen tiefen Glauben an einen höheren Sinn – und an Erlösung.

Aber es macht vor allem auch deutlich, dass die eigenen Träume und Ziele und die Aufgaben, denen wir uns als Menschen stellen, eine lebenswichtige Funktion haben: Sie halten uns nicht nur am Leben, sondern sie beleben und beflügeln uns. Sie heben uns über uns selbst hinaus, machen uns leicht und klar, geben uns Kraft und führen uns voran. Und es kann wirklich glücklich machen, an ihrer Verwirklichung zu arbeiten. Ob Sie wie Karl-Heinz Böhm auf der Spielbühne der großen Welt in Afrika tätig werden oder ob Sie im Keller an einer Modelleisenbahn basteln und kunstvolle Landschaften entwerfen, ist dem persönlichen Glück egal. Es hängt davon ab, wer Sie sind und was Sie glücklich machen kann. Denn es müssen Ihre Träume und Ziele sein. Würde ich Sie in bester Absicht zwingen, nach Afrika zu gehen und es Karl-Heinz Böhm nachzutun, weil ich die Macht dazu hätte – ohne Sie zu fragen und ohne mit Ihnen gemeinsam zu versuchen, herauszufinden, was Ihre Träume und Ziele sind und was deren Erreichen diente –, wären Sie wahrscheinlich todunglücklich. Sie hätten das Gefühl, ich würde Ihnen einerseits etwas aufzwingen und Ihnen andererseits alles wegnehmen, was Ihnen wichtig ist: die Freunde, die vertraute Umgebung und die Menschen, die Sie lieben, überhaupt alles. Sie würden sich bestraft fühlen und ausgeschlossen vom Glück, und Ihr einziges Ziel wäre wahrscheinlich, so schnell wie möglich wieder zurückzukommen. Sie würden Zeter und Mordio schreien und mich dafür verfluchen, oder nicht? Und – damit kommen wir wieder zu unserem Ausgangspunkt zurück – warum sollte es Jugendlichen da anders ergehen?

Die Träume und Wünsche der Jugendlichen sind ihre eigenen Schwingen, mit denen sie sich in die Luft erheben. Sie werden sie zu Erfolg und Erfüllung tragen, wenn sie lernen, die wichtigen von den für sie unwichtigen zu unterscheiden und sie richtig zu gebrauchen. Glauben Sie, das können die Kids in einer Erziehungskaserne lernen?

Die Träume der Erwachsenen jedenfalls, ihrer Eltern und Lehrer, tragen sie nirgendwo hin, sondern hängen an ihnen schwer wie Blei. In der Kindheit wirken die Träume und Wünsche der Eltern noch unmittelbar bildend auf die Kinder ein. Mit dem Eintritt in die Pubertät ist das vorbei. Die Jugendlichen wollen und müssen ihre eigenen Erfolgsschwingen und Traummuskeln entwickeln.

Aber es gibt eine weitere schöne und unterstützende Möglichkeit, am Leben und der inneren Entwicklung der Kinder teilzuhaben, auch wenn sie in die Pubertät gekommen sind, ohne ihnen unsere Sicht der Welt gewaltsam aufzudrängen oder aufzuzwingen. Sie können für Ihre Kinder, auch wenn sie Jugendliche sind, beten. Nein, halt, das meine ich ganz ernsthaft. In einer stillen Stunde die Augen zu schließen und aufrichtig darum zu bitten, dass jemand seinen Weg finden, dass ihm oder ihr dabei Unterstützung und Hilfe zuteil werden mögen, und um Erkenntnis dafür, was das Richtige sei, heißt nichts anderes, als diesem Jemand freilassend und liebevoll Ihre besten Gedanken, Kraft und Liebe zu schicken. Die Demut einer höheren Instanz gegenüber, mögen wir sie nun Gott nennen oder nicht, hilft uns darüber hinaus zu erfahren und zu leben, dass unser persönliches ›Wissen‹ und ›Denken‹ darüber, was für andere gut sein soll, nicht der Weisheit letzter Stand sein muss.

Probieren Sie es aus, und Sie werden erstaunt sein, welche Wirkung das entfalten kann.

# Kräfte, Bilder, Grenzen

## Über Wunschbilder und Formkräfte

Die Kunst, bei Jugendlichen etwas zu bewegen, besteht darin, ihnen Erfahrungsfelder anzubieten, die klar strukturiert sind und in einem festen, stabilen Rahmen Erlebnisse ermöglichen, die mit entsprechender Vor- und Nacharbeit zu Erkenntnissen werden können. Das klingt kompliziert, ist es aber nicht. Wenn Sie wissen, worauf es ankommt, wird es einfacher. Wenn Sie das Prinzip begriffen haben, können Sie die Chancen, die sich bieten, erkennen. Sie können auch ganz alltägliche Situationen als Lernfeld im Sinne des Gehirn- und Lebenstrainings Ihrer Sprösslinge nutzen, statt sich fruchtlos zu ärgern, wütend zu werden oder sich ohnmächtig zu fühlen. Damit geben Sie ihnen das Beste mit auf ihren Weg. Ich werde später anhand einiger Beispiele zeigen, wie Sie solche Situationen gestalten können. Zunächst aber schauen wir uns das Grundprinzip genauer an.

Grenzen haben in diesem Alter eine ganz bestimmte Bedeutung und Funktion. Jugendliche sind im Fühlen, Denken und Wollen auf den Kopf gestellt, im Umbruch und erst auf dem Weg zur Selbstständigkeit. Sie wären gerne schon erwachsen und damit der Kindheit entwachsen, zunächst hat sie aber lediglich jemand oder etwas aus ihrer Kindheit rausgeworfen, und das neue ›Haus‹ in der Erwachsenenwelt muss erst noch gebaut werden. Zurück in das alte Appartement können sie nicht mehr, und das Wohin ist noch diffus, ohne feste Form und festen Plan, erst im Werden. Die Pubertierlinge sind sozusagen für einige Jahre ohne festen Wohnsitz und leben in einer sich ständig verändernden Umgebung, in der mitunter auch noch der Boden bebt. Das allein würde schon reichen, sie in Atem zu halten, doch es kommt noch etwas gleichermaßen Irritierendes wie Erschreckendes und Berauschendes hinzu: Alles, was sie erleben, tun oder mit ihnen getan wird, wirkt sich unmittelbar auf ihren Neubau und die Umgebung, wie sie sie wahrnehmen, aus.

Vor diesem Hintergrund bekommen von außen gesetzte Grenzen

eine ganz andere Bedeutung denn als Einschränkung und Begrenzung. Richtig und gezielt eingesetzt, bieten sie den Jugendlichen den nötigen Widerstand, an dem sie sich spüren und mit deren Hilfe sie sich an die Erkundung ihrer eigenen, neuen Grenzen – ihres neuen Hauses – machen können. Die emotionale, gedankliche und körperliche Form beginnt sich ja ohne Vorwarnung aufzulösen, und die Sicherheit und Vertrautheit, die sie geboten hatte, sind plötzlich nicht mehr vorhanden. Da in ihrem Sein alles in Bewegung geraten ist, brauchen sie freilassenden, aber klaren und konsequenten Halt von außen.

Ausreichend Raum für Erfahrungen bieten, Orientierung und auch Halt geben, das sind die Aufgaben, die Grenzen erfüllen müssen, wenn sie etwas fruchten sollen. Grenzen helfen bei der körperlichen, geistigen und seelischen Entwicklung. Doch es müssen Grenzen sein, in denen Entwicklung, Erkenntnis und Einsicht befördert werden. Der Rahmen, den die Erwachsenen oder »Trainer« vorgeben, darf nicht zu eng sein und der Halt nicht erdrückend, sonst behindert er die Entwicklung. Er muss weit genug sein, um Wachstum zu ermöglichen, und eng genug, um Auseinandersetzung zu bieten. Und er muss sich natürlich mit den Jugendlichen weiterentwickeln und ihren wachsenden Fähigkeiten Rechnung tragen. Paradoxerweise sind dieser Rahmen und die Auseinandersetzung mit Grenzen, zu dem er die Jugendlichen zwingt, die Voraussetzung für das Erlangen der ›Freiheitsreife‹ und damit für wirkliche Freiheit. Freiheit ist eben kein Zustand, sondern eine Fähigkeit, die gelernt werden will.

Jugendliche brauchen ›Kümmerung‹. Sie sich selbst zu überlassen und ihnen alles zu erlauben heißt, sie im Stich zu lassen. Sie empfinden das auch nicht als Freiheit, sondern als Verlassensein, nicht als Gewinn, sondern als Verlust.

Wie die Grenzen aussehen, hängt zum einen von gesellschaftlichen Konventionen und den möglichen Gefahren im Umfeld ab, zum anderen und wesentlicheren Teil jedoch von den Jugendlichen selbst, ihrer Persönlichkeit und Veranlagung, und damit davon, welche Impulse sie brauchen, um ihr volles Potenzial zu entwickeln. Noch einmal: Es geht nicht darum, die Jugendlichen einzusperren, um sie vor sich und den realen oder vermuteten Gefahren der Umwelt zu bewahren und zu beschützen.

Wir kommen hier nur weiter, wenn Sie als Eltern, Erzieher oder

Lehrer sich wirklich und aufrichtig darüber Gedanken machen, was für einen »werdenden Menschen« Sie in Ihrem Jugendlichen vor sich haben. Genau dem dient die nächste Übung. Nehmen Sie sich so viel Zeit dafür, wie Sie brauchen. Sie können und werden die Ergebnisse aller Wahrscheinlichkeit auch später immer wieder hervorholen und weiter mit ihnen arbeiten. Das ist gut so! Denn nur, wenn Sie Ihr Bild lebendig halten, bleibt auch die Erziehung lebendig und bewegen Sie etwas.

*Übung: Der Wünschkarton I*
Teil 1: Nehmen Sie einen alten Schuhkarton oder etwas Ähnliches, das Sie zur Hand haben. Suchen Sie sich eine kleine Puppe, zum Beispiel aus einem Kinder-Überraschungsei, schneiden Sie sich eine aus Karton aus, oder basteln Sie eine aus Stroh. Dies ist Ihr Kind.

Jetzt machen Sie sich spielerisch daran, das Erwachsenen-Haus für Ihren Sprössling in diesem Karton einzurichten. Die Einrichtung für den Karton sammeln Sie aus Ihren Schätzen. Sie können in den Wünschkarton alles das symbolisch hineintun, was Sie Ihrem Kind beim Erwachsenwerden mitgeben möchten. Beispielsweise Gedanken, die Ihnen wichtig sind, bestimmte Erinnerungen und Ziele, Erfahrungen, Mut, einen DVD-Spieler, Freunde, Liebe, den Beruf, ein Auto und alles, was Ihnen sonst noch wichtig ist. Es gibt da keine Grenzen oder Regeln. Nur eindeutig muss es sein. Also nicht gute Wünsche, sondern konkret: welche guten Wünsche wofür? Wichtig ist, dass nichts fehlt. Sie können zufrieden sein, wenn Sie sicher nichts vergessen haben, was Ihrem Denken oder Empfinden nach hineingehören würde.

Sie selber suchen sich die Gegenstände zusammen, die als symbolische Stellvertreter fungieren sollen. Das können Fotos, Kerzen, leere Tomatendosen oder irgendetwas anderes sein. Sie bestimmen, was etwas bedeutet und hineinkommt.

Dann können Sie mit dem Einrichten beginnen. Vielleicht machen Sie eine Tapete aus Geschenkpapier oder bekleben den Karton von außen mit Fotos? Oder Sie machen ein Fenster hinein? Oder Sie polstern ihn aus? Oder bekleben ihn mit Zeitungen?

Sorgen Sie dafür, dass alles seinen richtigen Platz erhält. Es ist nicht egal, wo die Dinge stehen, sitzen oder liegen. Machen Sie es so, dass es sich für Sie richtig anfühlt. Das kann man spüren. Befestigen Sie es mit Kleber, wenn Sie fertig und sich sicher sind. Am Schluss setzen Sie Ihr

Kind an die Stelle, wo es hingehört. Stellen Sie den Karton samt Inhalt dorthin, wo Sie sicher sein können, dass ihm nichts passiert. Sie brauchen ihn noch!

Wahrscheinlich haben Sie gemerkt, dass Sie diese Übung dahin bringt, genauer darüber nachzudenken, was Sie Ihrem Jugendlichen mitgeben möchten, und sich klarer darüber zu werden, was Sie für richtig und wichtig halten. Wenn Sie sich den fertigen Wünschkarton jetzt anschauen, bekommen Sie ein ziemlich genaues Bild davon, wie Sie Ihr Kind jetzt sehen und was Sie sich für es wünschen. Darin haben sie all das vor sich, von dem Sie glauben und fühlen, dass es das Beste für es ist.

Sie haben mit dem Wünschkarton das Bild Ihres jugendlichen Werdewesens in der Hand, wie Sie es sehen. Der Wünschkarton wäre aber kein Zauberkarton, wenn er nicht auch die Möglichkeit bieten würde zu schauen, ob dieses Bild Ihrem Kind auch gerecht wird. Zunächst sagt er ja nur etwas über Sie, Ihre Wünsche, Hoffnungen und Erwartungen aus, die Sie mit Ihrem Kind verbinden und die Sie jetzt schön kompakt und anschaulich vor sich stehen haben. Deswegen kommt jetzt der zweite Teil der Übung.

*Übung: Der Wünschkarton II*
Nehmen Sie abends vor dem Schlafengehen, wenn Sie Ruhe haben, für 15 Minuten den Karton hervor, und stellen Sie ihn vor sich hin. Sie haben Ihr Kind darin vor sich, in Form der kleinen Puppe, die in Ihren Wünschkarton eingezogen ist und nun mit all dem, was Sie ihm mitgeben wollen, lebt.

Stellen Sie sich Ihr Kind vor, wie es Sie an die Hand nimmt und mit Ihnen durch das ›Haus‹ geht und Ihnen zu allem, was darin ist, sagt, ob es nützt und gewünscht ist oder ob es stört und belastet.

Fehlt noch etwas? Braucht es noch etwas? Hilft ihm das, was Sie liebevoll mit eingepackt haben, auf seinem Weg? Gibt es Disharmonien, oder ist etwas zu viel und muss heraus?

Wichtig ist diesmal, dass Sie nicht nur darüber nachdenken, was Sie für richtig halten, sondern dass Sie in Ihrer Vorstellung Ihr Kind zu Ihnen sprechen lassen. Sehen Sie den Wünschkarton mit den Augen Ihres Kindes. Das heißt, hören Sie zu und schauen Sie hin.

Legen Sie sich einen Block und Stift bereit, und notieren Sie Ihre

Beobachtungen und Veränderungen. Stellen Sie aber zunächst nichts um, nehmen Sie nichts heraus, und tun Sie noch nichts hinzu.

Machen Sie das etwa eine Woche lang jeden Abend.

Dann ziehen Sie Bilanz und führen Sie die Veränderungen aus, für die Sie sich entschieden haben, bis der Wünschkarton für Sie wieder stimmig und in Harmonie ist. Sie können sich den Wünschkarton immer wieder vornehmen, einmal im Monat, einmal im Jahr, wie Sie wollen, und schauen, ob und was sich geändert hat – aus Ihrer Sicht oder der Ihres Kindes.

Das Bild, das Sie sich mit dem Wünschkarton machen, ist auch eine Begrenzung. Es ist die Summe all dessen, was Sie wahrnehmen, sich für Ihr Kind wünschen und erhoffen. Sie finden dort all die Sehnsüchte, Träume und Erfahrungen, die Sie mit Ihrem Kind verbinden. Aber es ist Ihr Bild. Wichtig ist, dass Sie sich klar machen, dass Ihr Bild von Ihrem Kind kein getreues und vollständiges Abbild ist, sondern ein buntes Gemenge aus vielen Eindrücken, Ihren Eindrücken, alten und neuen, aktuellen und längst vergangenen. Wie viel darin wirklich mit Ihrem Kind zu tun hat, weiß ich nicht. Es kann viel sein oder auch wenig. Ist Ihnen das bei der vorigen Übung aufgefallen? Haben Sie sich überlegt, wie viele Ihrer Gaben in den Wünschkarton eigenen Bedürfnissen entspringen und wie viele wirklich Ihrem Kind gehören? Ihr Bild kann weit und freilassend sein und Raum zum Entdecken und für Überraschungen bieten, es kann aber auch so eng und erdrückend sein, dass es den Jugendlichen die Luft zum Atmen nimmt.

Meinen Sie, dass es möglich ist, diese Übung einmal mit Ihrem Sprössling gemeinsam zu machen? Gemeinsam auf Entdeckungsreise zu gehen?

*Partnerübung: Die Lebensreise*
Sie nehmen zwei Kartons, einen für Ihr Kind und einen für Sie, und Kleber. Dann erklären Sie den Sinn und Zweck: Jeder soll in seinen Karton alles hineintun, was er auf seine weitere Lebensreise mitnehmen will, was ihm bisher lieb und teuer geworden ist, und die eigenen Träume, Wünsche, Gedanken, Ziele usw., die ihm wichtig sind.

Suchen Sie, jeder für sich, die kleinen Symbole, die Stellvertreter, zusammen, die für all das stehen sollen. Das können wieder Fotos sein,

ein Schuhband, eine getrocknete Blume, ein Grashalm, was auch immer, der Phantasie sind da keine Grenzen gesetzt, nur möglichst konkret und nicht allgemein soll es sein. Es geht hier nicht um eine Miss-World-Wahl, wo es zum guten Ton gehört, dass man sich den Weltfrieden wünscht. Es geht um Ihr Leben und das Ihres Kindes.

Verfahren Sie weiter wie bei der letzten Übung, so lange, bis sie beide fertig sind und das Gefühl haben, dass nichts fehlt und es für sie beide stimmig ist.

Lassen Sie Ihr Kind dabei in Ruhe arbeiten, und fragen Sie nicht ständig, was dies oder jenes zu bedeuten hat. Halten Sie sich zurück mit Hilfsangeboten. Sie haben genug mit Ihrer eigenen Lebensreise im Karton zu tun.

Sie wird natürlich interessieren, was Ihr Kind in seinen Karton mit hineingetan hat. Nach all meiner Erfahrung geht es den Jugendlichen umgekehrt genauso. Sie brennen darauf zu erfahren, was bei Ihnen hineingekommen ist und warum. Also steht dem Austausch in der Regel nichts im Weg. Er ist spannend, überraschend und lehrreich, das kann ich Ihnen versprechen! Für diese Phase gibt es nur drei Regeln:

1. Jeder erzählt nur das und nur so viel, wie er will.
2. Erst zu Ende zuhören und dann fragen.
3. Nichts wird bewertet im Sinne von schlecht oder gut. Lassen Sie es einfach mal stehen, es sind ja nicht Ihre Träume im Karton Ihres Kindes. Aber es ist ein Vertrauensbeweis, dass es diese mit Ihnen teilt. Umgekehrt gilt das natürlich ebenso.

Sie können diese Übung schon mit kleineren Kindern machen, so ab 5–6 Jahren. Machen Sie doch ein besonderes Ritual daraus! Vielleicht nehmen Sie jedes Jahr zur Adventszeit die Lebensreise mit Ihren Kindern gemeinsam wieder hervor, schauen sie sich an und ergänzen und verändern, was nicht mehr passt oder was neu hineingehört. Wenn Sie wollen, machen Sie vorher Fotos, um die Veränderungen festzuhalten, und kleben Sie diese in ein Jahres-Lebens-Tagebuch. Das hält Ihr Bild voneinander lebendig. Und wenn Sie es jährlich machen, hilft es Ihnen wie Ihren Kindern, neben Veränderungen auch bestimmte Ängste und Erlebnisse anzusprechen, weil es deren Auswirkungen zeigt. Vieles lässt sich auf so einer bildhaften und spielerischen Ebene leichter darstellen, was bereits der Einstieg in ein Gespräch sein kann. Aber zwingen Sie es Ihren Kindern nicht auf, sonst zerstören Sie den Zauber und damit die Brücke, über die Sie gehen wollen. Gehen Sie behutsam vor und vor allem: Halten Sie keine Vorträge, sondern hören Sie zu!

Grenzen sollen also Halt versprechen, Orientierungspunkte sein und Raum für das bieten, was in der Pubertät das Thema schlechthin ist: Die Entdeckung der eigenen Person und der eigenen Fähigkeiten, der eigenen Träume, Wünsche und Sehnsüchte im Wechselspiel mit der Welt. Die kleinen Zauberer und Zauberinnen erleben einen Zuwachs an Kräften auf körperlicher, geistiger und seelischer Ebene, der aufregend, beunruhigend und verwirrend zugleich ist. Damit können sie noch nicht umgehen und sind, gleichermaßen berauscht wie verunsichert, in der Anwendung noch nicht ganz so sicher. Jetzt, in der Pubertät, ist die ideale Zeit dafür, das einzuüben. Jetzt geht es am leichtesten.

Das ganze ›Wesen im Umbau‹ ist auf Lernen eingestellt, Eindrücke prägen sich tief ein, jedes Erlebnis ein Baustein für das fertige Haus. Auch da helfen Grenzen, richtig eingesetzt. Denn in der Auseinandersetzung mit ihnen wachsen die Kräfte nicht nur weiter, sondern sie klären sich auch und werden bewusster wahrgenommen. Die eigenen Fähigkeiten kommen aus dem Stadium der Möglichkeit heraus und erfahren erste Bewährungsproben. Es genügt eben nicht zu wissen, dass man große Fähigkeiten hat, solange man diese Fähigkeiten nicht am Widerstand übt und stärkt. Denn dadurch werden die Jugendlichen sicherer, werden aber auch immer genauer wissen, was sie wollen und können. Sie erobern sich ihre besonderen Veranlagungen, Stärken, Kräfte und Fähigkeiten und machen sie sich dadurch erst wirklich zu Eigen. Nicht zuletzt, weil, ich sag es noch einmal, durch die Erfahrung Sicherheit und Vertrautheit in die eigenen Möglichkeiten entstehen und damit die Grundlage für den Mut, sie vom Leben einzufordern.

## Vor-Bilder-Buch-Familie

### Her mit den lebendigen Vorbildern!

An dieser Stelle ist es für Sie als Eltern einmal Zeit, sich bequem in einen Sessel zu setzen, tief durchzuatmen und sich einen Kaffee oder Tee zu gönnen. Es ehrt Sie, dass Sie Ihren Kindern alles mitgeben möchten, was sie brauchen, und ihre Anlagen bestmöglich fördern wollen.

Sie leisten bereits einen Riesenbeitrag zur Entwicklung Ihrer Sprösslinge, indem Sie sie kleiden und nähren und ihnen ein Dach über dem Kopf bieten. Als engagierte und liebevolle Eltern schenken Sie Ihren Kindern so viel Zeit und Aufmerksamkeit, wie es Ihnen neben Beruf und anderen Anforderungen eben möglich ist. Sie stellen Ihre eigenen Bedürfnisse weitgehend hintan, um Ihren Kindern einen möglichst optimalen Start ins Leben zu bieten.

Aber auch Sie haben Ihre Grenzen. Das ist Ihnen schon einmal aufgefallen? Sogar schon öfter? Das habe ich gehofft. Denn das ist ein guter Anfang. »Moment«, werden Sie sagen, »wenn ich an meine Grenzen komme, ist das eher das Ende. Ich weiß nicht mehr weiter, bin am Rande meiner Möglichkeiten und Kräfte und fühle mich oft auch so. Was, bitte, soll daran gut sein? Und was, bitte, ein Anfang?«

Das kann ich Ihnen erklären:

Erstens, weil die perfekten Eltern, die alles für ihre Kinder tun, immer für sie da sind und auch immer wissen, was zu tun ist, und denen nie eine Antwort fehlt, ein Märchen sind, ein Mythos, dem Sie nie begegnen werden. Kennen Sie die Sendung *Eine himmlische Familie* auf VOX, die dort zum wiederholten Male ausgestrahlt wird? Die Serie handelt von einem Pfarrer und seiner Familie mit fünf Kindern und ihren Alltagsproblemen. Diese Eltern wissen immer eine Antwort auf jedes Problem ihrer vielen Kinder, sind nie ratlos, haben für alles eine Lösung parat und helfen nebenbei noch der Schwester oder dem Nachbarn aus der Alkoholsucht und jedem sonst, der laut Drehbuch ihre Wege kreuzt. Sie sind dabei immer erfolgreich. Die Kinder tun es ihren Eltern nach und retten auch noch zwischen Schule, College und sonntäglichem Kirchbesuch die eine oder andere Seele in Not. Dazu strotzen sie förmlich vor Einsicht. Jeder dritte Satz beginnt mit: »Ich weiß, ich habe einen Fehler gemacht, und es tut mir sehr leid. Ich habe daraus gelernt, dass ich oft falsche Entscheidungen treffe, weil ich die Prioritäten nicht richtig erkennen kann. Ich muss daran arbeiten, umsichtiger zu sein und die Gefühle anderer nicht zu verletzen.« Dabei spielt es in dieser Familie keine Rolle, ob die Kinder fünf, fünfzehn oder fünfundzwanzig sind, wenn sie solche erkenntnisschweren Bekenntnisse von sich geben. Die Eltern lieben sich natürlich wie am ersten Tag und triefen vor Verständnis füreinander. Gestritten wird nie um seiner selbst willen, sondern es geht immer nur darum, im Interesse der Kinder oder anderer Wesen das Beste zu erreichen. Natürlich ist das Ehepaar auch nach wie vor scharf aufeinander und küsst sich ständig leidenschaftlich. Eine Bilderbuchfamilie? Eher ein Bilderbuchschmarren und noch nicht einmal inspirierend, weil es an den Bedürfnissen und den tatsächlichen Problemen realer Familien vorbeisegelt und etwas vorgaukelt, was höchstens eine virtuelle Daseinsberechtigung hat. Bigott, verlogen und scheinheilig: aber mitunter lustig anzuschauen.

Trotzdem kann ich nicht nur darüber lachen, weil viele Familien daraus Inspiration beziehen und die Serie als Vorbild für das eigene Familienleben sehen. Das kann, salopp gesprochen, nur in die Hose gehen.

Wenn Sie sich in Ihrer Partnerschaft trauen zuzugeben, dass Sie an Ihren Grenzen angekommen sind, dann ist das die Basis, um darüber zu reden. Sie können von da an gemeinsam überlegen, woran das liegt und was sich ändern müsste, damit es von jetzt an besser geht. Und das ist gut! Wenn Sie sich jedoch von einem Hochglanzbild leiten lassen, mit dem Ihnen entweder die Nachbarn, das Fernsehen, die Eltern oder die Oma vormachen wollen, wie Sie zu funktionieren hätten, dann wird es schlimmer statt besser werden. Ich weiß, dass dieser Schritt nicht einfach ist, weil so viel an zerplatzten Träumen, enttäuschten Erwartungen und gegenseitigen Verletzungen damit zusammenhängen kann. Hinzu kommt, dass es nicht leicht ist, alleine und ohne Hilfe von außen den Weg aus einem familiären Dilemma heraus zu finden. Das ist schon deshalb so, weil man selber tief mit seinen Gefühlen in dem Partnerschafts-Familien-Gefüge eingebunden ist. Doch für den freien und befreienden Blick auf die Situation braucht es etwas Abstand. Deswegen sollten Sie auch nicht zögern, sich dafür Hilfen zu holen. Erste Tipps und Hilfestellungen zum Thema Partnerschaft und Familie gibt ein sehr schönes und lesenswertes Buch von Gabriele Wünsch und Brigitte Lämmle, die manche von Ihnen vielleicht aus dem SWR und der Sendung *Lämmle live* kennen. Ich möchte es Ihnen wärmstens empfehlen, auch wenn Sie eine gute und harmonische Partnerschaft führen und sich gerade fragen, von was für Problemen redet der eigentlich. Man kann immer noch dazulernen und besser werden! Das Buch heißt *Familien-Bande* und ist 1999 im Mosaik Verlag erschienen.

Zweitens: Eltern, die ihren Kindern in allen möglichen Fragen und Punkten die richtigen Gegenüber sind, gibt es nicht. Das liegt allein schon daran, dass es sehr unterschiedliche Eltern gibt. Die einen machen einen reifen Eindruck, andere wirken eher selbst wie Teenager. Ein Elternpaar beschäftigt sich viel und gerne mit seinen Kindern, einem anderen fällt das schwerer, weil ihnen Kinder eigentlich auf den Wecker gehen und sie nicht wissen, was sie mit ihnen tun sollen. Manche leben ein liebevolles Miteinander, bei dem Konflikte offen und auch heftig ausgetragen werden, andere wiederum sind sehr auf eine harmonische Fassade bedacht und halten die Konflikte, solange es geht, unter dem Teppich, wodurch diese natürlich nicht verschwinden und sich nachdrücklich auf andere Weise bemerkbar machen werden.

Aus diesen wenigen Beispielen folgt, dass es so wenig perfekte Eltern wie perfekte Kinder gibt. Jeder hat seine Stärken und Schwächen, mit denen und an denen wir arbeiten und wachsen. Jeder hat aber auch Grenzen, die wir nicht so leicht verlassen können, weil sie wie eine zweite Haut an uns angepasst sind, oder vielmehr, wir uns in sie wie in eine zweite Haut gefügt haben. Wir können mit ihnen arbeiten und sie erweitern und verwandeln; sie sind deswegen aber dennoch nicht wegzuleugnen. Sie gehör'n zu mir wie mein Name an der Tür, frei nach Marianne Rosenberg. Das gilt unabdingbar auch für unsere Schwächen, Fehler und Neigungen, aber natürlich auch für unsere guten Seiten.

Fatalerweise haben Jugendliche oft ein untrügliches Gespür dafür, auf welche wunden Stellen bei den Erwachsenen sie den Finger legen müssen, damit es weh tut, auch wenn sie nicht in der Lage sein sollten, zwei oder drei Dinge zu behalten und zu tun, um die man sie gebeten hat. Eine erstaunliche Fähigkeit! Und warum ist das so? Die Jugendlichen wollen ihr eigenes Leben erobern und gestalten und setzen sich deswegen heftig mit dem auseinander, was sie bisher als ihr Leben erlebt haben: dem Leben ihrer Eltern und dem der anderen Erwachsenen, in deren Kokon sie bisher existierten und die ihr emotionales, intellektuelles und handgreifliches Bild der Welt prägten. Da sie ihre eigenen Grenzen kennen lernen wollen, bleibt ihnen zunächst nichts anderes übrig, als die Eltern an deren Grenzen zu führen.

Ich habe lange nicht verstanden, warum Jugendliche so versessen darauf sind, bei den Erwachsenen Grenzen auszutesten. Und das umso mehr, wenn ihnen bisher auf ihrem Lebensweg die Erfahrung klarer Grenzen in Verbindung mit einem emotionalen und persönlichen Halt bei einem älteren, ihnen wohlgesonnenen Menschen verwehrt war. Sie verhalten sich nicht vernünftig, weil sie dadurch nur Schwierigkeiten für sich provozieren. Die meisten Erwachsenen sehen darin einen persönlichen Angriff und reagieren entsprechend. Aber es ist notwendig für die Jugendlichen, so zu agieren, um in sich selbst Halt entwickeln und erwachsen werden zu können. Andernfalls bleiben sie, wenn sie nicht Glück haben und es doch noch auf einem anderen Wege lernen können, für ihr Leben lang haltlos. Schauen Sie in die Gefängnisse und die Psychiatrie, dort werden sie viele solcher Menschen treffen können, die ohne starken äußeren Halt nicht klarkommen. Sie können ihnen auch an anderen Orten begegnen, etwa bei manchen Sekten, die ihre Anhänger auf das Wort des Meisters hin manipulieren und so in großer Abhängigkeit halten.

Wenn Sie also Ihre Grenzen im Umgang mit Ihren pubertierenden Kids spüren, kann das viele Ursachen haben. Es kann bedeuten, dass Ihr Jugendlicher Sie an Ihre Grenzen führen will, ohne genau zu wissen, was er da tut. Doch er will erfahren, wer Sie wirklich sind und wie Sie wirklich denken, wie viel von Ihnen echt ist und wie viel Fassade. Er setzt sich mit Ihnen auseinander und damit mit dem Lebensentwurf, den Sie ihm vorleben! Sie werden gerade seelisch-geistig verarbeitet …

Doch wenn Sie Ihre Grenzen spüren, bedeutet das möglicherweise auch, dass Sie an einen Punkt angekommen sind, an dem Sie fühlen und merken, dass etwas in Ihrem Leben nicht so funktioniert, wie Sie es sich bisher eingeredet haben. Somit wäre es an der Zeit, daran etwas zu ändern …

Seine Grenzen spüren kann auch heißen, dass Sie als alleinerziehende Mutter merken, dass Sie kein Mann sind. Oder umgekehrt: Sie als alleinerziehender Vater merken, dass Sie keine Frau sind. Da das ja nun mal offenbar ist, fragt es sich, was man mit dieser offensichtlichen Erkenntnis anfangen kann. Fest steht: Jungs brauchen die Auseinandersetzung mit männlichen Rollenvorbildern und deren Energie, genau wie Mädchen weibliche Vorbilder und deren lebendige Energie brauchen. Das ist unabhängig davon, wie viel Opfer und Energie Sie als Alleinerziehende bisher für Ihren gemeinsamen Nachwuchs aufgebracht haben und wie wenig der andere Elternteil daran beteiligt war. Aber weil in der Regel aus einer Frau kein Mann wird (es sei denn, sie ist transsexuell und lässt sich operieren und heißt dann Herbert) und aus einem Mann keine Frau, können Sie trotz aller Anstrengungen das fehlende Elternteil nicht ersetzen. Sie können lediglich einen Teil der Aufgaben übernehmen – es ist Ihnen ja bisher auch nichts anderes übrig geblieben, allein wie Sie waren und vielleicht noch sind, oder? Aber daran trägt Ihr Kind keine Schuld. Es versucht, sich lediglich die Erfahrungen zu holen, die es braucht, um erwachsen und selbst-bewusst zu werden. Es geht nicht darum, Sie im Stich zu lassen oder zu verraten. Sie können als Mutter Ihrem Sohn nicht vermitteln, was es heißt, Mann zu sein. Sie können natürlich darüber reden, aber Sie sind es nicht. Und als Mann können Sie Ihrer Tochter nicht verständlich machen, was es heißt, Frau zu sein, weil Sie es nicht sind. Das ist Ihre Grenze. Wenn Sie klug sind, stehen Sie Ihren Kindern bei den Versuchen, herauszufinden, wer sie sind, nicht im Weg. Sonst stellen sie Sie vor die Wahl, sich auf ihrem lebensnotwendigen Weg der Selbstentdeckung gegen sich selbst oder gegen Sie zu stellen. Beides hat fatale Folgen, für Ihr Kind und für Sie. Sagen Sie dann nicht, ich hätte Sie nicht gewarnt!

Die Erkenntnis ist banal: Wir können alle nicht aus unserer Haut, die aus vielerlei Texturen gewebt ist – aus Körperlichkeit, Erfahrungen, Gefühlen, Gewohnheiten, Gedanken und unseren Erwartungen und Enttäuschungen dem Leben gegenüber. Eben all dem, was Sie im Laufe der Jahre zusammengetragen haben und von dem Sie sagen, das sind Sie, das macht Sie aus, so sehen Sie sich und das Leben. Es handelt sich also um eine erworbene Sicht der Dinge, um Ihre vorläufige Sicht der Dinge und keinesfalls um die letztgültige, einzig wahre und mögliche.

Gleichzeitig ist es eine wichtige und zentrale Erkenntnis. Sie zeigt, wie unsinnig manche Ansprüche, eigene wie fremde, oft sind. Die Eltern müssten dies, die Eltern sollten das – sobald das Thema Erziehung und

Schule aufs Tapet kommt oder wenn es Probleme gibt, wird von vielen Seiten in das gleiche Horn geblasen. Dies geschieht nicht selten, um von eigenen Versäumnissen abzulenken oder um das eigene Handeln nicht hinterfragen und sich die Ursachen der Probleme nicht wirklich anschauen zu müssen. Viele Eltern sind willige Opfer, weil sie immer das Gefühl haben, in ihrem Bemühen nicht zu genügen, daher nicht genug getan zu haben und, an ihrem eigenen Anspruch gemessen, versagt zu haben. Und die Eltern-müssten-dies-Eltern-sollten-das-Pädagogen helfen ihnen noch dabei, sich richtig schlecht zu fühlen.

Eltern sollten nicht, sie sind. Und wenn Ihnen jemand helfen will, dann hilft er Ihnen, herauszufinden und zu erkennen, warum Sie in ganz bestimmten Situationen so und nicht anders reagieren, warum Sie an diesem oder jenem Punkt Schwierigkeiten haben und warum es an anderen Stellen gut läuft. Anstatt Sie wie an einem Nasenring mit dem ständigen Gefühl des Nicht-Genügens zur Belustigung der Umstehenden durch die Manege zu ziehen, hilft Ihnen dieser Jemand auch zu erkennen, wo Ihre persönlichen Grenzen liegen. Denn dann müssen Sie nicht mehr Ihre Kräfte bei dem Versuch verschleißen, etwas tun zu wollen, was Ihnen (vielleicht noch) nicht möglich ist. Sie können sich stattdessen auf das konzentrieren, was genau jetzt geht.

Ich habe in meinem letzten Buch *Pubertät – Das Überlebenstraining für Eltern* viel Raum darauf verwandt zu zeigen, dass Kinder lebendige Gegenüber brauchen – ganz besonders in der Pubertät. Sie brauchen ihre Eltern und die Erwachsenen ganz allgemein als Vorbilder, an denen sie sich reiben, mit denen sie sich auseinandersetzen und an denen sie sich hochranken können, bis sie stark genug geworden sind, um auf eigenen Füßen stehen zu können.

Doch ein lebendiges Vorbild hat wenig mit Perfektion gemein. Wer versucht, Perfektion vorzuspielen, lügt sich und der Umwelt etwas vor. Wer von dieser Welt ist, ist nicht perfekt, sondern mit Mängeln behaftet, unterliegt Stimmungsschwankungen und macht Fehler, auch schwere, und das ein ganzes langes Leben lang. Denn bekanntlich schützt auch das Alter vor Torheit nicht … Wer sich und den Kindern Perfektion vormacht, kappt damit den Draht zum Lebendigen und ist dadurch letztlich ohne Leben, ohne Liebe – und ohne Wärme. Perfektion ist kalt und tot. Vielleicht der größte Fehler und das größte Versäumnis, das man anrichten kann, denn es lässt die Menschen, die einen lieben, am ausgestreckten Arm verhungern und erfrieren. Fehler gehören zum Leben einfach dazu, weil das Leben so angelegt ist, dass wir durch Versuch und Irrtum lernen und innerlich wachsen.

Lebendige Vorbilder zeigen Ihren Kindern, wie sie mit den eigenen Fehlern umgehen und wie sie aus ihnen lernen können. Sie demonstrieren ihnen beispielhaft, ich wiederhole es noch mal, wie man mit den eigenen Schwächen lebt, wie man sich ihnen stellt und wie man mit und an ihnen letztendlich über sie hinauswachsen kann. Gerade auch die Schattenseiten, die man am liebsten irgendwo im Keller verstecken würde, gehören zu einem lebendigen Vorbild. Das heißt nicht, dass ich Sie auffordere, Ihre dunklen Seiten hemmungslos auszuleben (siehe vorderer Stirnlappen, Steuerung der Impulse ...). Aber die Auseinandersetzung mit eigenen Schwächen und Fehlern gehört zum Leben und zum Menschsein dazu. Es schadet nicht, dazu zu stehen und in einer besonderen Situation auch über dieses Thema und den persönlichen Umgang damit zu sprechen. Sie sollen natürlich nicht hausieren gehen nach dem Motto: »Schau mal, was ich für Schwächen habe und wie schwer ich mich mit ihnen tue«, aber es kann der Moment eintreten, wo es wichtig ist, mit den Jugendlichen über die eigenen Schwächen und Fehler zu reden.

An dieser Stelle betone ich noch einmal ausdrücklich, dass Ihre Kinder keine Gegenüber oder Partner sind, bei denen Sie sich Halt suchen sollten. Kinder und auch Jugendliche brauchen Halt von Ihnen. Durch die emotionale Nähe mag vielleicht die Versuchung da sein, sich die Zuwendung, die es beim Partner nicht gibt, beim Kind zu holen. Aber damit überfordern Sie gnadenlos und nehmen ihm den Raum, Kind zu sein und sich zu entwickeln. Behandeln Sie Ihre Kinder nicht wie kleine Erwachsene, sie sind es nicht!

Dies ist der richtige Zeitpunkt, uns zu fragen, wodurch Erwachsene grundsätzlich zu Vorbildern werden. Wovon werden sie eigentlich angetrieben? Was bestimmt ihr Handeln? Dabei stoßen wir unweigerlich auf die Überzeugungen, die als Antrieb bis weit in die alltäglichen Beschäftigungen hinein wirksam sind.

Jeder erwachsene Mensch hat solche Überzeugungen, die ihn durch schwierige wie gute Zeiten begleiten, die sein Weltbild und das Bild seiner Selbst formen. Sie also auch. Diese Überzeugungen sagen etwas darüber aus, was Sie als sinnvoll empfinden, was Sie für wertvoll halten, und damit auch, welchen Zielen Sie nachstreben. Möglicherweise gibt es eine Eltern-Kind-Tradition, in der diese Überzeugungen weitergereicht wurden, möglicherweise haben Sie diese im Widerstand gegen die Einstellungen und die Haltungen der eigenen Eltern errungen. Es sind die Ziele, die Ihnen Kraft geben, wenn es mal schwierig wird, und die Sie motivieren, nicht aufzugeben, wenn es Widerstände zu überwinden gilt. Es sind Ihre Gedanken, die Ihnen Hoffnung, Trost und Mut zum Weitermachen geben, auch wenn es mal nicht nach Ihren Vorstellungen und Wünschen läuft.

*Übung:*
Für diese Übung brauchen Sie ein Stück Papier und einen Stift.

Erinnern Sie sich an eine schwierige Situation in der Vergangenheit, in der Sie sich auf die Hinterbeine gestellt und gekämpft haben. Wenn Sie berufstätig sind, bietet sich eine Situation aus dem beruflichen Umfeld an. Sind Sie Hausfrau oder Hausmann, nehmen Sie eine schwierige Situation mit Freunden. Was hat Sie bewogen, beim ersten Anzeichen von Schwierigkeiten nicht gleich alles hinzuwerfen und aufzugeben? Welche Gedanken, welche Überlegungen haben Sie dazu gebracht, für Ihren Standpunkt zu kämpfen? Vielleicht im Gegensatz zu sonst?

Sie brauchen an dieser Stelle nicht zu werten. Schreiben Sie einfach alles an Gedanken und Überlegungen auf, was Ihnen in diesem Zusammenhang einfällt, bis Sie das Gefühl haben, alles gesammelt und nichts vergessen zu haben. Fertig? Gut, dann kommt der zweite Teil.

Erinnern Sie sich an eine Situation, in der Sie das Gefühl hatten, Ihnen wird der Boden unter den Füßen weggezogen? Vielleicht eine erste große Liebe, die in die Brüche ging, vielleicht eine Erfahrung mit jemandem, der Sie sehr enttäuscht hat. Vielleicht eine dramatische Erfahrung in Ihrem Leben, die Sie gezwungen hat, Ihr Leben aufs Neue anzugehen und eine andere Richtung einzuschlagen als bis dahin. Vielleicht war es auch ein großer Verlust, der Ihr Lebensschiff ins Wanken gebracht hat. Welcher Glaube, welche Hoffnung haben Sie da hindurchgetragen? Welche Gedanken haben Sie beseelt? Was hat Ihnen Mut und Kraft gegeben? Welches Wissen hat Ihnen geholfen?

Schreiben Sie auch hierzu alles auf, was Ihnen einfällt, und lassen Sie nichts aus, bis Sie sicher sind, nichts vergessen zu haben.

Wenn Sie wollen, können Sie Ihre Notizen jetzt noch auf Dopplungen durchgehen und versuchen, Oberbegriffe zu finden, unter denen Sie mehrere Punkte zusammenfassen können. Das bringt Struktur hinein und macht die Aussagen für Sie klarer und eindeutiger.

Es ist schon überraschend, auf was man alles kommt, wenn man sich die Mühe macht, das eigene Handeln und Denken anhand so einer Übung zu hinterfragen, nicht wahr?

»Schon, schon«, mögen Sie sagen, »aber was soll das hier?« Es soll Ihnen helfen, etwas, was Sie täglich tun, als wertvoll zu sehen und gezielt einzusetzen. Denn diese herausgearbeiteten Glaubenssätze und Gedanken, diese Hoffnungen und Ziele tragen Sie jeden Tag durch Ihr Leben, geben Ihnen Kraft und Zuversicht, auch wenn sie sich im Laufe der Jahre wandeln, in Frage gestellt, über Bord geworfen oder durch andere ersetzt werden. Sie leben sie auf die unvollkommene und wankelmütige Art, die uns Menschen eigen ist, aber sie durchziehen Ihr Leben und die Weise, wie Sie es erleben und gestalten, und geben ihm Sinn. Sie bilden den vielleicht wichtigsten Teil der Lebensessenz, die Sie an Ihre Jugendlichen weitergeben, einfach indem Sie so denken, handeln und fühlen, wie Sie es tun. Das bedeutet, Sie geben etwas einfach dadurch weiter, dass Sie es sind. Die Übung nun hilft Ihnen nicht nur dabei, sich das, was Sie durchs Leben trägt, bewusst zu machen. Sie bereitet Sie auch auf die Gespräche vor, in denen die Jugendlichen Ihre (elterliche) Handlungs- und Denkweise hinterfragen, um über den eigenen Weg Klarheit zu gewinnen. Bei Jugendlichen steht hinter jeder Provokation die drängende Frage: »Warum handelst/denkst/lebst du, wie du es tust? Sag mir warum! Zeig mir den Wert!« Dazu müssen Sie, liebe Erwachsene, aber Ihre Werte kennen und schätzen. Denn es reicht den Jugendlichen nicht, dass Sie Glaubenssätze leben, sondern sie brauchen und wollen die konkrete Auseinandersetzung und die Reibung damit – das meint auch die Auseinandersetzung mit Ihnen als Person. Die Jugendlichen wollen Ihre Überzeugungen in die Hand nehmen, beschnuppern, sie probieren, essen und verdauen dürfen. Sie wollen sie erleben und mit ihnen umgehen, um dann frei zu entscheiden, ob diese sie in ihr erwachsenes Leben weiter begleiten werden oder nicht.

Dabei werden oft Grenzen und Gefühle verletzt. Deswegen ist es besser, Sie bereiten sich beispielsweise mit Hilfe der letzten Übung, darauf vor. Dann sind Sie klar und gewappnet, wenn es so weit ist.

Diese Auseinandersetzung ist so wesentlich und grundlegend, dass Menschen, denen aus Angst, Unwissenheit oder falsch verstandener Autorität diese Begegnung verweigert wurde, ihr Leben lang daran zu knabbern haben und oft nie richtig erwachsen werden. So wie bei einem Haus, bei dem die wichtigsten Grundsteine fehlen, nicht erwartet werden kann, dass es sicher steht, so fehlen dann die sicheren Fundamente für eigene Überzeugungen. Die Glaubenssätze und Grundüberzeugungen, die die Jugendlichen in ihr Erwachsenenleben mitnehmen, nehmen immer Bezug auf die der Eltern, weil sie deren Ausgangsmaterial sind.

Auch wenn es den Anschein hat: Es sind keine Aliens gelandet, die mit kaltem Vergnügen und emotionslos die Eltern sezieren wollen, weil gerade nichts im Fernsehen kommt. Es geht nicht darum, Sie zu verletzen, sondern Sie werden hinterfragt. Sie werden herausgefordert, gelockt und geködert. Die Jugendlichen brauchen Sie, sie sind auf die Bereitschaft der Erwachsenen, vor allem der eigenen Eltern, zur offenen und auch leidenschaftlichen Debatte und Auseinandersetzung über deren Überzeugungen angewiesen. Darum: Je weniger Sie sich mit den Kids beschäftigen, umso verzweifelter werden sie darum ringen, dass Sie, die Eltern, sich mit ihnen auseinander setzen und den bohrenden Hunger ihres Geistes und ihres Herzens mit Beispiel, Aufrichtigkeit, Wärme und Gelassenheit nähren. Je mehr Sie sich dem entziehen, desto mehr kann es die Form eines Kampfes annehmen. Wen wundert's, wo es doch für die Jugendlichen lebenswichtig ist, sich hier freischwimmen zu können.

Behalten Sie das im Hinterkopf, wenn Sie sich mal wieder provoziert oder herausgefordert fühlen von den Grünschnäbeln, diesen halbgaren, halbgroßen, windschiefen Gestalten mit dem übergroßen Schlafbedürfnis. Behalten Sie das im Hinterkopf, während Ihnen das Blut zu Kopf steigt, und überlegen Sie, ob gerade Überzeugungen von Ihnen in Frage gestellt wurden und warum das geschieht. Verstehen Sie mich nicht falsch, ich fordere Sie nicht auf, sich dem jugendlichen Schandmaul, einen gedämpften Apfel im Mund und mit dem Lieblingsgemüse Ihres Kindes appetitlich auf einer Platte angerichtet, zum Mahle anzubieten. Sie müssen und sollten sich nicht alles gefallen lassen, denn gerade mit den Grenzen anderer (den eigenen natürlich auch) haben die Jugendlichen noch so ihre Probleme. Den Umgang damit und den Respekt davor zu lernen ist eine der wichtigen Lektionen der Pubertät.

Aber ebenso wie jemand, der eine Sprache noch nicht richtig beherrscht, oft den größten Blödsinn radebrecht und die Phantasie und die Einfühlungsgabe seiner Umgebung herausfordert, um verstanden zu werden, braucht es Fantasie und Einfühlungsvermögen, Verständnisbereitschaft, Geduld und Toleranz, um die jugendlichen Ausbrüche in einen sinnvollen Zusammenhang setzen zu können.

Kennen Sie den Werbespot von Paulanerbräu mit den drei Indern? Drei Inder sind zu Besuch in einem Münchner Biergarten und wollen bei der Bedienung ein Bier bestellen. »Ich will dieses Kamel nicht kaufen, bitte«, sagt der eine strahlend zur Kellnerin. Die stutzt kurz, lächelt dann und geht. Kurze Zeit später kommt sie mit drei Weißbier zurück. »Ich wünsche eine gute Reise!«, bedankt sich der eine Inder fröhlich lachend, was die Bedienung mit einem schmunzelnden »Ist schon recht« quittiert.

So ungefähr dürfen Sie sich die Unterhaltung mit einem Pubertierling vorstellen. Doch der Gartenzaun lebt! Es braucht nur seine Zeit und langen Atem, bis er das nach außen zu erkennen geben kann. Es kommt der Tag, an dem Sie staunend Dinge aus dem Mund Ihrer Sprösslinge vernehmen werden, von denen Sie gedacht hatten, die seien dereinst völlig wirkungs- und spurlos an dem damals noch jugendlichen Hirn vorbeigerauscht. Da war das Kind vierzehn, jetzt ist es neunzehn ...

# Das Prinzip Opposition

**Du bist mir so wichtig, deswegen bin ich gegen alles, was du willst**

Bisher haben wir darüber gesprochen, was Sie als mitleidender Erwachsener von außen tun können, um dem jugendlichen Flussbootspersonal auf dem Weg zum Meer zu helfen. Jetzt werden wir uns damit befassen, was die Jugendlichen von sich aus anstellen, um sich auf ihrer Reise Mut zu machen und sich auf diesem wilden Ritt sicherer und geborgener zu fühlen. Haben Sie das verstanden, eröffnet sich Ihnen ein weiterer Weg, nachdrücklich auf die Jugendlichen einzuwirken – nachhaltiger, tiefgreifender und effektiver, als Sie es sich im Moment wahrscheinlich vorstellen können. Lassen Sie sich überraschen!

Meist fühlt man sich von den Menschen am besten verstanden, die Ähnliches durchmachen wie man selbst. Sie kennen so eine Situation: Hat man Liebeskummer und die Freundin oder der Freund sind gerade glücklich verliebt, klappt es mit dem gegenseitigen Verständnis nicht so besonders. Am besten, der andere ist genauso unglücklich wie man selber, dann fühlt man sich auch ohne viele Worte verstanden und angenommen – und fühlt sich mit seinem Leid nicht so allein. Das ist einer der geheimen Gründe, warum es mit dem elterlichen Verständnis für die pubertären Stimmungen oft nicht klappt. »Die haben ja gut reden! Die wissen ja gar nicht, wie es mir geht!« Natürlich waren wir alle mal in der Pubertät, aber es ist ein Unterschied, ob Sie zum ersten Mal kopfüber mittendrin stecken oder ob Sie sich aus der gereifteren Distanz an diese Zeit erinnern. Das fühlen besonders diejenigen, die sie gerade erleben und die noch nicht die Sicherheit der Erwachsenen gewonnen haben. Sie hören zwar die Rede ihrer Eltern, dass irgendwann auch wieder ruhigere Gewässer kommen. Sie wollen es vielleicht auch glauben, aber erleben tun sie etwas anderes. Die Erwachsenen wissen das schon, die Jugendlichen können es – noch – lediglich hoffen.

Dass Ihre Kinder sich in dieser Zeit von Ihnen zurückziehen, liegt nicht an Ihnen, den Eltern, sondern ist in der Dynamik der Veränderungen und in dem Erleben der Jugendlichen begründet. Vereinfacht könnte man es so erklären: Draußen und drinnen ist so viel los, da braucht es mehr Ruhephasen und Rückzugszonen als vor der Pubertät, um die emotionalen Aufregungen, den körperlichen Umbau und den Ansturm der Eindrücke verarbeiten, Kraft schöpfen und sich dem nächsten Bombardement stellen zu können. Die Eltern erleben das indirekt mit; auch für sie ist diese Zeit anstrengend und fordernd, in manchem vergleichbar mit den ersten Lebensjahren ihrer Sprösslinge.

Viele der jugendlichen Verhaltensweisen erklären sich aus dem Bedürfnis, im Chaos Ruhe, Orientierung, Geborgenheit und Sicherheit zu finden. Sie haben etwas an sich, das magischen Ritualen ähnelt, bei denen das noch nicht Greifbare mittels Beschwörung gebannt und gemeistert werden soll. Der Stoßseufzer vieler Eltern, »Was ist nur mit dem Kind los, ich erkenne es nicht wieder!«, angesichts des Ritualverhaltens ihres Nachwuchses kommt oft daher, dass sie nicht verstehen, welche Rolle es für die Heranwachsenden bei der Bezwingung ihrer jugendlichen Welt spielt. Nicht nur, dass dieses Verhalten den Erwachsenen unsinnig und unverständlich erscheint. Es ist auch einem unbekannten Kodex unterworfen, der heute noch vehement verteidigt, morgen schon einer anderen Mode Platz gemacht hat. »Was soll das?«, fragen die Eltern und ernten als Antwort bestenfalls verständnislose Blicke. Eltern sind halt blöd und verstehen nichts. Dieses Spiel wiederholt sich von Generation zu Generation, aber die jeweiligen Moden und Ausdrucksweisen ändern sich dabei so schnell, dass Eltern kaum noch auf die Erfahrungen der eigenen Jugend zurückgreifen können, weil sie bereits völlig antiquiert erscheinen. Nur die Intensität, mit der die jeweiligen Tagesansichten vertreten werden, kommt dem einen oder anderen aus den eigenen pubertären Stürmen vielleicht bekannt vor ... Doch diese ›Wahrheiten‹, die da so vehement vertreten werden, sind nicht selten diametral dem entgegengesetzt, was die elterlichen Ansichten, für die in deren Jugend gekämpft wurde, betrifft. Dieser Gegensatz hat System, wie Sie vielleicht schon festgestellt haben: »Egal, was ich sage oder tue, nur Opposition. Es würde so gut tun, einmal nur ein bisschen Anerkennung zu bekommen! Aber darauf warte ich wahrscheinlich vergebens. Die halbgaren Erkenntnisse der Kinder sind natürlich das Höchste!« Dabei übersehen Sie etwas: Opposition ist auch eine Form der Anerkennung. Denn um das Bedürfnis zu verspüren, gegen etwas zu opponieren, muss ich dem zuvor eine gewisse Macht über mein Leben, mein Denken, Fühlen und Wollen gegeben haben. Sonst bräuchte ich nicht zu opponieren, sondern würde es einfach anders machen.

Die Opposition der Jugendlichen, wie auch immer sie aussieht, zeigt vor allem eines: wie wichtig die Welt der Erwachsenen, wie immer sie auch aussieht, für deren Leben ist. Sie macht deutlich, welchen Einfluss und welche Bedeutung das Denken und Handeln der Erwachsenen, der Eltern vor allem, auf den halbstarken Zugang zur Welt haben. Wäre das nicht so, müssten sich die Kids damit nicht auf so existenzielle und intensive Weise auseinander setzen, wie sie es tun. Wenn also Ihr Nachwuchs das nächste Mal auf Sie losgeht, atmen Sie tief durch und versuchen Sie, daran zu denken, dass er oder sie das tut, weil die Ansichten und Haltungen der Erwachsenen, Ihre Ansichten, so wichtig für ihn oder sie sind. Es geht immer wieder um das Eine: Jugendliche wollen Sie nicht verletzen, auch wenn sie das tun sollten, sondern sie wollen sich mit Ihnen fetzen, mit Ihnen um ihre Lebensüberzeugungen ringen. Viele stellen dann später, erfolgreich pubertiert und reifer geworden, erstaunt fest, dass die eigene Grundhaltung, die hinter diesem leidenschaftlichen und scheinbar von so großer Gegensätzlichkeit bestimmten Ringen mit den Erwachsenen stand, sich gar nicht so sehr von der der Eltern unterscheidet. Die Art, wie man diese Grundhaltungen lebt, kann sehr verschieden sein. Aber was die Wesensmerkmale und die Prioritäten angeht, ist man doch meist deutlich das Kind der eigenen Eltern. Mit anderen Worten, man ist ihnen ähnlicher, als man dachte.

Hinter dem oft so radikalen Aufbegehren der Jugend und dem Erleben des Andersseins steht natürlich auch ein evolutionärer Impuls, der den Blickwinkel etwas einengt und dadurch für Veränderungen motiviert. Hätte die Jugend nicht die Gabe, andere Positionen als die eigene schlicht für bescheuert und falsch zu erklären, könnte sie nicht so vorwärts stürmen, wie sie es tut. Wären die jungen Menschen von der Erkenntnis durchdrungen, dass die eigene Ansicht nur eine mögliche Sicht der Dinge ist, würden sie vielleicht dem Leben gelassener begegnen. Aber es wäre viel schwerer für sie, sich für ein aktives Streben nach Zielen, für einen Kampf um Verbesserungen zu begeistern. Das ist aber einer der Motoren der Evolution. Hätte die Jugend die Umsicht und Abgeklärtheit des Alters, gäbe es keine Revolutionen, kein Aufbegehren und kaum Veränderungen. Ohne den ungetrübten Glauben in die eigenen Möglichkeiten und die eigenen Überzeugungen würde kaum Neues versucht. Der Standardsatz von jungen Firmengründern, »Hätte ich vorher gewusst, was auf mich zukommt, hätte ich es wahrscheinlich nicht gewagt«, rührt genau daher.

Das Ausprobieren in der Opposition verdeckt natürlich auch oft den Mangel an wirklich eigenen Standpunkten. Man leiht sich hier und da etwas zusammen, wirft es mit jugendlichem Enthusiasmus in einen großen Topf, rührt um, und heraus kommt die eigene Tagesüberzeugung. Die Jugendlichen wollen jedoch eigentlich nichts verdecken, sie wollen üben. Übung ist die Voraussetzung dafür, dass sie eigene Überzeugungen gewinnen, vertreten und sich mit ihnen auseinandersetzen können. Prinzipiell ist es nicht verkehrt, wenn ihr Übungsfeld von gegensätzlichen Positionen bestimmt ist (heute rechts, morgen grün, rot oder schwarz), weil dadurch das Nachvollziehen gegensätzlicher Standpunkte gefördert wird. Dass Sie als Erwachsene allergrößten Einfluss auf die Jugendlichen haben, indem Sie sich der Auseinandersetzung mit ihnen über ihre Haltungen und Ansichten nicht entziehen, hatte ich ja schon erwähnt. Lassen Sie Ihre Kinder mit ihren Probe-Meinungen nicht alleine, weil sie eines gewiss noch nicht können: deren Konsequenzen absehen. Helfen Sie ihnen, die dahingeworfenen Standpunkte zu Ende zu denken, ohne die Kids dabei als das bloßzustellen, was sie sind: Werdewesen und Probierlinge.

## Dynamisches Cliquen

### Der pubertäre Leistungssport: Gruppendrama in tausend Akten

Jugendliche haben noch keine wirklichen Überzeugungen, sie probieren sie aus, wie ein Schauspieler eine Rolle spielt – auch wenn sie mit Herz und Leidenschaft dabei sind. Von eigenen Überzeugungen können sie erst mit etwa siebzehn bis achtzehn Jahren sprechen; aber auch das ist natürlich von Person zu Person verschieden. Manche sind mit vierundzwanzig noch nicht so weit. Das hängt auch davon ab, wie sehr ihnen die Gelegenheit gegeben wurde, sich auszuprobieren, und ob sie genug Auseinandersetzungen bestehen konnten, in denen ihre Haltungen und Gedanken auf den Prüfstand gestellt wurden.

Diese Auseinandersetzungen finden entweder untereinander in der Clique oder der Klasse statt, wo sie oft dramatische Formen der Selbstinszenierung annehmen. Oder sie laufen mit Unterstützung durch Erwachsene ab, die ihnen als aufrichtige Gegenüber mit viel menschlichem Verständnis und ohne Überheblichkeit Gelegenheit geben, ihre ›Überzeugungen‹ durchzuspielen, indem sie sie darin ernst nehmen, wohlwissend, dass diese morgen ganz anders aussehen können. Ein Film, der mich in diesem Zusammenhang immer wieder begeistert, ist *Der Club der toten Dichter* mit Robin Williams – sehr inspirierend! Ebenso berührend ist der Film *Dangerous Minds* mit Michelle Pfeiffer in der Hauptrolle, wo es auch um die Auseinandersetzung mit den jugendlichen Überzeugungen geht, allerdings in einem anderen sozialen Umfeld. Schauen Sie sich diese Filme an, wenn Sie sie noch nicht kennen, denn sie helfen nicht nur die Pubertät mit anderen Augen zu sehen, sie geben auch Hoffnung …

Zahlreiche Tipps und Tricks, wie Sie diese Auseinandersetzungen mit den Jugendlichen erfolgreich, wachstumsfördernd und nerven- wie kräfteschonend bestehen, finden Sie auch in meinem Buch *Pubertät – Das Überlebenstraining für Eltern*.

Zunächst jedoch fühlt sich der Nachwuchs ziemlich machtlos dem Ansturm innerer und äußerer Reize ausgeliefert, die ihn unbarmherzig den Fluss zum Meer hinunter durch die Stromschnellen und Untiefen treiben. Erste Hoffnung naht: Zum Glück sind sie nicht allein! Denn den Freunden geht es nicht viel anders, sie verstehen ihn oder sie, wenn auch der Rest der Welt vor Unverständnis und Unsensibilität strotzt. Die Erwachsenen sind eben blöd, das ist ein Naturgesetz, in Stein gemeißelt und für die Ewigkeit wahr. Freundschaften, die in der Pubertät grundsätzlich auch für die Ewigkeit gemacht sind, selbst wenn sie nach zwei Wochen wieder vorbei sein sollten, geben einen ersten Halt in dem stürmischen Treiben. Ewigkeit ist eben relativ, und zwei Wochen sind für einen Jugendlichen schon relativ lang, fast ewig sozusagen.

Zusammenhocken und einander verstehen ist der erste ›Trick‹, mit dem die Ritter der Kokosnuss dem inneren und äußern Chaos entgegentreten. Wer kennt sie nicht, die Gruppen von Halbwüchsigen, die etwas tun, was nicht pubertär befangene Beobachter als gemeinsames, stundenlanges, einverständliches Herumhängen bezeichnen würden, auch wenn es von Aktivitäten wie Skateboardfahren oder Ähnlichem unterbrochen ist. Mädchen leben das Zusammenhocken ihrer Natur gemäß anders aus. Die Telefonrechnungen schnellen in die Höhe, weil jedes Detail unzählige Male mit den Freundinnen durchgekaut werden muss, um sicher zu sein, keinen Aspekt des Erlebten ausgelassen zu haben, auch wenn alles in der Schule schon x-mal besprochen wurde. »Er hat in meine Richtung geschaut. Hat er mich gesehen? Was hat er gesagt? Wie hat er das gemeint …?« Wer die Jugendlichen dabei stört, nervt. Erwachsene nerven – auch das ein Grundgesetz der geplagten Jugend.

Nichts ist komischer, als wenn ein kürzlich in die Höhe geschossener Jugendlicher, etwas windschief, weil die Wirbelsäule die Last noch nicht so recht tragen kann, pickelsprießend und mürrisch schlurfend, die Hosen auf Halbmast, seine Freunde mit »Alles cool, Alter?« begrüßt. Da ist ja wohl nichts cool, Alter. Oder haben wir was verpasst? Warum machen die Jugendlichen das? Warum kleiden sie sich so komisch und reden so ein Blech zusammen? Was in drei Herrgottsnamen soll das?

Das ist die Beschwörung ihres Universums. Es ist der magische Trick, der den Jugendlichen erlaubt, all dem äußeren und inneren Wirrwarr zum Trotz sich als die Meister ihres Lebens und als die Herrscher und Herrscherinnen ihrer Welt zu erleben. Was können sie denn schon dem verstörenden Aufruhr entgegensetzen, der in ihnen und um sie herum tobt? Na schön, manche haben noch ihren Teddy oder einen Schmusehund, an die sie sich ankuscheln können. Das tröstet und wärmt. Meine Frau und ich haben aus diesem Grund die ›Pumuckel-Pädagogik‹ erfunden. Über kurz oder lang hatten wir sie alle. Können Sie sich einen fünfzehnjährigen obercoolen Jungen vorstellen, cooler als Rambo und der Terminator zusammen, der nachts nur noch mit Pumuckelgeschichten (Sie wissen schon: Meister Eder und sein Pumuckel, der kleine Kobold) einschläft? Klar: Wir haben meistens mit Jugendlichen gearbeitet, deren Kindheit nicht so berauschend war, bei denen also Defizite und Nachholbedarf bestanden. Dennoch zeigt uns das, wie kindlich der Zugang der Pubertierenden zur Welt in weiten Teilen noch ist. Es ist gut, sich das immer wieder ins Gedächtnis zu rufen, wenn man mit den Verhaltensweisen und Strategien der Jugendlichen konfrontiert wird.

Was bleibt denen, die diese kindlichen Inseln der Geborgenheit, das liebevolle Verständnis ohne viele Worte nicht kennen? Sie suchen es verstärkt bei meist gleichaltrigen Gruppen, in ihren Cliquen, Gangs, bei ihren Homies, in ihrem Tribe, wie auch immer sich das gerade nennt. Eben dort, wo sie ernst genommen und angenommen werden und wo sie sich Respekt und Anerkennung erwarten und erwerben zu können hoffen. Der Familien- und Stammesersatz wird umso wichtiger für die Kids, je weniger Rückhalt und Unterstützung sie in ihren Familien und in ihrem sozialen Umfeld haben. Je machtloser und ausgelieferter sich die Jugendlichen fühlen, desto autoritärer sind diese Gruppen oft organisiert. Nicht umsonst hatten in den letzten Jahren die rechten Gruppen wie DVU und NPD in Ostdeutschland, besonders in den strukturschwachen Gebieten von Mecklenburg-Vorpommern und in Sachsen, solchen Zulauf vor allem von jungen Wählern. Diese vergessenen Kinder stilisieren sich gerne als die Unangepassten, die der normalen Welt nur mit Verachtung begegnen und sich von niemandem was sagen lassen. Was bleibt ihnen auch anderes übrig, allein gelassen wie sie sind? Dahinter steht oft nichts anderes als die verzweifelte Suche nach Anerkennung, Zuwendung und – Liebe. Warum sie das dann nicht sagen? Weil die Erwachsenen ihnen nicht so begegnen, als würde es sie für fünf Pfennig interessieren, wie es ihnen wirklich geht. Außerdem gibt ihnen die Ablehnung, die sie erfahren, auch die ersehnte Sicherheit und Identität, wenn auch eine negative: Ich werde angegriffen, also bin ich. Ich werde beachtet, weil ich ein Jemand bin. Ich werde bekämpft, also bin ich eine Macht. Das ist zwar ein Trugschluss, aber wer setzt sich mit ihnen auseinander und zeigt ihnen Alternativen? Oder besser noch, wer gibt ihnen Chancen, Perspektiven und die Gelegenheit, Anerkennung zu bekommen, für das, was sie sind: als Menschen und nicht nur als Ich-AG?

Doch Cliquen können die Geborgenheit von Familie und sozialem Umfeld nicht ersetzen. Denn es sind in aller Regel Zweckbündnisse auf Zeit, brüchig und nur an der Oberfläche zusammengehörend. Es gibt zwar auch Freundschaften, die in der Pubertät ihren Anfang nehmen und für ein Leben halten, aber das sind die seltenen Ausnahmen. Von den meisten Freundschaften, die in der Pubertät mit ewigen Liebes- und Treueschwüren begannen, bleibt über diese Phase hinaus nicht viel. Ist schon toll, wenn sie mehr als einen Monat andauern ...

Cliquen vermitteln also Gefühle von Sicherheit und Geborgenheit, das Gefühl, dazuzugehören, ernst genommen, verstanden und anerkannt zu werden. Darüber hinaus bieten sie noch viele weitere wichtige Funktionen für die Heranwachsenden. Nicht alle suchen einen Familienersatz. Für die meisten ist die Clique in erster Linie eine Spielwiese, auf der sie sich nach Herzenslust ausprobieren und austoben dürfen. Vor allem Mädchen inszenieren nach Herzenslust ihre Beziehungsdramen im Kreis der Freunde. Alleine wäre es ja langweilig. Eine rennt in der Disco laut heulend aufs Klo, mitten durch den ganzen Laden, damit es wirklich jeder mitbekommt. Die drei besten Freundinnen, wichtig gestikulierend, hinterher: »Du, lass mich durch, der Lara geht es ja so schlecht, ich muss sofort hinterher und schauen, dass sie sich nichts antut. Ja, du, die ist so fertig, ich weiß nicht, was da noch wird. O. k., ich erzähl's dir dann. Du, aber ich muss jetzt.« Anlass war, dass Laras Schwarm Mick, mit dem sie neulich geknutscht hat, kurz aufgetaucht ist, aber dann beschlossen hat, mit seinen Kumpeln noch woanders hinzugehen. Mit echten Gefühlen hat das alles noch nichts zu tun. Es geht darum, leidenschaftlich und unermüdlich zu spielen, wie es sich anfühlt, wenn man Beziehung lebt. Es dauert, bis die Gefühle tiefer und wirklicher werden. Zunächst wirkt das alles grell überzeichnet und irreal. Jeder wird jedem zum Statisten, spielt mit im Drama des Anderen, aber es geht noch nicht wirklich um die Menschen, um ein Gegenüber. Statisten sind austauschbar. Aber es kann auch jeder zum Hauptdarsteller werden auf der Bühne, die die Gruppe bietet, und neue Rollen ausprobieren, sich völlig anders und gegensätzlich entwerfen. Alles ist möglich, nix ist fix. Unterhaltsam, lehrreich und mit enormem Tempo wechseln die Inszenierungen und werden begeistert verfolgt. Die Kids geben sich dadurch gegenseitig Impulse für die eigene Entwicklung. Nur die Eltern kommen mitunter nicht ganz mit, weil die Namen der Hauptdarsteller allzu schnell wechseln. Aber die Jugendlichen sind da nachsichtig. Die Eltern sind halt langsam, das ist das Alter, und sie schnallen prinzipiell nicht viel.

Diese Spielwiese ist wichtig, damit die Kids ihre Flügel aufschütteln, bewegen und kräftigen können. Aus der anfänglichen Unsicherheit entstehen durch das spielerische Üben und die spielerischen Erfahrungen langsam eine größere Sicherheit und Selbstvertrauen. Zumindest so viel, dass sie sich irgendwann auf ihren ersten wirklichen Flug wagen können, weil ihnen die Abläufe vertrauter geworden sind und ihr Mut gestiegen ist.

Vorraussetzung ist allerdings, dass die Gruppe nicht von Jugendlichen dominiert wird, die sich in erster Linie daran erproben, sich selbst größer zu machen, indem sie andere klein machen. Es kann zwar auch bildend sein, sich gegen solche Typen zu behaupten und durchzusetzen. Doch mit Sicherheit ist es nicht förderlich, wenn jemand, der ohnehin nicht gerade vor Selbstvertrauen strotzt oder schwächer ist, als menschlicher Treteimer benutzt wird. Leider scheint das zuzunehmen. Dann sind die Erwachsenen, nicht nur die Eltern, gefordert. Erstens dem einen Riegel vorzuschieben und die betroffenen Kinder und Jugendlichen zu beschützen. Zweitens warten auch die Jugendlichen, die sich so asozial verhalten, darauf, dass jemand sich aufrichtig, belastbar und engagiert mit ihnen beschäftigt und versucht herauszufinden, woher dieses trostlose Verhalten kommt und wie ihnen eine positivere Perspektive, ein bejahenderer Zugang zu ihrem Leben und zu anderen Menschen vermittelt werden kann. Beide brauchen die Aufmerksamkeit, die Hinwendung und das Engagement der Erwachsenen – jetzt. Die Pubertät ist die zweite Prägephase des Menschen, die Jugendlichen sind noch aufnahmebereit und bildbar. Jetzt können die mit den ausgebildeten und gut verknüpften Stirnlappen, die Erwachsenen, noch Wunder wirken.

Cliquen wirken identitätsstiftend. Das bedeutet, dass die Clique den Jugendlichen die Gelegenheit gibt, herauszufinden, welche Rolle ihnen entspricht, in welcher sie sich wohlfühlen, welche Bedürfnisse sie haben und wie sie diese äußern können, ohne darin sofort wie in der Erwachsenenwelt festgelegt zu sein. Heranwachsende können grausam sein gegenüber Außenseitern. Doch auch für sie gilt: Die jugendliche Clique bietet die Bühne, die erlaubt, sich ganz neu und anders zu entwerfen und zu präsentieren, als es ihrem bis dahin gewohnten Bild – dem eigenen und dem der anderen – entspricht. Hier ist Raum für Unerwartetes und Überraschendes, weil alle Pubertierenden, wenn auch in unterschiedlichem Ausmaß, sich selbst jeden Tag als nicht berechenbar, widersprüchlich, paradox, verwirrend und überraschend erleben. Weil sie alle neu entstehenden Persönlichkeitsanteile, die oft so verstörend anders als die ihnen bisher bereits bekannte eigene Persönlichkeit sind, integrieren müssen, ist es für sie nicht verwunderlich, wenn sich jemand heute völlig anders als gestern gibt. Und das bezieht sich durchaus nicht nur auf die Haarfarbe oder die Klamotten.

Jugendliche haben aber auch große Angst davor, nicht dazuzugehören und als anders ausgeschlossen zu sein. Je größer diese ist, desto eher hacken sie auf Außenseitern herum. Je unsicherer sie sind, desto mehr misshandeln sie solche Andere. Es sind willkommene Opfer, um sich und dem Umfeld zu demonstrieren, dass sie selbst nicht anders sind. Die Angst davor, selber ausgegrenzt zu werden, führt dazu, dass sie andere ausgrenzen. Jugendliche spüren instinktiv: In der Pubertät entscheidet sich, wer sie sein werden und wo sie im sozialen Miteinander stehen. Stimmt ja auch: Ihre geistige, die emotionale und die soziale Person bekommen entscheidende Impulse, bilden sich an Erfahrungen und gewinnen letztlich ihre Form in der Pubertät.

Weil sie sich selbst als Wesen vom Mars fühlen, in einer geheimen Mission auf der Erde, die ihnen selber überhaupt noch nicht klar ist, sind sie aber auch großzügiger und akzeptieren Veränderungen, Gegensätze und Widersprüche bereitwilliger als Erwachsene. Jugendliche glauben an die Macht und den Zauber der Verwandlung. Dafür werden sie oft als naiv bezeichnet, aber sie erleben das täglich mit sich selbst und anderen als Realität. Jugendliche leben in einer Märchenwelt: zauberhaft, grausam, abenteuerlich, romantisch und von magischen Kräften durchwoben und bestimmt. Das hässliche Entlein, das plötzlich zum Schwan wird. Das kindliche Bübchen, das auf einmal zum attraktiven Mann mutiert und dem seine Prinzessin begegnet. Solches geschieht mit ihnen, geheimnisvoll, verwirrend und berauschend, ohne dass sie es tun. Das sind Märchenmotive, gewiss, doch stehen diese archetypisch für diese Zeit.

Eltern sind nicht wirklich Teil dieser Welt, sie stehen am Rand und dürfen hin und wieder als Statisten mitwirken. Sie fühlen sich ausgeschlossen, und sie sind es auch zu weiten Teilen, doch sind sie deswegen nicht hilflos oder ohne Möglichkeiten der Einwirkung und Unterstützung. Aber die Clique ist das Medium, in dem das emotional und geistig neugeborene Wesen die Funktionen und Möglichkeiten der neugewonnenen emotionalen und geistigen ›Füße‹, ›Finger‹ und ›Augen‹ kennen lernen, üben und beherrschen und dadurch sich seiner selbst versichern kann. Die Clique ist die Wiege der Pubertät. In ihr und nicht bei den Eltern wird der neue Mensch geboren. Eltern können sich so viel Mühe geben, wie sie wollen, und sie können zirkusreife Verrenkungen mit ihren Rollen, die sie in der Familie spielen, anstellen, eines werden sie nicht ändern: Sie sind der Kokon, aus dem der Schmetterling schlüpft, die Eierschale, aus der das Küken sich herauspicken muss. Das ist ihre Rolle, mit ihrem Kind geboren, naturgegeben und – wirklich in Stein gemeißelt. Die Kinder sind gewachsen, der Kokon passt ihnen nicht mehr, und sie wollen raus. Wenn Eltern dann die besten Freunde, Teil der Clique ihrer Kinder sein wollen, erinnert das ein wenig an Gefängniswärter, die den Gefangenen davon überzeugen wollen, dass sie an deren Seite für die Freiheit kämpfen. Das wird kaum gelingen und bestenfalls Verwirrung und Verunsicherung bei den Kids zurücklassen. Für die Jugendlichen ist die Stabilität ihres Kokons wichtiger als elterliche Verrenkungen, weil sie dann zumindest klarer sehen können, woraus sie sich befreien wollen. Wohin es gehen soll, wissen sie noch nicht, aber das Leben und die elterliche Unterstützung werden es schon richten … Sie, liebe Eltern, können bei den Befreiungsbemühungen aus dem Ei mit dem einen oder anderen Stück Schale helfen, das schwer geht, das schon, aber Sie können nicht die Freunde Ihrer pubertierenden Kinder werden. Denn Sie sind nicht in deren Lage, geschweige denn in deren Haut, auch wenn Sie sich daran erinnern können sollten, wie es bei Ihnen selbst einst war und wie Sie sich fühlten. Sie können Gefährten, Vertraute, Gegenüber, Ratgeber, Lernhelfer, Sparringspartner, Lehrer, Verständnis- und Liebesschenker sein, doch niemals Freunde. Freund ist man von gleich zu gleich auf einer ganz konkreten menschlichen Ebene – und Ihre Kinder sind Ihnen weder ebenbürtig noch gleich, weder auf der persönlichen Ebene noch von der Entwicklung her. Kinder leben in der Pubertät in einer komplett eigenen Welt, die von einer gänzlich anderen Dynamik, anderen Gesetzmäßigkeiten und einem völlig anderen Erleben als dem Ihren in der Erwachsenenwelt bestimmt wird. Doch ergeben sich daraus auch besondere Chancen.

# Märchen, Mythen, Abenteuer

## Verändertes Bewusstsein und neue Wege für den Alltag

Die kunterbunte magische, im Werden begriffene Märchenwelt der Jugendlichen gibt den Erwachsenen gleich noch ein Mittel an die Hand, mit dem Unterstützung und Einfluss über Ermahnungen, Appelle an die Vernunft und gute Ratschläge hinaus möglich werden. Die Sehnsucht nach Abenteuer und Veränderung, nach Bewährung und Verwandlung zeigt schon die Wege auf, wie das pubertierende Bootspersonal, obwohl nur vom Ufer aus, so aber doch direkt und von innen her erreicht werden kann. Es bleibt Ihnen, den Erwachsenen, damit nicht mehr nur die Möglichkeit, das jugendliche Verhalten zu kommentieren, zu kritisieren und in seinen Auswirkungen zu beschränken, um etwas zu bewirken. Sie können die Jugendlichen auch direkt über deren Innerstes erreichen, wenn Sie sich ihrer Sprache und Bilder bedienen – der Bildsprache des Zaubers und der magisch-mystischen Verwandlung, wie wir sie eben in Märchen und Mythen finden. Ich weiß natürlich wie Sie, dass Teenager keine Kinder mehr sind, und meine damit nicht die Gute-Nacht-Geschichten aus dem Märchenreich mit dem Gute-Nacht-Kuss abends zum Einschlafen. Auch wenn Jugendliche es lieben, ab und zu wieder Kind sein zu dürfen, hat sich ihre Art, wie sie der Welt begegnen, gegenüber der von Kindern stark gewandelt. Sie wollen nicht mehr nur von Abenteuern und Veränderungen, Bewährungen und Verwandlungen in den Märchen hören, sie wollen sie am eigenen Leibe erleben. Sie wollen sie nicht mehr nur nachspielen, sie wollen darin eintauchen, mit allen Sinnen und mit ihrer ganzen Person. Ihre Sinne vibrieren vor Sehnsucht danach, den Zauber des Seins, ihren eigenen Zauber zu ergründen, der sie mit Macht ergriffen hat. Sie erleben ja auch von den Zehen bis zu den Haarspitzen ihre eigene magische Verwandlung durch die Pubertät.

Also geht es darum, den Jugendlichen reale Abenteuer zu bieten, an denen sie wachsen können. Leider ist die heutige Welt relativ arm an richtigen Herausforderungen für Jugendliche, anders als noch vor fünfzig oder hundert Jahren. Es ist einfach ein Unterschied, ob die Kinder aus ihren klimatisierten Wohnungen kommen und in klimatisierten Fahrzeugen in ihre klimatisierten Schulen fahren und sich dabei nur kurz in einer nichtverglasten Umgebung bewegen müssen, nämlich auf dem Weg vom Haus zum Bus und vom Bus zur Schule und in den wenigen Pausen, und sich auch die restliche Zeit des Tages in einem abgeschlossenen Raum mit künstlichen Computerwelten beschäftigen; oder ob sie morgens eine halbe Stunde durch eine Wiesenlandschaft zur Schule laufen und sich dann nach der Schule damit amüsieren, am Bach ein Floß zu bauen oder etwas Ähnliches. Also müssen wir ein bisschen nachhelfen und uns überlegen, wie man diesem Mangel an natürlichen Abenteuern abhelfen kann.

Die Natur bietet tatsächlich eine Menge Möglichkeiten, Jugendlichen Grenzerfahrungen in geschütztem Rahmen zu ermöglichen. Sie finden dazu viele Anregungen und konkrete Angebote, wenn Sie sich unter dem Stichwort Erlebnispädagogik (Adressen im Anhang) umsehen. Es gibt dazu viele Bücher und interessante Seiten im Internet, wenn Sie diesen Begriff bei einer Suchmaschine eingeben. Und es gibt viele Anbieter, auch bei Ihnen in der Umgebung, die zum Beispiel Wildwasserfahrten (Rafting), Klettern, Segeln oder Ähnliches anbieten. Zum Teil sind das Vereine oder Initiativen, zum Teil private, kirchliche oder öffentliche Träger. Manche bieten laufende Kurse an, z. B. Klettern, das man mittlerweile auch im Flachland in der Halle an Kletterwänden oder in Klettergärten machen kann. Andere schnüren Ferienangebote, z. B. Segeln in Mittelmeer oder Ostsee, die Vergnügen und Herausforderungen für Jugendgruppen auf spannende Art vereinen.

Der Sinn solcher Veranstaltungen ist, dass die Jugendlichen an Aufgaben herangeführt werden, die ihnen die Überwindung eigener, sie begrenzender Ängste abfordern. Ob sie zwar gesichert, aber mit wackelnden Knien einen Felsbrocken hochklettern müssen oder durch tosende Gischt einen reißenden Bach in einem Raftingboot herunterrauschen und mit den anderen das Boot auf Kurs halten und vorm Kentern bewahren müssen, sie sind mit allen Sinnen und der ganzen Person gefordert, um diese Aufgaben zu bestehen. Es darf natürlich kein Zwang dahinter stehen, sondern die erste Aufgabe besteht schon darin, aus eigener

Entscheidung die Ängste zu überwinden und sich zu trauen. Nie jemanden zwingen, überreden oder lächerlich machen! Nie! Jeder muss seinen persönlichen Zeitpunkt bestimmen, an dem er den ersten Schritt wagt – und dazu gehört Vertrauen. Kann ich jemandem vertrauen, der über mich und meine Ängste hinwegtrampelt? Eine rhetorische Frage, die Sie nur mit »Nein!« beantworten können.

Der nächste Schritt ist eigentlich eine Folge von Schritten, nämlich das zu lernen, das ich tun muss, um der Aufgabe gewachsen zu sein und sie bewältigen zu können. Alle Aufmerksamkeit wird auf ein Ziel hin konzentriert, denn die Jugendlichen wollen sich und den anderen beweisen, dass sie es trotz ihrer inneren Ängste schaffen, auch wenn diese in ihnen toben und ihnen einzureden versuchen, sie könnten es ja doch nicht. Wenn sie sicher genug geworden sind, gelernt haben, mit dem Material umzugehen, kommt der nächste Schritt: die Bewährung. Jetzt zeigt sich, ob sie sich richtig vorbereitet haben und mit der nötigen Ernsthaftigkeit an die Sache herangegangen sind – und ob sie, allen Ängsten zum Trotz, an sich selbst glauben können. Sonst müssen sie und die Trainer noch mal ran und an den Schwachpunkten, die deutlich geworden sind, arbeiten.

Irgendwann schafft es jeder – mit Ausdauer und der richtigen Begleitung. Die Aufgaben werden natürlich so gewählt, dass sie auch leistbar sind. Dieser Stolz! Sie können förmlich sehen, wie die Jungs und Mädchen an den Herausforderungen wachsen. Das Gleiche passiert mit ihrem Selbstvertrauen, ihrem Zutrauen in die eigenen Fähigkeiten und ihrem Mut fürs Leben. Es reicht natürlich nicht, Jugendliche mit einem Seemann auf ein Boot zu stecken und zu hoffen, der Rest passiere von allein. Es müssen schon aufmerksame Begleiter dabei sein, die über das richtige Händchen verfügen und die wissen, wann sie eingreifen müssen und wie sie unterstützen können. Da sind nicht unbedingt Pädagogen gemeint, aber Respekt, Erfahrung und Einfühlungsvermögen für die Jugendlichen sollten sie dafür neben der fachlichen Qualifikation z. B. fürs Klettern oder Segeln schon mitbringen. Dann ist eine Menge möglich. Vielleicht sind Sie ja der oder die Richtige dafür? Ich habe verschiedentlich die Erfahrung gemacht, dass Menschen ohne pädagogische Ausbildung die besseren Pädagogen sein können, weil sie einen unverbildeten Blick auf die Jugendlichen haben. Gerade ein Studium kann einen dazu verleiten, die Realität auf eine Theorie hinzubiegen, statt einfach zu schauen, was geschieht und damit zu arbeiten. Aber das nur nebenbei.

Ein Kleininternat in Südfrankreich hat mit einem Studienjahr großen Erfolg, das sich in erster Linie an Kinder richtet, die selbst mit so individuellen Schulformen wie der Waldorfschule ihre Probleme haben. Dieses Modell zeigt deutlich, dass Abenteuer für Jugendliche auch ganz alltägliche Dinge sein können und man nicht immer nach exotischen Beschäftigungen suchen muss, um ihnen Impulse für ihre Entwicklung zu geben.

Dieses Internat liegt in der Mittelmeerregion vor den Pyrenäen, nicht weit der spanischen Grenze. Dieses Gebiet ist von heißen Temperaturen und Trockenheit im Sommer und mitunter stürmischen Winden gekennzeichnet. Das allein stellt schon eine Herausforderung für die Schüler dar, weil sie den Elementen direkt ausgesetzt sind und sich mit ihnen auseinander setzen müssen. Denn die praktische Arbeit auf den Feldern, wo das Gemüse für die Schule angebaut wird, gehört zum Schulalltag unabdingbar dazu. Viele andere Aufgaben im Alltag, wie Kochen und Abwaschen, Wäschewaschen usw., sind auf die Jugendlichen aufgeteilt.

Natürlich haben sie in allem Anleitung, aber sie müssen dennoch Verantwortung übernehmen und auch die daraus entstehenden Konflikte in der Gruppe miteinander konstruktiv bewältigen lernen. Dafür ist ausreichend Zeit vorgesehen, weil jeder Tag gemeinsam in der Gruppe eingeleitet und auch abgeschlossen wird. So ist jeden Abend Gelegenheit, die Ereignisse des Tages durchzugehen, Probleme miteinander anzusprechen und nach Lösungen zu suchen. Keiner kann sich drücken. Der Schulunterricht findet in Kleingruppen statt. Hier bemüht man sich besonders darum, die zum Teil abstrakten Lehrinhalte anschaulich, sinnlich und sinnvoll zu vermitteln. Zusätzlich wird von einem der Lehrer statt normalem Kunstunterricht, wie man ihn von den staatlichen Schulen kennt, Kunst als pädagogisches Mittel zur Persönlichkeitsentwicklung eingesetzt. Auch das eine tolle Methode, um die Entwicklung der Jugendlichen anzuregen und zu unterstützen.

Neben der alltäglichen Arbeit und dem Unterricht bereiten die Jugendlichen als Höhepunkt des Jahres eine Abschlussfahrt vor, die mit dem eigenen Bus nach Marokko führt. Sie planen die Stationen, die Verpflegung usw. selbst, natürlich mit Unterstützung, aber jeder ist verantwortlich für seinen jeweiligen Teilbereich.

Der herkömmliche Schulalltag wird hier mit Hilfe von zwei Lehrkräften und zwei Halbtagshilfen für Landwirtschaft und Haushalt für zirka zwanzig Schüler mit einfachen Mitteln ganz anders als herkömmlich gestaltet – und das mit großem Erfolg, der die Entwicklung und das innere Wachstum der Jugendlichen mehr als deutlich werden lässt.

Schulverweigerern, denen das Kiffen wichtiger war als Schule und Perspektiven, konnten auf diese Art innerhalb eines Jahres wieder Sinn in ihrem Tun, Ziele für sich und Zugriff auf ihr eigenes Leben gewinnen, selber darüber staunend. Es ist interessant, die Beiträge der Jugendlichen in den Jahresberichten dieser Einrichtung zu lesen oder mit ihnen zu sprechen und zu sehen oder hören, wie sie selber über ihre Erfahrungen und Entwicklungen berichten. Die meisten Jugendlichen kommen dorthin, um, so erstaunlich es klingen mag, dieses Jahr als Chance für eine Neuorientierung zu nutzen. Sie merken selbst, dass sie auf der Stelle treten, und sind mit dem Leben, wie sie es bisher führen müssen, unzufrieden, denn sie leiden unter den Zwängen des normalen Schulalltags und der täglichen Routinen, die ihnen zutiefst sinnlos erscheinen.

Natürlich stößt der recht straff organisierte Tagesablauf anfänglich nicht gerade auf Begeisterung, er wird aber dennoch angenommen. Jede Aufgabe und jede Handlung vermitteln die Betreuer so, dass sich ihr Sinn den Jugendlichen unmittelbar mitteilt. Dadurch bringt jeder Tag, der vergeht, neue, sich selbst verstärkende Sinn-Erfahrungen, was die Jugendlichen deutlich spüren. Die gemeinsamen Tagesein- und -ausklänge sorgen dafür, dass ein starkes Gemeinschaftsgefühl entstehen kann. So werden das anfängliche Gestöhne und Genöle allmählich von freudigerer Mitarbeit, einem Wir-Gefühl und Teamgeist abgelöst.

Fairerweise muss man sagen, dass dieses Internat nicht in vollem Umfang den üblichen Zwängen, denen die staatlichen Schulen unterliegen, unterworfen ist, und die Arbeit dort mit nur zwei Lehrkräften, die auch die Freizeitbetreuung übernehmen, nicht mit einem Achtstundentag zu bewältigen ist. Die Methode an sich aber ist so einfach wie erfolgreich: haltgebende und klare Strukturen, Aufgaben verteilen, deren Sinn und Zusammenhang sich unmittelbar mitteilen, Verantwortung übergeben und einfordern, Herausforderungen bieten, Erlebnisse in und mit der Natur ermöglichen, so weit als möglich praktische und anschauliche Erfahrungen anstelle von trockener Theorie im Unterricht, Arbeit mit den eigenen Händen im Garten und mit der Kunst und eine Spur Abenteuer – nicht zu vergessen der gemeinsame Beginn und der gemeinsame Abschluss eines jeden einzelnen Tages.

Einiges davon können Sie auch im ganz normalen Alltag bei Ihnen zu Hause umsetzen. Da ich dies bereits in meinem letzten Buch *Pubertät – Das Überlebenstraining für Eltern* ausführlich dargestellt habe, werde ich mich hier auf Beispiele zur Veranschaulichung beschränken. Es ist etwa nicht einzusehen, warum Jugendliche mit zwei gesunden Händen nicht auch in einem Bereich, der das gemeinsame Zusammenleben in der Familie betrifft, Verantwortung übernehmen sollten. Verantwortung übergeben heißt aber mehr, als um Hilfe beim Abwaschen oder Abtrocknen zu bitten.

Möglicherweise ist Ihr Sohn oder Ihre Tochter nicht ganz unbegabt beim Kochen, hat vielleicht sogar Freude daran. Was spricht dagegen, dass Ihr Sprössling einmal die Woche für alle kocht? Sie werden sich allerdings damit abfinden müssen, dass gelegentlich alles andere wichtiger ist, dass es einfach vergessen wird, aus Liebeskummer ausfällt oder der fehlende ›Bock‹ droht, versprochene kulinarische Genüsse zu verhindern. Auch bei den Gaumenfreuden sollten Sie Ihre Erwartungen nicht allzu hoch schrauben. Schließlich kommt aller Anfang zunächst etwas mühevoll und zäh daher. Dennoch ist alles eine Frage der Übung, Ihrer Hartnäckigkeit und Beharrlichkeit und kann trotz der erwähnten Ausfälle, wenn es sich erst mal eingespielt hat, zu einer echten Entlastung für Sie werden. Und für den Nachwuchs bietet sich eine wunderbare Übung in Verantwortung, sozialem Miteinander, aktiver Teilhabe und – natürlich – Kochen an. Der Abwasch und das Aufräumen der Küche nach der ›Töpfe- und Pfannenorgie‹ gehören natürlich auch dazu, es sei denn, Sie haben ausdrücklich etwas anderes vereinbart.

Doch aufgepasst! Tödlich für Ihr elterliches Bemühen um Mitarbeit ist der Satz: »Komm, lass es, so wird das doch nie was, da mach ich es doch lieber selbst.« Wer soll Sie da mit Ihren Wünschen und Forderungen noch ernst nehmen? Wenn Ihre Sprösslinge wissen, dass sie nur lange genug nerven und nölen müssen, um von jedweder Aufgabe befreit zu sein, so werden sie das tun. Sie strapazieren lieber eine halbe Stunde die Nerven und die Zeit ihrer Eltern, statt zehn Teller in zwei Minuten abzutrocknen. Wie Sie die Null-Bock-Mentalität aushebeln können und welche Strategien und Tricks es dafür gibt, können Sie auch ausführlich in *Pubertät – Das Überlebenstraining für Eltern* nachlesen. Das Entscheidende ist, dass die Verantwortung und die Notwendigkeit, etwas zu tun, bei Ihren Kids bleiben und nicht auf die eine oder andere Art wieder auf Sie, die Eltern, abgewälzt werden.

Kochen ist eine Möglichkeit der verantwortungsvollen und kreativen Mitarbeit, aber es gibt auch andere. Denken Sie doch mal nach: In welchem familiären Bereich, der alle in der Familie betrifft, könnten Sie Ihrem Nachwuchs Verantwortung übertragen? Ein gewisser Ansporn sollte natürlich schon dabei sein. Mit Ansporn meine ich nicht Geld, sondern die Herausforderung, die mit dieser Aufgabe verbunden ist. Sicher ist Rasenmähen eine Tätigkeit, bei der man auch etwas lernen kann, z. B. darüber, wie hoch das Gras maximal werden darf, bis das Mähen sehr schwer wird, bei welchem Wetter und zu welcher Jahreszeit das Gras besonders schnell wächst und so weiter. Aber es ist nicht unbedingt eine Tätigkeit, bei der man neben Ausdauer und Zuverlässigkeit weitere eigene Fähigkeiten ausprobieren kann. Für Sie mag es vielleicht anders sein, wenn Sie aus der Firma kommen und froh sind, statt Maschinen, Computern oder Umsatzprognosen vor sich zu haben, an der frischen Luft sein zu können und den Rasen mähen zu dürfen. Seien Sie Ihren Kindern nicht böse, wenn sie das etwas anders sehen. Sie halten es vermutlich für stumpfsinnig, den Rasen immer wieder und wieder mähen zu müssen, nur damit er kurz bleibt. Ausnahmen bestätigen wieder die Regel, denn es gibt ja auch Menschen, die leidenschaftlich gern bügeln, abwaschen oder staubsaugen. Beglückwünschen Sie sich, wenn Sie so einen Jugendlichen zu Hause haben, wie praktisch – aber leider nicht weit verbreitet ... Und das ist kein Webfehler im Entwicklungsplan des Modells Mensch.

Jugendliche brauchen stimulierende und fordernde Aufgaben, damit sie ihre Anlagen ausbilden können. Was nicht heißt, dass Aufräumen, Wäschewaschen, Saubermachen nicht von ihnen verlangt werden können oder sollen. Aber es ist nicht unbedingt erste Wahl beim Thema ›Verantwortung übertragen‹, weil sie sich dabei nicht wirklich ausprobieren können und nicht genügend herausgefordert werden. Vielleicht sind Sie gerade dabei, Ihr Haus umzubauen, oder Sie renovieren, legen einen neuen Garten an, wollen auf dem Balkon Tomaten ziehen oder mit Angeln den häuslichen Speiseplan aufbessern? Alles Tätigkeiten, bei denen reichlich Gelegenheit für die Übertragung von verantwortungsvollen

Aufgaben an die Jugendlichen besteht. Sie müssen natürlich an diese Aufgaben herangeführt werden, man muss sie ihnen ordentlich erklären, unter Anleitung ausprobieren, aber dann auch selber machen lassen – auch wenn mal was daneben geht, das gehört zum Lernen dazu. Ich würde einen Jugendlichen zwar nicht gerade das Fundament eines Hauses gießen lassen und erwarten, dass alles perfekt gemacht wird … Aber es gibt genug Aufgaben, an denen sich die Heranwachsenden ausprobieren können und bei denen nicht gleich das ganze Projekt in Gefahr gebracht wird, wenn mal etwas schief geht oder ein pubertärer Aussetzer zu nicht ganz so befriedigenden Ergebnissen führt.

Wenn Ihnen keine Arbeit einfällt, die Sie ihnen übertragen könnten, dann fragen Sie doch einfach nach: »Hör mal, ich möchte, dass du für eine Aufgabe oder einen Bereich im Haus Verantwortung übernimmst, die oder der uns alle betrifft. Hast du einen Wunsch? Gibt es etwas, das du gerne machen würdest? Klar, wir können darüber reden, was dafür in Frage kommt, das tun wir ja gerade, aber nicht, ob du etwas machst. Etwas ist ab morgen deine Aufgabe und deine Verantwortung. Du hast keine Idee? Ich wüsste da schon was, ist aber vielleicht ein bisschen langweilig: regelmäßiger Abwasch oder so … Ach so, du hast vielleicht doch noch eine Idee? Natürlich kannst du darüber nachdenken. Ich finde es eh immer besser, wie du weißt, wenn du dir Gedanken machst. Also bis morgen. Wann kommst du aus der Schule? Setzen wir uns dann um vier zusammen? O. k., um vier und dann wird entschieden.«

Je früher Sie damit angefangen haben, Ihre Kinder an kleine Aufgaben zu gewöhnen, desto besser. So ab elf, zwölf Jahren können Sie ihnen schrittweise Aufgaben zumuten, die mehr Verantwortung und Eigenständigkeit fordern. Wenn Sie schon in dem Alter damit anfangen, dann tun Sie und Ihre Kinder sich später leichter.

Vergessen Sie dabei nicht, dass es in der Pubertät um das Erlernen von Verantwortung geht, um die Auseinandersetzung mit ihr, und noch nicht um das Einfordern, wirklich verantwortlich zu handeln. Das dauert bis zum achtzehnten, neunzehnten Lebensjahr und bei einigen noch länger, um sich auszubilden. Also kann es hier nur um das Trainieren von Fähigkeiten gehen, für deren Erlernen die Begleitung der Eltern wichtig und notwendig ist. Die Erwachsenen sind jetzt auf dem Trainingsplatz als erfahrene Sparringspartner, als Trainer und manchmal auch als Antreiber gefragt. Das kommt Ihnen bekannt vor? Nicht ohne Grund, denn darüber hatten wir ja schon gesprochen: Pubertierende lernen anders. Aber (und das ist die gute Nachricht), allen Gerüchten zum Trotz, sie lernen – doch dauert es wahrscheinlich nur ein bisschen länger, bis sich das für Sie auch bemerkbar machen wird ...

Es ist die ideale Zeit für ein wenig selbstgestricktes Abenteuer, um den vagabundierenden jugendlichen Gehirnzellen auf die Sprünge zu helfen und den Synapsen ein wenig Feuer unterm Popo zu machen, damit sie in die Gänge kommen. Eine Grundregel ist dabei ganz wichtig. Prägen Sie sich diese als Leitmotiv ein: Der Weg ist das Ziel. Genauer gesagt: Der Weg, den die Jugendlichen bis zu ihrem Ziel zurücklegen müssen, und die Erfahrungen, die sie auf dem Weg dorthin machen, sind bei weitem wichtiger als das eigentliche Ziel. Das Ziel ist lediglich eine Bestätigung dafür, dass etwas erfolgreich bewältigt wurde, und dient der sichtbaren Anerkennung. Es ist daher als Verstärker wichtig und gehört unbedingt dazu. Aber das Eigentliche geschieht unterwegs. Behalten Sie das immer im Gedächtnis für alles, was Sie mit Jugendlichen, ob mit Ihren eigenen oder fremden, tun.

Es macht deshalb zum Beispiel keinen Sinn, Ihren Kindern Wünsche einfach zu erfüllen, ohne dass sie sich dafür bemühen müssen – auch wenn es Herzenswünsche sind und es Ihnen leicht fallen würde. Sie tun damit weder Ihren Kindern noch sich selbst einen Gefallen. Denn Sie nehmen damit in den Augen Ihrer Kinder den Wünschen und auch deren Erfüllung jeden Zauber und jede Wertschätzung. Dadurch verlieren diese Wünsche ihre Bedeutung und ihre magischen Kräfte, die sie für die Jugendlichen bereithalten, um ihnen dabei zu helfen, erwachsen zu werden.

## Synapsenreiter auf dem Weg ins Glück

### Ein Abenteuer mit Aufgaben für Herz, Kopf und Hände

Viele Märchen erzählen von den Abenteuern der Helden oder Heldinnen auf dem Weg zu ihrem ersehnten Ziel, zu ihrem größten Wunsch. Gegen Ende stellt sich dann heraus, dass etwas für sie weitaus wichtiger war als das eigentliche Erreichen des Zieles, nämlich wie sie sich auf ihr Ziel zubewegten, dass sie keine Schritte ausgelassen haben und was sie unterwegs lernen konnten. Meist geht es in den Märchen um die Errettung eines Königreiches, den Gewinn der Königstochter oder Ähnliches. Das sind nicht mehr nur kindliche Ziele und Wünsche, die sie da vorantreiben, Gegner und Widerstände überwinden und Prüfungen bestehen lassen. Durch alles das, was ihnen auf ihrem Pfad begegnet, sich ihnen entgegenstellt und sie herausfordert, wachsen der Held oder die Heldin, sie ent-wachsen der Kindheit und werden allmählich er-wachsen. Märchen sind einfache, aber eindrückliche Bilder dafür, wie der jugendliche Überschwang sich an der Welt bildet, reift und feste Formen gewinnt.

In diesem Sinne möchte ich Sie zu einem kleinen Abenteuer zwischendurch anregen. Nutzen Sie, liebe Eltern, die Wünsche Ihrer Kinder, die Sie ihnen ohnehin gerne erfüllen möchten, und gestalten Sie um diese herum einen kleinen Synapsen-entwicklungsfördernden Hindernislauf. Statt den Wunsch Ihres Kindes einfach zu erfüllen, ohne dass es etwas dafür tun muss, machen Sie aus den Geschenken einen Schatz, den es zu finden gilt, und stellen Sie ihm Aufgaben, die es lösen muss, um ihn sich zu verdienen. Gestalten sie diese so, dass sie eine echte Herausforderung für die Jugendlichen darstellen, ohne sie völlig zu überfordern. Es sollte sich allerdings um einen wirklichen Wunsch Ihrer Kinder handeln und nicht um ein Ausgehhemd und den Schlips von Oma, wenn Sie die Jugendlichen für Ihr Spiel begeistern wollen. Die Belohnung am Ende, die Geschenke oder der Schatz, müssen ein Anreiz sein, für den es sich anzustrengen lohnt. Das meint nicht deren materiellen Wert, sondern den Wert in den Augen Ihres Kindes.

Welche Aufgaben Sie sich ausdenken, überlasse ich Ihrer Fantasie, denn keiner kennt Ihre Jugendlichen so gut wie Sie selbst. Aber ich will Ihnen ein paar Beispiele präsentieren, die Ihnen zeigen, dass diese Schatzsuche sogar richtig Spaß machen kann. Es sollten Aufgaben sein, die sich an den Neigungen, Hobbys, besonderen Fähigkeiten und Lieblingsbeschäftigungen Ihres Kindes orientieren. Und es sollten Aufgaben sein, die für Ihr Kind lösbar und zu bewältigen sind, damit am Schluss ein großes Erfolgserlebnis die Mühen krönt und nicht Frust regiert. Sie dürfen aber auch nicht zu einfach sein, sonst fehlt der Anreiz. Probieren Sie ruhig ein wenig aus, wenn Sie sich da nicht sicher sind. Anregungen zu einigen der folgenden Beispielaufgaben habe ich dem Spiel *THINK.logic* von Ravensburger entnommen, das sich auch gut für familiäre Spieleabende eignet und Ihnen auf spielerische Weise einen guten Eindruck davon verschafft, wo die Stärken und Schwächen Ihres Kindes liegen.

Verstecken Sie den Schatz an einem Ort, der nicht einfach zu finden und nicht ohne weiteres zugänglich ist. Wenn Sie ein Arbeitszimmer haben, könnte es z. B. unter dem Papiermüll in Ihrem Papierkorb sein, so dass Sie die kostbare Fracht bewachen können. Es könnte aber auch bei den Nachbarn sein, wenn Sie diese dazu bewegen können, mitzuspielen, auf dem Dachboden oder im Backofen. Sie kennen Ihr Haus und Ihre Wohnung am besten, so dass Sie am ehesten wissen, welche Plätze in Frage kommen.

Schreiben Sie fünf Zettel mit fünf Aufgaben, die gelöst werden müssen, um zum Ziel zu kommen, und offenen oder, wenn Sie es spannender machen wollen, verschlüsselten Hinweisen darauf, wo der nächste Zettel und damit die nächste Aufgabe zu finden ist. Der Hinweis auf die Fundstelle im Briefkasten vor dem Haus lässt sich z. B. so formulieren: Dort, wo Ersehntes hineinkommt, und auch das, was viel kostet, frank und frei, frankiert muss es sein.

Die Aufgaben können verschiedenster Natur sein, je nachdem, was Ihnen persönlich Spaß macht und Ihren Jugendlichen liegt. Wenn Sie zu Denksportaufgaben tendieren und die Kids auch Freude daran haben, gibt es reichlich Literatur, aus der Sie sich Anregungen und konkrete Aufgaben holen können. Sehr ergiebig sind die Bücher von Sam Loyd:

*Mathematische Rätsel und Spiele* und *Noch mehr mathematische Rätsel und Spiele*, beide im DuMont Literatur und Kunstverlag 2002 erschienen. Weitere Titel finden Sie, wenn Sie unter dem Stichwort Denksportaufgaben bei Ihrem Buchhändler nachschauen. Ich würde auf jeden Fall einige einfachere Denkaufgaben verwenden, auch wenn Ihr Kind nicht so sehr zu abstrakten Aufgaben neigt, weil dadurch die Denktätigkeit angeregt und gefördert wird. Und das kann ja nicht schaden, oder? Daneben können kleinere praktische Aufgaben stehen, die eher Geschicklichkeit und Beweglichkeit verlangen. Beispielsweise kann ein Zettel in einem Baum versteckt sein und muss von dort heruntergeholt werden. Eine weitere Aufgabe kann darin bestehen, eine bestimmte Menge Holz zu hacken, einen bestimmten Seemannsknoten zu binden, eine kleine Schaltung zu löten oder eine Sauce für Dips zuzubereiten. Sie können auch künstlerische Übungen mit einbauen, wenn die entsprechenden Fähigkeiten vorhanden sind. So kann eine Aufgabe darin bestehen, eine bestimmte Blume im Garten zu zeichnen oder einen aktuellen Hit auf der Gitarre, dem Schlagzeug, dem Klavier oder der Flöte zu spielen.

Für jede gelöste Aufgabe bekommt Ihr Kind einen Buchstaben oder eine Zahl, am besten eine Kombination von beidem. Entweder haben Sie diese Zahl oder diesen Buchstaben in der Lösung versteckt (bei einem Worträtsel z. B. der dritte Buchstabe) oder es bekommt ihn vom ›Zeremonienmeister‹ nach jeder Aufgabe, die bewältigt wurde, genannt. Alle gefundenen Zeichen bilden zusammen den Schlüssel zum Schatz. Um sicherzugehen, dass keine Herausforderung ausgelassen wurde, sollte es kein Begriff sein, den man selbst vervollständigen kann. Ein Mitglied der Familie ist der ›Schatzmeister‹, der den letzten Hinweis gibt, wo sich der Schatz befindet, sobald der zu Prüfende sich als würdig zu erkennen gibt, sprich die Aufgaben gelöst hat und über das Lösungswort verfügt. Angenommen, Sie haben den Schatz in Ihrem Papierkorb versteckt, könnte der letzte Hinweis z. B. so lauten: Dort, wo Überflüssiges sich findet, unterm Tisch, Papier auch mit gedrucktem Umschlag.

Natürlich darf Ihr Kind sich zur Bewältigung der Aufgaben auch Hilfe holen, z. B. via Internet oder von Freunden. Doch sollten Sie, wenn Sie davon wissen und damit rechnen können, das auf jeden Fall bei der Gestaltung der Aufgaben berücksichtigen, damit es nicht zu einfach wird.

Um es anschaulicher zu machen, werde ich Ihnen jetzt einen Parcours für Mädchen und einen für Jungen mit Beispielverstecken, Beispielaufgaben und Lösungen sowie ungefährem Zeitaufwand für die Bewältigung vorstellen.

*Der Synapsenschleuderparcours für Mädchen:*
Jede gelöste Aufgabe bringt Dir einen Teil des Schlüssels zum Schatz. Das sind entweder Buchstaben oder Zahlen oder eine Kombination von beidem. Außerdem führt Dich das Ergebnis zu der Stelle, wo die nächste Aufgabe liegt. Schummeln oder mogeln helfen Dir also nicht weiter. Viel Glück!

Jetzt zur 1. Aufgabe: Du hast 90 Euro von der Oma zum Geburtstag erhalten. Damit gehst Du shoppen. Du kaufst Dir ein scharfes Teil. Dafür gibst Du ein Drittel des Geldes aus. In der Bahnhofsbuchhandlung findest Du ein paar tolle Bücher für 39 Euro. Für ein Zehntel gehst Du was essen. Wie viel Euro bleiben Dir?

Schreib Dir die Lösungszahl auf; sie ist der erste Teil des Schlüssels zum Schatz. Um die nächste Aufgabe zu finden, gehe so viele Schritte von der Gartentür aus in den Garten, wie die Lösungszahl Dir sagt, dann die Hälfte der Schritte nach rechts und wieder drei nach links. Dort unter einem Stein findest Du sie.

Anmerkung: Die Lösung ( $90 - 30 - 39 - 9 = $ **12** Euro) steht auf dem Aufgabenzettel natürlich nicht mit drauf. Zwölf Schritte geradeaus, dann sechs nach rechts und wieder drei nach links (von der Gartentür aus) liegt ein auffälliger Stein, unter dem die nächste Aufgabe von Ihnen versteckt wurde.

2. Aufgabe: Tausche den Lampenstecker der roten Lampe auf dem Tisch im Wohnzimmer aus. Eine Anleitung, den Ersatzstecker und das notwendige Werkzeug dazu findest Du daneben auf dem Tisch.

Welches Kabel ist zweifarbig, und wie heißt es? Davon der dritte Buchstabe ist der erste Teil der Lösung. Die Anzahl der Kabel im Stecker ergeben den zweiten Teil vom Schlüssel zum Schatz. Hebe Dir den ausgewechselten Stecker auf, und nimm ihn als Beweis mit. Er ist der dritte Teil des Schlüssels!

Die nächste Aufgabe ist im Bücherregal im sovielten Fach von unten, wie es der Lösungszahl entspricht. Du findest sie in genau dem

Buch, das an der sovielten Stelle, von links gesehen und gezählt, steht wie der Lösungsbuchstabe im Alphabet.

Anmerkung: Die Lösung heißt SCHUTZLEITER, denn dieses Kabel ist grün und gelb, und es sind 3 Kabel im Stecker, also ist der nächste Teil des Schlüssels **H3**. Die nächste Aufgabe findet sich also im dritten Regalfach von unten in dem Buch, das an achter Stelle von links steht, weil sich das **H** an achter Stelle im Alphabet befindet. Zum Heimwerken gibt es ein sehr schönes Buch von Alison Jenkins mit dem Titel: *Männer können Heimwerken – Frauen auch!* erschienen im Gondrom Verlag, das perfekt für diese Aufgabe geeignet ist, weil es berücksichtigt, dass Frauen anders denken und handeln als Männer. Dort finden Sie die Anleitung sehr anschaulich ausgeführt. Vielleicht findet Ihre Tochter ja Freude daran und wird in Zukunft an Hand des hervorragend gemachten Handbuches noch das eine oder andere mehr lernen wollen, was ihr hilft, handwerklichen Alltagsproblemen selbst zu Leibe zu rücken?

3. Aufgabe: Im Badezimmer steht eine Schüssel mit Wasser und acht kleinen Steinen, auf die jeweils ein Buchstabe gemalt ist. Hole sie heraus, ohne Hände oder Füße dafür zu benutzen. Füge Sie zu einem sinnvollen Wort zusammen. Gesucht wird ein Begriff, der zugleich rund und schmackhaft ist. Davon der fünfte und der achte Buchstabe sind der nächste Teil zum Lösungswort. Die nächste Aufgabe findest Du in einem blauen Umschlag dort, wo der gesuchte Begriff nach dem Öffnen sinnvollerweise aufbewahrt wird.

Anmerkung: Nehmen Sie acht kleine Kieselsteine, und schreiben Sie mit Acrylfarbe (gibt es im Baumarkt auch in kleinen Dosen) die Buchstaben R-O-L-L-M-O-P-S, je ein Buchstaben pro Stein, darauf. Das trocknet relativ schnell und härtet wasserfest aus. Die Lösungsbuchstaben für diese Aufgabe sind dann: **MS**. Die nächste Aufgabe legen Sie in den Kühlschrank.

4. Aufgabe: Du musst die Jury gnädig stimmen und für Dich einnehmen. Auf dem Küchentisch findest Du verschiedene Fruchtsäfte, etwas Zitronensaft und Kokosmilch. Mixe einen schmackhaften alkoholfreien Cocktail aus diesen Zutaten, verziere ihn mit Stücken frischer Früchte

und einem Strohhalm, und lass die Jury kosten. Wenn er schön aussieht und schmeckt, bekommst Du von ihr die nächsten Teile des Lösungswortes und die fünfte und letzte Aufgabe.

Anmerkung: Ist auf jeden Fall köstlich und zeigt den Kids, wie gut Cocktails ohne Alkohol schmecken können, für die nächste Party zum Beispiel. Deswegen sind die Lösungsbuchstaben für diese Aufgabe auch **KC** für **K**östlicher **C**ocktail ...

5. Aufgabe: Es war letzten Freitag, als Janines Freundin Bianca aus den Ferien zurückkam. Sie erzählte Janine am Flughafen sofort, dass sie genau einen Tag nach dem Tag vor Morgen, vor einer Woche hatte aufgeregt daran denken müssen, dass sie zwei Tage zuvor diesen hübschen Jungen in der Eisdiele gesehen hatte. Drei Tage später haben sie sich dann geküsst. An welchem Tag war das? Der dritte und der vierte Buchstabe sind der letzte Teil des Zauberwortes für den Schatz.

Hast Du sie alle? Dann schreibe sie in güldenen Lettern, gehe zu den Hütern des Schatzes und fordere Dein Recht ein, denn Du bist wahrhaft würdig!

Anmerkung: Der Tag des schicksalsträchtigen Kusses war ein **SONNTAG**, die letzten Lösungsbuchstaben sind also **NN**. Das Lösungswort heißt also: **12H3MSKCNN**. Der Zeitaufwand sollte mit zwei bis maximal drei Stunden ausreichend bemessen sein. Ich bin da eher vorsichtig, es wird wahrscheinlich schneller gehen, kleinere Pausen zur Stärkung sind mit eingerechnet. Wenn Sie wollen, können Sie jetzt den Schatz, sprich die Geschenke aushändigen, oder aber Sie legen eine letzte Hürde ein, wie ich sie oben für den Papierkorb oder Briefkasten als mögliche Verstecke angeführt habe, Sie sagen also z. B. zu ihr: Der Schatz wartet auf die Würdige dort, wo String sich mit Gestreiftem mengt. Also im Kleiderschrank der jungen Dame.

*Der Synapsenschleuderparcours für Jungs:*
Jede gelöste Aufgabe bringt Dir einen Teil des Schlüssels zum Schatz. Das können entweder Buchstaben oder Zahlen oder eine Kombination von beidem sein. Außerdem führt Dich das Ergebnis zu der Stelle, wo die nächste Aufgabe liegt. Schummeln oder mogeln helfen Dir also nicht weiter. Viel Glück!

Jetzt zur 1. Aufgabe: Der Hüter des Schatzes hat den ersten Teil des

Schlüssels in einem Gedicht auf Altgermanisch versteckt, das sich nur dem Würdigen erschließt. Wie heißt die Botschaft?

KNARSCH nahm Ihre Hand
NENIED wird NI AUHCS sagen
NETNU, schon viertel vor Fünf
NOV zehn Minuten bis zum LAGER
ETTIRD hat keine Kissen mehr
SAD, aber NI zu ändern
EID TGEIL TROD der Mann
HCID, RÜF EBAGFUA ETSHCÄN!

Von welchem verschlossenen Ort berichtet die Botschaft? Nimm von ihm den dritten und fünften Buchstaben. Dies ist der erste Teil des Schlüssels.

Anmerkung: Die Lösung lautet, rückwärts gelesen: Schau in Deinen Schrank in das dritte Regal von unten. Dort liegt die nächste Aufgabe für Dich. Der verschlossene Ort ist der Schrank, der dritte und der fünfte Buchstabe sind das H und das A, also ist **HA** der erste Teil des Schlüssels.

2. Aufgabe: Reinige den Waschmaschinenfilter. Auf Deinem Bett liegt die Gebrauchsanleitung, in der steht, wie Du es machen musst, und Du findest dort auch das nötige Werkzeug für diese Aufgabe. Zieh vorher auf jeden Fall den Stecker raus! Lege Tücher darunter, damit nicht alles schwimmt und Du es nachher wieder aufwischen musst! Tücher liegen im Bad neben der Maschine. Den nächsten Teil des Schlüssels und den Ort, wo die nächste Aufgabe auf Dich wartet, findest Du hinten auf dem Filter.

Anmerkung: In jeder Waschmaschinengebrauchsanleitung gibt es eine Beschreibung dafür, wie man den Filter reinigt, was von Zeit zu Zeit getan werden muss. Bauen Sie den Filter aus und schreiben Sie mit wasserfestem Stift auf die Rückseite die Lösungsbuchstaben **HA** und darunter das Wort **Kühlschrank**. Bauen Sie ihn dann wieder ein. Das hat den Vorteil, dass Sie sicher sein können, dass der Jüngling beim Ausbauen nicht möglicherweise das ganze Bad unter Wasser setzt, weil sie vorher bereits den Filter kontrolliert haben. Der Übungseffekt in praktischer Hinsicht bleibt jedoch erhalten.

3. Aufgabe: Auf dem Küchentisch steht eine Schüssel. In ihr sind vier brennende Zauber-Teelichter, die Du ohne Zuhilfenahme von Händen oder Spucke ausmachen musst. Sind sie alle erloschen, geben sie Dir ihr Geheimnis preis. Unter ihnen sind Buchstaben versteckt, aus denen Du drei Zauberworte zusammensetzen musst. Diese drei sind der dritte Teil des Schlüssels.

Anmerkung: Nehmen Sie eine hohe Schüssel, und füllen Sie unten ein Bett aus fein gesiebtem Mehl ein, darauf stellen Sie vier Teelichter, die Sie, kurz bevor ihr Jugendlicher kommt, anzünden. Unter die Teelichter legen Sie kleine Zettelstückchen mit jeweils einem Buchstaben, die aber so durch das Teelicht abgedeckt sein müssen, dass sie nicht lesbar sind, ohne sie hochzuheben. Die Buchstaben sind **M, E, H** und **L**. Daraus lassen sich die Worte **MEHL, LEHM** und **HELM** formen. Wenn Ihr Nachwuchs kräftig bläst, und das wird er müssen bei einer hohen Schüssel, stellt sich der Bezug zum Mehl automatisch her, weil er etwas weiß gepudert aussehen wird nach der Verrichtung ...

4. Aufgabe: Du musst die Jury gnädig stimmen. Mach für jeden einen Hawaii-Toast. Die Zutaten stehen neben dem Spülbecken. Sieht das Ergebnis lecker aus und schmeckt es der Jury, dann bekommst Du von ihr den nächsten Teil des Lösungswortes und die fünfte und letzte Aufgabe.

Anmerkung: Stellen Sie Toastbrot, Schinkenaufschnitt, Käseaufschnitt, eine Dose mit Ananasscheiben und einen Toaster bereit. Zum Rezept: Erst den Toast toasten (nicht zu dunkel), dabei den Grill im Ofen auf 170 Grad aufheizen, dann nacheinander mit Schinken, Ananas und Käse belegen und in den Ofen tun, bis der Käse geschmolzen ist. Aufpassen, dass der Käse nicht zu dunkel wird oder gar anbrennt! Ist wahlweise auch zusätzlich mit eingemachten Preiselbeeren und Tomaten lecker. Wurde die Aufgabe gemeistert und hat jeder seinen Toast bekommen und gekostet, gibt es den nächsten Teil des Schlüssels, diesmal aus Ihrem Mund: **YAMMI**, frei nach dem Fernsehkoch Tim Mälzer von *Schmeckt nicht, gibt's nicht* auf VOX – einer Sendung, die auch Jugendlichen Lust aufs Kochen machen kann. Sie verraten ihm, dass die letzte Aufgabe unter dem Sofakissen liegt.

5. Aufgabe: Paul ist mit seinen vier Freunden Giorgio, Severin, Ian und Jacques im Zoo. Sie entdecken ein offenes Gehege und gehen neugierig hinein. Plötzlich sehen sie in der Ecke einen Löwen stehen und rennen, so schnell sie können, wieder hinaus. Paul schaffte es nicht als Erster, aber er kam vor Severin heraus. Jacques war weder der Erste noch der Letzte. Ian war nach Paul der übernächste, der die Tür erreichte. Giorgio hat vor Aufregung vergessen, der Wievielte er war. In welcher Reihenfolge kamen sie heraus, und wer machte das Tor vor der Nase des Löwen hinter sich zu? Die Anfangsbuchstaben in der richtigen Reihenfolge ergeben den letzten Teil des Schlüssels zum Schatz. Hast Du alles? Dann bist Du wahrhaft würdig! So gehe denn und fordere Deinen Schatz ein, hoher Herr.

Anmerkung: für diese Aufgabe brauchen die Kids etwas zum Schreiben, damit sie die Lösungsmöglichkeiten ausprobieren können. Paul kam vor Severin, als übernächster nach Severin kam Ian. Also haben wir die Reihenfolge Paul – Severin – Ian. Jacques war weder der Erste noch der Letzte, und da Paul auch nicht der Erste war, ergibt sich folgende Reihenfolge: Giorgio, Jacques, Paul, Severin, Ian. Also macht Ian das Tor zu. Die Lösung heißt **GIPSI**. Der Lösungsschlüssel lautet also: **HA, HA, MEHL, LEHM, HELM, YAMMI, GIPSI**. Sehr sinnig, nicht wahr? Auch hier sollten die Aufgaben in zwei bis drei Stunden Maximaldauer – und mit viel Spaß – zu bewältigen sein. Hingewiesen werden sollte noch darauf, dass die Aufgaben, wie ich sie hier gewählt habe, für Jugendliche von zehn bis vielleicht fünfzehn Jahren gedacht sind. Siebzehnjährige locken Sie damit nicht mehr hinter dem Ofen hervor, wo sie doch fast schon den Führerschein haben ...

# Der magische Hosen-Bund und das mythische Versprechen

## Zauber der Verwandlung und symbolische Bedeutung von Kleidung, Auftritt und Sprache

Wenn ich von der Sprache des Zaubers und der Märchen und von der Magie der Verwandlung spreche, dann will ich das in unsere heutige Zeit und in das heutige Leben der Teenager übertragen wissen. Ein kleines Beispiel dafür ist der eben beschriebene Hindernisparcours für Jugendhirn, -herz und -hand, der die Prüfungen von Märchenhelden und -heldinnen spielerisch nachempfindet, denen sie sich auf ihrem Weg zum ›Goldenen Topf am Ende des Regenbogens‹ zu stellen haben.

Wie sehr die Märchenwelt die geistige Heimat der Jugendlichen ist, zeigen auch die jährlich wiederkehrenden und kommerziell erfolgreichen Neuverfilmungen bestimmter Märchenthemen, die einen anderen Namen bekommen und munter in die Gegenwart verlegt werden. Da ist es dann eben das unscheinbare und belächelte Schul-Aschenputtel, das auf Grund einer Wette vom ›König‹ der Schule, also dem angesagtesten Jungen, bis zum Schulball zur ›Königin‹ gemacht werden soll. Natürlich verliebt sich der ›König‹ in sie, sobald sie ihre Brille absetzt, und sie sich in ihn. Sie läuft davon, weil sie sich im Kopf nicht für würdig hält, und glaubt, dass er es nicht ernst mit ihr meinen kann. Doch ihr Herz möchte es so sehr. Er schafft es letztlich, sie von seinen ehrlichen, gewandelten Motiven zu überzeugen, sie finden sich und es kommt zum Happyend: Aus dem unscheinbaren Aschenputtel ist wirklich die schöne Königin der Schule geworden, der alle zu Füßen liegen. Ein Thema, bei dem vor allem die Mädchen mitfiebern können.

Und die Jungs? Sie meinen, die stehen eher auf knallharte Actionthriller mit viel Blut und Autojagden? Dann schauen Sie sich doch einige dieser pubertären Produktionen mal näher an. Es gibt meistens einen Helden, der sich nahezu unverwundbar durch Kugelhagel, Speere und Schwerter durch die Handlung kämpft, den größten Ganoven im

Umkreis herausfordert, ihn besiegt oder austrickst und am Schluss die Schöne rettet und bekommt. Das ist das Märchenmotiv des mythischen Helden, das in endloser Abfolge auch in der x-ten Wiederholung fasziniert. Es bietet hohes Identifikationspotenzial, selbst wenn die Handlung der größte Schwachsinn sein sollte. Helden möchten sie alle sein. Intellektuellere Jugendliche orientieren sich wahrscheinlich nicht gerade an Rambo, aber auch sie wollen cool und unverwundbar ihre Kreise ziehen, ihre Schöne erretten und gewinnen und dafür von allen bewundert und geliebt werden.

Die zentrale Botschaft dieser Märchen ist eigentlich immer die Gleiche: Egal, woher du kommst, ob du arm bist oder reich, ob du eingesperrt bist oder frei, du kannst zum »König« oder zur »Königin« werden, wenn du nur mutig bist, den ersten Schritt machst, den richtigen Weg wählst und den Prüfungen nicht ausweichst. Frage dein Herz, und nutze deinen Verstand!

Nun gab es weder früher, noch gibt es jetzt genügend Königreiche, als dass jeder König oder Königin werden könnte. Jedenfalls nicht im Sinne einer Queen Elizabeth II., bei der ja schon die Kinder ins Rentenalter kommen müssen, bevor sich da mal was rührt in Richtung König werden. Aber König oder Königin des eigenen Lebens, das kann jeder und jede werden, und das ist eigentlich auch die zentrale Aussage, auf die es ankommt. Wenn du in dir selbst König oder Königin geworden bist, dann regierst du die Welt. Sie liegt dir zu Füssen wie eine offene Truhe mit all ihrer Schönheit (und der schönsten Prinzessin oder dem schönsten Prinzen) und all ihren Schätzen, über die du bestimmen und verfügen kannst. Denn du hast bewiesen, dass du ihrer würdig bist.

Ich finde es daher bedauerlich, wenn die Pubertät lediglich als schwierige Zeit wahrgenommen wird, die es durchzustehen gilt und von der man froh ist, wenn sie endlich vorbei ist. Sie ist doch vor allem auch eine Zeit des Aufbruchs, der einmaligen Chancen und Gelegenheiten im Leben, wie wir gesehen haben, und verdient schon von daher eine andere Betrachtungsweise. Klar, ist sie voller – auch anstrengender – Herausforderungen für alle Betroffenen und kostet reichlich Nerven. Es ist daher nur zu verständlich, dass man erleichtert ist, wenn endlich ein normalerer Umgang miteinander wieder möglich wird. Doch wird es dieser entscheidenden Periode im Leben jedes Menschen nicht gerecht, und es ist weder sinnvoll noch besonders klug, wenn man die außerordentlichen Möglichkeiten und den besonderen Zauber der Pubertät weitgehend ungenutzt verstreichen lässt.

Die Pubertät ist eine Übergangszeit, ich fasse es noch mal zusammen, eine Zwischenzeit sozusagen, in der sich die Wahrnehmung, das Denken, das Fühlen und das Wollen in einem tiefgreifenden Wandel befinden. Das fühlt sich an wie ein Erdrutsch, durch den alles in Bewegung gesetzt wird. Es kommt jedoch nicht nur Bestehendes in Bewegung, sondern es tun sich gleichzeitig jede Menge neue und verwirrende Gefühle, Gedanken und aufregende Möglichkeiten des Erlebens auf, die alle mit Nachdruck Aufmerksamkeit fordern und von den Jugendlichen be- und verarbeitet werden müssen. Dass diese Auseinandersetzung wichtig ist, weil sich durch sie erst ein sicheres und stabiles Fundament für das weitere Leben herausbildet, darauf waren wir ja schon weiter vorne ausführlicher eingegangen.

Wir kommen zu weiteren »märchenhaften« Elementen in ihrem Leben, wenn wir uns der Frage zuwenden, was die Jugendlichen selbst tun, welche Strategien und Techniken sie anwenden, um in diesem Strudel der pubertär-aufwühlenden Empfindungen und Ereignisse in ihnen und um sie herum nicht einfach unterzugehen. Weiter vorne hatten wir bereits festgestellt, dass die Clique, der Tribe, der Clan, also die Gruppe der etwa Gleichaltrigen, wie die Gebärmutter der Pubertät funktioniert. In ihr fühlen sie sich beschützt, aufgehoben, verstanden und können sich auf ihren großen Auftritt in der Welt der Erwachsenen vorbereiten. Doch an diesen Gruppen und ihrem Verhalten fällt noch etwas Besonderes auf, das eine Gruppe von HipHoppern mit Hosen auf Halbmast zu einem verschworenen und mythischen Bund verwegener Gestalten aus einem modernen Märchen werden lässt.

Dieser Eindruck kommt nicht von ungefähr. Denn in der Pubertät werden Kleidung, Auftreten, Gesten, Sprache und noch manches andere mehr regelrecht mit Symbolik aufgeladen. Sie gewinnen dadurch eine Bedeutung für die Jugendlichen, die sie in dieser Form weder vorher hatten, noch nachher annähernd haben werden. Manches bekommt eine solche symbolische Strahlkraft, die weit über den tatsächlichen Nutzen oder die einfache Funktion hinausreicht, dass sie sich am besten mit dem Wort magisch beschreiben lässt. Sie kennen die Nervenzusammenbrüche, wenn es unbedingt die Hose XY sein soll, Sie aber nicht einsehen wollten, das Dreifache nur wegen des Namens hinzulegen? Klar, es gab auch Auseinandersetzungen mit den kleinen Kindern, wenn sie eine Sache unbedingt haben wollten. Aber die liefen doch etwas anders ab, nicht wahr?

Die übersteigerte Wichtigkeit dieser einen Hose hängt nicht nur damit zusammen, dass die Kids dazugehören wollen und in ihrem Umfeld nicht als anders, also als nicht dazugehörig, gebrandmarkt werden wollen.Viele meinen, die Bedeutung bestimmter Kleidungsstücke sei vor allem dadurch bedingt, dass wir in einer so äußerlichen und materiellen Welt leben, und führen dies auf die intensive Berieselung mit subtilen Werbebotschaften und den Gruppendruck zurück. Das stimmt zwar, trifft aber nicht den Kern, weil es nicht befriedigend erklärt, warum Jugendliche so besonders empfänglich für diese Botschaften sind. Kommt Ihrer Meinung nach diese Verführbarkeit daher, weil die Kids mit der richtigen Hose eher hoffen können, akzeptiert zu werden, und sich daher sicherer fühlen als ohne sie? Glauben Sie denn, dass durch eine Hose jemand wirklich sicherer werden kann? Stattdessen ist es doch wohl eher die Bedeutung, die diese Hose für denjenigen und sein Umfeld hat, die Sicherheit und Akzeptanz vermittelt und nicht die Hose an sich. Mit anderen Worten, der Hose werden magische Kräfte zugeordnet. Das macht sie so wichtig und wertvoll. Die Hose ist ein Zauberwerkzeug. Sie hilft den Jugendlichen, der Welt, die höchst verwirrend auf sie einstürmt und die sie als verunsichernd, instabil und auch beängstigend erleben, so zu begegnen, dass sie sich gewappnet und ihr gewachsen fühlen.

Die gleiche Funktion erfüllen Begrüßungsrituale, die, wie bei den Rappern, eine bestimmte Abfolge von Handberührungen und Handhaltungen erfordern, um korrekt zu sein und ihre zauberhafte Wirkung, nämlich dazuzugehören und dadurch sicher zu sein, zu entfalten. Der Umgang der Kids mit diesen Dingen erinnert an magische rituelle Handlungen, mit der sie ihre Welt beschwören.

Das muss auch nicht weiter verwundern, denn in der Tat ist diese Art, sich der Welt zu nähern, so alt wie die Menschheit selbst. Immer dann, wenn Menschen vor etwas stehen, das größer ist als sie selbst und das sich ihrem Begreifen entzieht, dessen Macht sich jedoch nicht leugnen lässt, bedienen sie sich mehr oder weniger erfolgreich dieses Tricks. Ob afrikanische Ureinwohner oder die alten Griechen sich die Macht der Götter durch verschiedene rituelle Opfergaben gewogen machten, ob die Christen in der Kirche mit dem Sakrament eine magische Verbindung zu ihrem Gott herstellen, oder ob die Buddhisten die Götter durch Räucheropfer anrufen, immer steht eine Absicht dahinter: das Unfassbare, Unnennbare und Ungreifbare, so wie es dem Glauben entspricht, begreifbar, benennbar und handhabbar werden zu lassen. Man will sich mit ihm vereinigen, um es möglichst harmonisch und förderlich in das eigene alltägliche Leben zu integrieren.

Ich will mit diesen Aussagen keine religiöse Diskussion beginnen, sondern nur auf die menschlichen Gemeinsamkeiten hinweisen, ohne zu werten. Denn meistens werden kulturübergreifend der Wunsch und das Verlangen nach Riten dann besonders dringend und intensiv, wenn das eigene Leben aus den Fugen gerät und der vermeintlich mächtige Mensch zum Spielball weitaus größerer Kräfte wird. Genau das erleben die Jugendlichen am eigenen Leib: Sie werden zum Spielball der evolutionären Kräfte. Alles verändert sich von einem Tag auf den anderen. Also suchen oder schaffen sie sich Riten, mit deren Zauber sie den Umbruch bannen und meistern wollen.

Es geht also nicht nur um die Hose – es geht um etwas viel Größeres und Wichtigeres, und davon haben Sie als Eltern in den Augen Ihrer Kinder natürlich nicht den blassesten Schimmer. Glauben Sie denn jetzt, dass Ihr Kind durch den Kauf der richtigen Hose der Erlösung aus pubertärer Ungewissheit teilhaftig werden kann? Wohl eher nicht, oder? Auch wenn die Werbung das den Kiddies und uns weiszumachen versucht. Ich habe einen anderen Vorschlag für Sie.

# Wunderwaffe Pubertätsritual

## Feier und Vision des Wandels

Auf dieser märchen-mythischen Ebene in den Jugendlichen ist eine weitere Wunderwaffe für die Pubertät angesiedelt, die ich Ihnen jetzt vorstellen möchte: das Pubertätsritual.

Mehr als ein Hosenkauf wird den Jugendlichen helfen, wenn wir sie an die in ihnen verborgenen Stellen führen, wo sie ihre eigenen, nur für sie handgefertigten ›Zauberschwerter‹, ›magischen Rüstungen‹, ›Wunderlampen‹ und ähnlich nützliche Gerätschaften, die sie so dringlich für ihr pubertäres Abenteuer brauchen, finden können. Mit deren zauberhafter Unterstützung werden sie mutiger und zielgerichteter ihren Weg durch den aufwühlenden Lebensumbruch gehen können, denn sie besitzen wahrhaft magische Kräfte, und sind absolut individuell und maßgenau für ihre Person angefertigt worden. Sie warten bloß darauf, von ihnen entdeckt und persönlich aus den Tiefen ihrer Seelenschmiede ins Leben gerufen zu werden.

Ich will Sie nicht darüber im Unklaren lassen, was ich damit meine. Der menschliche Geist funktioniert so, dass er für die Beschreibung und Auseinandersetzung mit Erfahrungen, die seine momentane Fassungskraft übersteigen, die Kraft der Bilder aufruft. Fast jeder kennt das, wenn einen die Liebe oder der Liebeskummer zum Poeten werden lassen, weil die normale, nüchterne Sprache nicht mehr auszureichen scheint, die tiefen Empfindungen und die durch die Liebe veränderte Wahrnehmung der Welt in ihrer Fülle zu beschreiben. Dann greifen wir zur bildhaften Sprache der Dichtung, um den Gefühlen gerecht zu werden.

Jeder, der sich eingehender mit seinen eigenen Träumen befasst hat, weiß, dass in ihnen komplexe seelische Zusammenhänge, die weit über unser alltägliches Bewusstsein hinausreichen, in kraftvollen Bildern zusammengefasst werden. Bilder, die in oder aus uns selbst entstehen, haben nicht nur in Träumen die besondere Eigenschaft, dass durch sie verschiedene, auch tiefste Erfahrungsebenen, Verborgenes und Offensichtliches in unserem Leben, erkennbar, greifbar und gestaltbar werden. Diese Bilder sind die Leuchttürme der Seele, die Untiefen und Gefahren in unserem Lebensfluss genauso wie fahrbare Gewässer und deren Verlauf anzeigen. Durch sie bekommen wir, wenn wir sie lesen lernen, einen tieferen Zugang zum eigenen Leben und damit zu unseren Möglichkeiten.

Hier, auf der bildlichen Ebene der Seele, ist auch der Schatz der Jugendlichen versteckt. Er bietet ihnen einen anderen Zugang zu ihren Erfahrungen und Orientierung in den Zeiten des inneren Umbruchs. Das kann sehr heilsam sein und sich weit über die eigentliche Pubertät hinaus auswirken. Bilder können befreiend sein für den, der sie malt, ob seelisch oder auf einer Leinwand. Sie sind eines der machtvollsten und schönsten Werkzeuge zur Unterstützung der wirrwarrenden jungen Werdewesen, die ich kenne.

Für unser Ritual nähern wir uns ihnen auf zwei Wegen. Der eine führt die Jugendlichen über geführte Meditationen direkt in den archetypischen Bilderschatz ihrer Seele. Dort wartet ein kostbares Geschenk voll symbolischer Strahlkraft auf sie. Wenn sie es erst einmal ins Bewusstsein gehoben und auf einem Blatt Papier festgehalten haben, begleitet sie dieses Geschenk als mächtiges persönliches Symbol durch die Pubertät. Der andere Weg ist, ihnen Papier und Farben in die Hand zu geben und sie all die widersprüchlichen pubertären Erfahrungen ihrer selbst im Bild darstellen zu lassen. Sie können all das mit Farben und Formen beschreiben und damit arbeiten, was sich ihrem sprachlichen Ausdruck und dem verstandesmäßigen Begreifen noch entzieht. Sie beschreiben bildlich ihren Ist-Zustand. Davon ausgehend kommen wir dann zu dem, wie sie sich in der Zukunft sehen, und zu dem Weg, der dazwischen zurückzulegen ist.

Damit haben wir die ersten beiden Elemente, die zu einem Pubertätsritual gehören: das Moment der Gruppe und die Ebene der Bilder.

Das dritte Element ist die Begegnung mit den eigenen Ängsten. Mit ihnen Auge in Auge zu sein und nicht davonzulaufen, sondern sich zu stellen und ihnen standzuhalten, lässt die Jugendlichen weit über sich hinauswachsen und gibt ihnen Kraft und Selbstvertrauen für alles, was danach kommt. Das bedeutet aber nicht, die Kids einer realen gefährlichen Situation auszusetzen. Da es sich um die Ebene der Gefühle handelt, geht es nur darum, dass sie es subjektiv als herausfordernd und gefährlich erleben. Mit anderen Worten: Es kommt auf die Inszenierung und auf die Auswahl der Aufgaben an und damit darauf, wie die Prüfung (um die es sich ja im entfernten Sinne handelt) gestaltet wird, damit die Jugendlichen sie als inspirierende Begegnung mit den eigenen Ängsten erleben, ohne wirklich gefährlich zu sein.

Darauf bauen zum Beispiel auch erlebnispädagogische Projekte, bei denen Jugendliche in drei bis vier Meter hohe Kletterwände steigen und dabei drei- und vierfach gesichert sind. Trotz dieser Sicherungen fordert es von jedem, der das noch nie gemacht hat, körperlich, geistig und seelisch eine Menge ab. Die Herausforderung erweckt Ängste, die zwar irrational (Gefühl) sind, aber nichtsdestotrotz als real erlebt werden, auch wenn der Anleiter (Verstand) sagt, diese Übung sei objektiv ganz und gar ungefährlich. Es kann sein, dass beim Einsteigen in die Wand zusätzlich der Körper, der gerade erst mal einen halben Meter über dem Boden schwebt, vor Angst unkontrolliert zu zittern beginnt und ein weiteres Klettern zunächst unmöglich zu machen scheint. Dies durchzustehen und nicht aufzugeben heißt, gleichzeitig über sich selbst hinauszuwachsen. Die Jugendlichen erleben, welche Macht ihrem Willen, ihrem Mut und ihrer Fokussierung auf ein Ziel innewohnen und wie ihre Ängste sich davor pulverisieren. Das gibt einen enormen Schub für ihr Selbstbewusstsein und ihr Selbstzutrauen. Das gleiche Wirk-Prinzip, wenn auch nicht dieselben Methoden, machen wir uns für die Pubertätsrituale zunutze.

Jetzt gilt es noch, den passenden Rahmen zu schaffen, der einen eigenen wichtigen und zentralen Stellenwert für das Gelingen eines Pubertätsrituals hat. Er stimmt die Jugendlichen auf die besonderen Erlebnisse ein, fokussiert und begleitet sie durch die verschiedenen Aufgaben hindurch und hält ihre volle Aufmerksamkeit bei dem, was sie gerade tun und erleben. Durch den Ort und dessen ritualgerechte Ausgestaltung wird den Jugendlichen deutlich gemacht, dass es sich in den folgenden Tagen um Erlebnisse und Erfahrungen handeln wird, die nicht alltäglich sind.

Das ist äußerst sinnvoll und wichtig, weil die solcherart gesteigerte Erwartungshaltung Inhalt und Ablauf nachhaltig und günstig beeinflussen wird. Immerhin handelt es sich in der Regel um eine völlig neue Erfahrung für die Jugendlichen, und da haben sie jede Unterstützung verdient, die es ihnen leichter macht, sich für sich selbst zu öffnen und auf den Prozess der Selbstentdeckung einzulassen. Ich könnte so ein Pubertätsritual zwar auch in jeder etwas größeren Pommes-frites-Bude durchführen, aber warum mit dem knausern, was Geist und Gefühle, Willen und Fantasie der Jugendlichen einstimmt und anregt? Wie die Gestaltung des Ortes genau aussieht, hängt stark davon ab, um was für einen Ort es sich handelt, in welcher Umgebung er sich befindet, und natürlich auch von den gewählten Aufgaben, die Teil des Rituals werden sollen. Grundsätzlich lassen sich solche Rituale für gemischte wie für geschlechtsspezifische Gruppen konzipieren.

# Vier Tage fürs Leben

## Ein Pubertätsritual in der Praxis

Sie möchten es konkreter? Nun, das lässt sich machen anhand eines einfachen Beispieles – eines Pubertätsrituals light sozusagen. Ich werde Ihnen nicht alles verraten können, weil die Durchführung einiges an Erfahrung erfordert. Und einige Elemente wirken nur dann, wenn sie nicht bereits Allgemeingut sind. So wie ein Witz auch nur dann komisch ist, wenn nicht jeder vorher schon die Pointe kennt. Aber Sie werden trotzdem ein gutes Bild bekommen.

Sie haben Ihr Kind für drei bzw. vier Tage zu einem Pubertätsritual mit einer gemischten Gruppe angemeldet. Stattfinden wird es, so hat man Ihnen mit der Anmeldung mitgeteilt, in einem Seminarhaus, das etwas abgelegen in schöner Naturumgebung liegt. Jeder bringt drei (kleinere) Dinge mit, die symbolisch dafür stehen, wie er oder sie selbst sich jetzt und als zukünftige Erwachsene sehen. Walkman, MP3-Player, Gameboy, Handy, Alkohol und andere Drogen bleiben zu Hause. Die Anreise ist Donnerstagnachmittag, und bis 17.00 Uhr sollen alle da sein. Dauern wird es bis Sonntagabend. Die Abreise ist am Montagvormittag.

Bei der Ankunft bekommen die Jugendlichen genauere Informationen darüber, welches Programm in den folgenden drei vollen Tagen auf sie zukommt, können Fragen stellen und werden auf die Zimmer verteilt. Wenn alle angekommen sind, eingecheckt haben und die Zimmer bezogen sind, treffen sie sich um 18.00 Uhr zum Abendessen. Dort findet ein erstes Kennenlernen der Jugendlichen untereinander statt.

Um 19.00 Uhr beginnt das eigentliche Programm mit der inneren und äußeren Einstimmung auf die kommenden Tage. Gemeinsam mit den Jugendlichen fragen die Seminarleiter: Mann sein, Frau sein – was bedeutet das? Die Ergebnisse der Überlegungen, die als Grundlage für die weitere Arbeit dienen, werden anschaulich festgehalten. Die Jugendlichen sind aufgefordert, sich alles, was ihnen in den nächsten Tagen dazu ein- oder auffällt, ebenfalls aufzuschreiben und die bisherigen

Überlegungen und Sichtweisen dadurch zu ergänzen. Dazu werden die Ergebnisse im Durchgangsbereich zwischen Schlaf- und Essbereich aufgehängt, wo jeder mehrmals täglich vorbeikommt.

Der erste Abend endet mit einer gemeinsamen Fantasiereise. Die Jugendlichen legen sich dazu in Kreisform auf die Decken am Boden, die Köpfe einander zugewandt, und schließen die Augen. Die Seminarleiter führen sie an einen inneren Platz der Kraft, zu einer Waldlichtung, die durchströmt wird von einem rauschenden Bach mit frischem, klarem Quellwasser. Dort angekommen, wird jedem sein besonderes und persönliches Geschenk der Kraft übergeben werden. Wie das aussieht, entscheidet sich in der Seele der Kinder. Um den Eindruck und die Wirkung der Übung zu verstärken und lebendig zu erhalten, macht jeder eine Zeichnung von seinem Geschenk.

Um 21.30 beginnt die Zeit des Feuers, des Ausklangs und Zur-Ruhe-Kommens. Im Freien ist ein Lagerfeuer entfacht worden, um das herum sich die Jugendlichen gruppieren. Sie haben Zeit, miteinander zu reden, gemeinsam Musik zu machen (mit Trommeln beispielsweise), Lieder zu singen oder einfach nur in die Flammen zu schauen. Der Abend endet um 23.00 Uhr, und die Jugendlichen gehen auf ihre Zimmer.

Der Freitag dreht sich thematisch um die Eigensicht der Jugendlichen auf sich und ihr Leben. Dafür liegen um 9.30 Uhr in einem Arbeitsraum große Malblöcke mit Farben bereit. Die Jugendlichen werden aufgefordert, nichtgegenständlich, nur über die Farben, ein Bild zu malen, wie sie sich jetzt sehen und erleben. Sie haben etwa eine Stunde Zeit für diese Aufgabe. Daran anschließend stellt jeder reihum sein Bild der Gruppe vor, indem er es auf eine Staffelei stellt und sich daneben. Keiner ist gezwungen, etwas zu seinem Werk zu sagen, doch wer will, kann, niemand wird gedrängt. Um 11.30 Uhr werden die Bilder im Essbereich für alle gut sichtbar aufgehängt. Dieser erste Teil des Tages spricht die Gefühlsebene an. Danach Mittagessen und Pause.

Um 14.00 Uhr kommen alle wieder in den Arbeitsraum, diesmal mit den drei Dingen, die sie von zu Hause mitgebracht haben. Jeder erhält eine leere Schuhschachtel, und auf einem Tisch liegen bunte Papiere und Kleber sowie allerlei anderer Krimskrams bereit. Die Nachmittagsaufgabe besteht darin, mithilfe der Papiere, der Gegenstände auf dem Tisch, ihrer drei Mitbringsel und von allem, was sie sonst noch um das Seminarhaus herum finden (Zweige, Zapfen, Steine, Blumen …), aus dem nichtssagenden Schuhkarton ihre persönliche Schatzkiste zu machen. All das, was ihnen jetzt für ihr Leben wichtig ist und was sie sich für später wünschen und erträumen, kommt dort an die dafür bestimmte Stelle in Form eines Stellvertreters hinein und wird mit dem Kleber fixiert. Für diese Aufgabe haben die Jugendlichen zwei Stunden Zeit. Anschließend stellt wieder jeder sein Ergebnis der Gruppe vor. Wieder ist keiner gezwungen, etwas zu seinem Werk zu sagen, doch wer will, kann, niemand wird gedrängt. Bevor die nächsten dran sind, geht das besprochene Kistchen einmal reihum, damit es alle ausreichend besehen können. Es wird ihnen gesagt, dass der Findungsprozess damit nicht abgeschlossen ist, sondern im Gegenteil erst anfängt, und sie nicht nur durch die nächsten Tage, sondern durch ihr ganzes weiteres Leben begleiten wird. Sie werden ermuntert, für alle Ergänzungen, die ihnen im Laufe der nächsten Tage noch einfallen werden, Stellvertreter zu finden und nachträglich einzubauen. Anschließend werden auch die Kistchen im Essraum gut sichtbar und zugänglich aufgebaut. Dieser Teil des Tages spricht den Willen an. Um 18.00 Uhr ist Abendessen und Pause.

Ab 19.00 Uhr gehen die Leiter mit den Jugendlichen im Arbeitsraum der Frage nach: Was heißt erwachsen sein? Auch hier werden die Ergebnisse wieder auf Zetteln festgehalten und nachher neben die Ergebnisse des ersten Abends in den Durchgangsbereich gehängt mit der Aufforderung, auch sie immer, wenn einem noch etwas einfällt, nachträglich zu ergänzen. Dieser Programmpunkt spricht das Denken an. Anschließend gehen die Jugendlichen, wie am Abend vorher, wieder auf die Reise zu ihrem inneren Ort der Kraft, wo diesmal ein Gegenstand mit einer Botschaft auf sie wartet. Sie haben am Nachmittag bei der Gestaltung ihrer Lebensschatzkiste etwas ganz Wichtiges vergessen, das unbedingt hineingehört. Denn sie haben nur mit Kopf und Gefühl, aber nicht mit der Weisheit ihrer Seele gewählt. Dieses für jeden unterschiedliche Element wird wieder auf einem Stück Papier als Skizze zur besseren Erinnerung der Details und zur Vertiefung dieser Erfahrung festgehalten. Diese Übung spricht ihre Seele an. Um 21.30 beginnt wie jeden Abend die Zeit des Feuers. Um 23.00 Uhr endet das Beisammensein, die Jugendlichen gehen auf ihre Zimmer. Das abendliche Feuer löst und unterstützt den Klärungsprozess und befreit von den Schlacken im Fühlen, Wollen und Denken. Die fünfstufige Vorgehensweise in der Reihenfolge: Fühlen, Wollen, Denken, Seele und Läuterung ist das dynamische Grundmuster des Pubertätsrituals, das sich mit Abwandlungen täglich wiederholt.

Am Samstag nach dem Frühstück kommen um 9.30 Uhr wieder alle im Arbeitsraum zusammen. Die Vormittagsaufgabe lautet, sich als Erwachsenen zu malen, wieder abstrakt und nur mit Farbe (Gefühl). Der Ablauf und die Zeit dafür sind dieselben wie am Vortag. Jeder präsentiert anschließend sein Bild den anderen, und jeder bekommt für diese Vorstellung gleich viel Zeit. Danach werden auch diese Bilder im Essraum gut sichtbar aufgehängt.

Nach dem Mittagessen geht es um 14.00 Uhr im Arbeitsraum weiter. Die Nachmittagsaufgabe lautet, mit Ton (Wille) das zu kneten, was man mit dem Begriff Angst verbindet. Das kann eine konkrete Angst sein, der man auf diese Weise Gestalt gibt, oder allgemein der eigene Begriff der Angst, den man aus dem Ton formt. Zeitlich sind der Ablauf und die Vorstellung wie am Vortag, und auch diese Ergebnisse kommen gut sichtbar zu den anderen im Essraum.

Die Jugendlichen werden zuvor noch nachdrücklich auf das Besondere, das an diesem Abend auf sie wartet, vorbereitet. Ihnen wird gesagt, dass sie die mythische Vermählung ihrer Angst mit ihrem Mut am eigenen Leib erleben werden. Dafür sollen sie sich um 19.00 Uhr wieder im Raum einfinden. Ihnen werden die Augen verbunden, und sie werden jeder an eine bestimmte Stelle geführt. Erst dort und dann werden sie präzis erfahren, was als Nächstes geschieht. Was genau wir bzw. die Jugendlichen dort tun, kann ich Ihnen nicht verraten, sonst ist der Witz vorbei. Aber es kommt für die Kids zu einer wirklichen, befreienden Begegnung mit den eigenen Ängsten und ihrem eigenen Mut, obwohl es nicht im Geringsten gefährlich ist und niemand dabei zu Schaden kommen kann. Bei der Aufgabe, vor die sie sich gestellt sehen, verschmelzen Gefühl, Wille, Denken und die Kraft der Seele in einer mutigen Tat zu einer dynamischen Einheit.

Wenn sie diese abendliche Übung erfolgreich überstanden haben und von dem Erlebten noch ganz aufgewühlt sind, bekommen sie ein Stück Papier mit Umschlag, einen dicken Filzstift und eine Fackel in die Hand gedrückt. Sie sollen jeder für sich etwas aufschreiben, das sie bisher für wichtig hielten und jetzt nicht mehr benötigen, den Zettel dann in den Umschlag tun und ihn zukleben. Wenn alle damit fertig sind, gehen sie feierlich ins Freie, wo ihre Fackeln angezündet werden, und bilden einen Kreis um den Feuerplatz, an dem das Holz für das abendliche Feuer zwar aufgeschichtet, aber diesmal noch nicht angezündet ist. Auf ein Kommando neigen sie ihre Fackeln zum Feuer und entzünden es dadurch gemeinsam. Mit dem Ruf: »Ich übergebe dich dem Feuer, denn ich brauche dich nicht mehr!« werfen sie der Reihe nach die verschlossenen Umschläge hinein. Anschließend stecken sie die Fackeln in einem größeren Kreis um das Feuer herum in die Erde, so dass sie innerhalb dieses Kreises ausreichend Platz finden, und lassen den Abend bis 23.00 Uhr in fröhlicher und festlicher Stimmung ausklingen (Läuterung).

Der Sonntagvormittag beginnt mit einer Fantasiereise, die sie wieder zu ihrem Ort der Kraft führt. Diesmal wartet hier eine besondere Waffe als Geschenk auf sie, die sie in den nächsten Jahren begleiten und schützen soll. Daran anschließend wird dieses besondere Geschenk in allen Details und sehr konkret gemalt. Sie stellen wieder jeder seins der Gruppe vor und sagen ein paar Worte dazu, wenn sie mögen. Jeder hat dazu die gleiche Zeit (Gefühl und Seele).

Am Sonntagnachmittag führt sie die Fantasiereise noch einmal zu ihrem Ort der Kraft, der ihnen mittlerweile schon in vielen Einzelheiten vertraut ist und der diesmal ein Geschenk für sie bereithält, das für ihre wichtigsten Fähigkeiten steht. Im Anschluss daran modellieren sie diese in einer Tonform und stellen das Ergebnis reihum den anderen vor, mit oder ohne Worte, jeder hat wie immer die gleiche Zeit dafür (Wille und Seele). Dann gibt es Abendessen. Die Frage, der am letzten Abend nachgegangen wird, heißt: Mensch sein, was bedeutet das? (Denken und Seele) Auch hier werden die Ergebnisse festgehalten. Der Abend klingt wieder am Feuer aus, wobei es heute etwas länger dauern kann (Läuterung und Lösung).

Am nächsten Vormittag ist Verabschiedung beim Frühstück und individuelle Abreise. Sämtliche Ergebnisse wurden festgehalten und kopiert, so dass jeder neben den eigenen Arbeiten auf Papier oder mit Ton und den gemachten Erfahrungen und Erlebnissen noch eine Mappe mit den Ergebnissen und Gedanken der Gesprächsrunden mitnehmen kann, ebenso wie eine Adressenliste der Teilnehmer.

Wenn Sie sich näher dafür interessieren und mehr wissen wollen – egal ob Sie lernen wollen, wie man solch ein Ritual durchführt, für Ihre Schule, Ihren Freundeskreis oder Ihren Verein eines organisieren möchten oder Ihrem Kind einfach etwas Gutes tun wollen –, schauen

Sie auf www.blauespferd.de oder nehmen Sie mit mir Kontakt auf unter info@blauespferd.de. In begrenztem Umfang stehe ich auch für Vorträge und Workshops zur Verfügung. Das gilt ebenso für Fragen, die sich aus diesem Buch ergeben. Schreiben Sie mir!

# Wenn das Ende zum Anfang wird

Ist es mir gelungen, mein Versprechen vom Anfang des Buches bei Ihnen zumindest teilweise einzulösen? Habe ich es geschafft, Ihnen ein bisschen vom Zauber dieser Zeit nahe zu bringen? Ist es mir vielleicht sogar geglückt, Sie ein wenig für die Pubertät zu begeistern? Das wäre fantastisch, und ich wäre sehr froh und dankbar darüber, doch geht es hier nicht nur um mich. Viel wichtiger ist: Jedes Fünkchen an Hinwendung und Begeisterung mehr, das Sie in sich für die Jugend entzünden, facht auch das Lebensfeuer in Ihren Jugendlichen an, von dem diese sich die nächsten Jahre und Jahrzehnte hindurch nähren werden. In diesem Sinne wünsche ich Ihnen, dass für Sie und Ihre Kinder die Pubertät zu einer anregenden, gemeinsamen und, trotz aller Herauforderungen, von gegenseitiger Liebe und Achtung getragenen Reise wird. Einer Reise, die alle Beteiligten zu neuen Ufern führt. Und zu einem mutmachenden Start ins Leben, der den Kids nicht nur Zugang zu ihrem Potenzial an Möglichkeiten eröffnet, sondern ihnen auch die Fähigkeiten, das Wissen und den Mut, die für deren freudigen und erfüllenden Einsatz nötig sind, mit auf den Weg gibt. Auf dass die Jugend uns mit ihrem ungebrochenen Glauben, ihrem Mut und ihrer Tatkraft inspirieren, beglücken und anfeuern werde. Den Schlussakkord für dieses Buch liefert Pedro Samowar, der mit seinem Lied »Leben« der Lust, der Energie und dem Versprechen der Jugend an die Welt eine kraftvolle und schöne Stimme gibt.

# Leben

Ich weiss genau, ich bin der Anfang
Ich bin der Beginn von allem was noch kommt
In mir hämmert wilde Lust
Auf Wege, die noch niemand so beging

Meinem Ansturm neigt sich schon das Leben zu
Nichts kann vor meiner Glut bestehen
In Nächten stummer Ängste
Schreibt Hoffnung leuchtend Zeichen in Asphalt

Ich weiss nicht, was mich treibt
Es spricht ein Mund aus roten Tiefen
Lockend in Nächten, wenn ich schlafe:
Ich warte

Pedro Samowar[3]

---

3  Übersetzung aus dem Spanischen von Peer Wüschner

# Anmerkungen

## Verwendete Literatur

| | | | |
|---|---|---|---|
| (1) | Charles Nelson | »Inside the teenage brain« | Frontline, www.pbs.org/wgbh/pages/frontline/shows/teenbrain |
| (2) | Paul Thompson | »How much do we really know about the human brain?« | s.o. |
| (3) | Jay Giedd | »Inside the teenage brain« | s.o. |
| (4) | Leserbriefe | »Die Opfer des Rosenkrieges«, aus: | *stern* vom 9.12.1999, S. 11–15 |
| (5) | Alois Heigl | »Mathematik auf dem See«, aus: | Der Schulkreis 1/2005, S. 9 www.schulkreis.ch |
| (6) | Elias Zack | *Zutritt verboten – das Territorium der Jugendlichen 220 Don'ts für Eltern* | in: Annette Seybold-Krüger (Hg.), *Denkanstöße für Eltern*, Piper Verlag 2005 |
| | Jesper Juul | *Das kompetente Kind* | Ebenda. |
| (7) | Ellen Galinsky | »Inside the teenage brain« | Frontline: s.o. |
| (8) | Prof. Dr. Wolf Singer | »Was kann ein Mensch wann lernen?« | Vortrag vom 12.6.2001 / Werkstattgespräche Initiative McKinsey |
| (9) | John Bruer | »Inside the teenage brain« | Frontline: s.o. |
| (10) | Barbara Strauch | *Warum sie so seltsam sind – Gehirnentwicklung bei Teenagern* | Berlin Verlag 2003, S. 82/S.136 |
| (11) | Mary Carskadon | »Inside the teenage brain« | Frontline: s.o. |
| (12) | Carlyle Smith | »Inside the teenage brain« | Frontline: s.o. |

(Alle Übersetzungen aus dem Englischen von Peer Wüschner)

# Anhang

## Stoff zum Lesen, Hören und Sehen
## Anlaufstellen, Tipps und besondere Adressen

*Buchtipps*

| | | |
|---|---|---|
| Torey L. Hayden | *Hörst Du mich, Venus?* | |
| | Goldmann Verlag 2002 | ISBN 3-4421-5194-5 |
| Richard F. Miniter | *Mike* | |
| | Herder Verlag 1999 | ISBN 3-451-26985-6 |
| Detlef D. Soost | *Heimkind – Neger – Pionier* | |
| | Wunderlich im Rowohlt 2005 | ISBN 3-8052-0791-3 |
| Alison Jenkins | *Männer können Heimwerken – Frauen auch!* | |
| | Gondrom Verlag 2002 | ISBN 3-8112-2028-4 |
| Syd Field | *Drehbuchschreiben für Fernsehen und Film* | |
| | *Ein Handbuch für Ausbildung und Praxis* | |
| | Econ Taschenbuch 2001 | ISBN 3-548-70085-3 |
| Gerald Hüther | *Die Macht der inneren Bilder* | |
| | Vandenhoek & Ruprecht 2004 | ISBN 3-525-46213-1 |
| | *Bedienungsanleitung für ein menschliches Gehirn* | |
| | Vandenhoek & Ruprecht 2001 | ISBN 3-525-01464-3 |
| | *Die Evolution der Liebe* | |
| | Vandenhoek & Ruprecht 1999 | ISBN 3-525-01452-X |
| | *Biologie der Angst* | |
| | Vandenhoek & Ruprecht 1997 | ISBN 3-525-01439-2 |
| G. Hüther, H. Bonney | *Neues vom Zappelphilipp* | |
| | Walter Verlag 2002 | ISBN 3-530-40131-5 |
| K. Gebauer, G. Hüther | *Kinder brauchen Wurzeln* | |
| | Walter Verlag 2001 | ISBN 3-530-40124-2 |

| | | |
|---|---|---|
| K. Gebauer, G. Hüther | *Kinder suchen Orientierung* Walter Verlag 2002 | ISBN 3-530-40136-6 |
| | *Kinder brauchen Spielräume* Walter Verlag 2003 | ISBN 3-530-40153-6 |
| | *Kinder brauchen Vertrauen* Patmos Verlag 2004 | ISBN 3-530-40163-3 |
| C. Nitsch, G. Hüther | *Kinder gezielt fördern* Gräfe und Unzer 2004 | ISBN 3-774-26357-4 |
| G. Hüther, I. Krens | *Das Geheimnis der ersten neuen Monate* Walter Verlag 2005 | ISBN 3-530-42188-X |
| Schmidbauer, v. Scheid | *Handbuch der Rauschdrogen* Fischer Taschenbuch Verlag 2004 | ISBN 3-5961-6277-7 |
| Karl Ludwig Täschner | *Harte Drogen – Weiche Drogen* Trias Verlag 2001 | ISBN 3-8937-3634-4 |
| Richi Moscher | *Too Much – Erste Hilfe bei Drogenvergiftung* Werner Pieper Verlag | ISBN 3-9258-1772-7 |
| Richi Moscher | *Das Hanfbuch – Haschisch, Droge und Medizin* Goldmann Verlag 2000 | ISBN 3-4421-4181-8 |
| Christian Rätsch | *Urbock – Bier jenseits von Hopfen und Malz* AT Verlag 2001 | ISBN 3-8550-2553-3 |
| Christian Rätsch | *Enzyklopädie der psychoaktiven Pflanzen* AT Verlag 2004 | ISBN 3-8550-2570-3 |

## *Multimedia: Musik, Filme, Spiele*

| | | |
|---|---|---|
| Silbermond | Verschwende Deine Zeit BMG 2004 | www.silbermond.de |
| Juli | Es ist Juli Universal Music 2004 | www.juli.tv |

*Der Club der toten Dichter*
Darsteller: Robin Williams, Robert Sean Leonhard
Regie: Peter Weir
Musik: Maurice Jarre

*Dangerous Minds, Wilde Gedanken*
Darsteller: Michelle Pfeiffer, George Dzundza
Regie: John N. Smith
Drehbuch: Lou Anne Johnson
Musik: Wendy & Lisa

*THINK.logic*
Mindpack, Mind Coach, Mega Memo, Gehirn Potential, Memo Crime, Krypt, Logo Cards, Memo Story
Ravensburger Spiele 2000

Sam Loyd: *Mathematische Rätsel und Spiele*, DuMont Verlag 2002
ISBN 3-8321-1049-6

*Noch mehr mathematische Rätsel und Spiele*, DuMont Verlag 2002
ISBN 3-8321-1145-X

## *Jugendferien / Erlebnispädagogik*

| **Anbieter:** | **Angebot:** |
|---|---|
| EOS Erlebnispädagogik e.V. | Ausbildungslehrgänge Erlebnispädagogik |
| Erlebnispädagogik Institut | Klassenfahrten-Service |
| Kirchzartener Straße 25 | ErlebnisTage |
| D-79117 Freiburg | Schulberatung |
| Tel: +49 / (0)761 / 600 800 | Team-Trainings |
| mail: info@eos-ep.de | |
| www.eos-ep.de | |
| | |
| Horizon International | Fremdsprachen in der Praxis. |
| Kultur-Lernen durch Arbeit, | Praktika von besonderer Qualität |
| Abenteuer Arbeit Gabriele Ould-Ali | Tel: +49 / (0)5406 / 899 117 |
| international@t-online.de | für Schüler ab 11.Klasse im englisch- |
| www.horizoninternational.de | und französischsprachigen Ausland |
| | mit Zertifikat. |
| | |
| Aventerra e.V. | Erlebnispädagogische Camps und Reisen |
| Haussmannstraße 6 | für Kinder und Jugendliche |
| D-70188 Stuttgart | Eltern-Kind-Freizeiten |
| Tel: +49 / (0)711 / 470 42 15 | Abenteuerreisen für Erwachsene |

mail: info@aventerra.de  
www.aventerra.de

Aus- und Fortbildung in Erlebnispädagogik  
für Profis und interessierte Laien  
Weltweite Highschoolbesuche  
Schüler Sprachreisen  
Weltweite Volunteerprogramme  
bei sozialen und ökologischen Projekten

Jugendseminar Engen  
Goethestraße 1  
D-78234 Engen  
Tel: +49 / (0)7733 / 7872  
Fax: +49 /(0)7733 / 978058  
mail: info@jugendseminar.com  
www.jugendseminar.com

Erfahrungs- und Orientierungsjahr  
für junge Erwachsene von 18 bis 28 Jahre  
Inhalt:  
Zusammenleben mit jungen Menschen  
aus aller Welt  
Studienkurse  
Künstlerische Kurse  
Tägliche Arbeiten (Garten, Landwirtschaft,  
Bäckerei, Imkerei, Hauswirtschaft …)

*Internate*  
Centre de Formation  
Mas de l'Alzine  
F-66720 Tautavel  
Tel: +33 / 4 / 68 293 110  
Fax: +33 / 4 / 68 291 675  
mail: centre.form@wanadoo.fr  
www.centre-de-formation.com

Kleininternat in Südwestfrankreich  
für Schüler zwischen 14 & 17 Jahren  
Schule in Kleinstgruppen  
Den Sinn des Lebens finden  
Praktisches Arbeiten in Haus und Garten  
Künstlerisches Gestalten  
Soziales Training  
Jahresabschlussfahrt

Casaoliva  
Strada Monteacutello 3  
I-06080 Solfagnano/Perugia  
Tel: +39 / 075 / 69 47 86  
mail: info@casaoliva.ch  
www.casaoliva.ch

Kleininternat in Italien  
Bietet 5–7 Jungen und Mädchen im Alter  
von 13–16 Jahren eine neue Heraus-  
forderung an.  
Beschulung in Kleinstgruppen  
Soziales Training  
Praktisches Arbeiten in Haus und Natur

*Gewalt unter Jugendlichen*  
Anti-Gewalt-Training  
Martin Baierl & Doris Feiler-Graziano  
Am Herberg 2

Prävention und Konfrontation  
Ausbildung zum Anti-Gewalt-Trainer  
und zum Coolnesstrainer

D-74592 Kirchberg/Jagst  Anti-Gewalt-Training mit Gewalttätern
+49(0)7954 / 7348  Coolnesstraining (Gewaltprävention)
anti-gewalt-training@web.de  Seminare & Fachvorträge zum Thema

Einer der besten Anbieter am Markt. Setzen besonders auf die Entwicklung von tragfähigen Handlungsalternativen zur Gewalt.

## *Drogenberatung*

www.drugcom.de  Drogeninformation für Jugendliche und Erwachsene mit Drogenlexikon, Hilfe, häufig gestellten Fragen (FAQ), Drogeninfo, Adressen .... Sehr gut!

www.das-beratungsnetz.de  Adressen und Kontakt zu lokalen Beratungsstellen

www.bzga.de  Bei Suchtproblemen anklicken; hilfreiche Informationen, Adressen und Links

## *Telefonische Soforthilfe*
## *Deutschland*

Telefonseelsorge (kostenlos)  0800 – 111 0 111
(täglich 24 Stunden, kostenlos)  0800 – 111 0 222

Infotelefon zur Suchtvorbeugung der Bundesanstalt für gesundheitliche Aufklärung (BZGA)
Mo–Do 10–22, Fr–So 10–18  0221 / 89 20 31

Bundesweite Sucht- und Drogenhotline
täglich 24 Stunden  01805 / 31 30 31

## *Österreich*

www.drogenhilfe.at
Informationen zu Drogen, Prävention und Links zu den Drogenberatungen in den Bundesländern

## *Schweiz*

www.sfa-ispa.ch
Prävention, Beratung, Hilfe, Infos, Fakten, Forschung, Adressen und Kontaktstellen

*Verschiedenes*

PLAN International Deutschland e.V.  
Bramfelderstraße 70  
D-22305 Hamburg  
Tel: +49 (0) 611 400  
Fax: +49 (0) 61140140  
mail: info@plan-deutschland.de  
www.plan-inernational.de

Patenschaften für Kinder aus aller Welt für 25,00–30,00 Euro pro Monat Ansprechadresse für Deutschland, Österreich und die Schweiz

## Wunderwaffe Punktebogen

für _____                     Für die Woche vom _____ bis _____ 200_

| Punktekonto | Zusatzpunkte | Auszahlung | Rest | Datum/Unterschrift |
|---|---|---|---|---|
|  |  |  |  |  |
|  |  |  |  |  |

| Aufgabe | 1 | 2 | 3 | 4 | 5 | 6 | 7 |
|---|---|---|---|---|---|---|---|
| MO |  |  |  |  |  |  |  |
| DI |  |  |  |  |  |  |  |
| MI |  |  |  |  |  |  |  |
| DO |  |  |  |  |  |  |  |
| FR |  |  |  |  |  |  |  |
| SA |  |  |  |  |  |  |  |
| SO |  |  |  |  |  |  |  |

| Aufgabe | 8 | 9 | 10 | 11 | 12 | 13 |  |
|---|---|---|---|---|---|---|---|
| MO |  |  |  |  |  |  |  |
| DI |  |  |  |  |  |  |  |
| MI |  |  |  |  |  |  |  |
| DO |  |  |  |  |  |  |  |
| FR |  |  |  |  |  |  |  |
| SA |  |  |  |  |  |  |  |
| SO |  |  |  |  |  |  |  |